복 있는 사람

오직 여호와의 율법을 즐거워하여 그 율법을 주야로 묵상하는 자로다.
저는 시냇가에 심은 나무가 시절을 좇아 과실을 맺으며 그 잎사귀가 마르지 아니함 같으니
그 행사가 다 형통하리로다. (시편 1:2-3)

G. K. 체스터턴은 삶을 가장 깊이 보고 드러낸 천재 가운데 한 사람으로 내 머릿속에 남아 있다. 『정통』은 그의 신앙 여정을 담은 독창적인 작품이다. 책 전반에 걸쳐 체스터턴은 신앙, 의심, 이성을 기발한 유머와 깊은 통찰로 풀어낸다. 이 과정을 통해 신앙의 의미와 삶의 경이를 누구보다 탁월하게 그려 낸다. 복잡한 신학 개념을 특유의 역설로 풀어내어 신앙의 아름다움과 논리를 이해하도록 이끌어 주는 것 또한 체스터턴만이 할 수 있는 작업이다. 사도신경으로 고백하는 신앙이 지적으로 말이 되고, 도덕적으로 책임질 수 있고 미적으로도 만족스러움을 보여 준다. 신앙의 논리와 아름다움뿐만 아니라 존재의 충만과 기쁨을 추구하는 이들에게 이 책을 진심으로 추천한다.

강영안 | 한동대학교 석좌교수, 서강대학교 철학과 명예교수

외길을 따라 걷는 일은 단조롭기는 하지만 번뇌는 많지 않다. 갈림길 앞에 설 때는 잠시 망설이지만 결국은 하나의 길을 택해 걷는다. 문제는 사방팔방으로 열린 길 앞에 설 때이다. 어디로 가야 할지 몰라 기웃거리는 동안 방향감각을 잃은 채 주저앉고 만다. 낯선 세계를 찾아가기보다는 익숙한 길 위에 집을 짓고 머물기로 작정한 것이다. 지금 우리 형편이 그러하다. 예수를 길이라 고백하면서도 그 길을 걷지 않는다. 확신이 없기 때문이다. 어느 때부터인지 신학은 인접 학문과 깊은 대화를 나누거나 논쟁을 벌이지 않는다. 우리 사회의 담론 지평에서 신학은 설 자리를 잃었다. 고립과 단절이 심화되면서 신학의 삶의 자리인 교회는 점점 폐쇄적으로 변하고 있다. 이런 시기에 150년 전에 태어난 영국 사상가 G. K. 체스터턴의 책을 읽는다는 것은 무슨 의미가 있을까? 『이단』이 부정의 방식으로 진리에 다가서는 책이라면, 『정통』은 자기를 사로잡고 있는 신앙의 핵심을 긍정의 방식으로 서술하는 책이다. 저자는 자기의 내면과 세상을 세심하게 살피면서 그 속에 깃든 진리를 탐구한다. 그가 그러한 사유의 모험을 통해 당도한 세계는 기쁨의 세계다. 체스터턴의 책을 읽기 위해서는 인내가 필요하다. 그가 전개하는 논리의 세계에 익숙해지기까지는 다소 시간이 걸린다. 하지만 그의 안내를 따라 차분히 사상의 광맥을 탐색하다 보면 저절로 마음이 고요해지고, 피상적인 세계 너머에 있는 더 깊은 세계와 만나게 될 것이다. 그 세계와 대면하는 순간 우리는 소비사회가 건네는 행복의 환상과는 전혀 다른 차원의 행복이 있음을 자각하게 될 것이다.

김기석 | 청파교회 원로목사

『정통』은 20세기 초 지성계에 갑작스럽게 등장해 나부낀 기이한 깃발이다. (다른 이름들을 열거할 수도 있지만, 이 책에 주로 등장하는 인물들을 빌려 표현하자면) 니체로 대표되는 허무주의, 조지 버나드 쇼로 대표되는 냉소주의, H. G. 웰스로 대표되는 진보주의가 삼두마차를 이루어 무너져 내린 그리스도교 세계 위를 질주하던 시대에 체스터턴은 놀랍게도 '정통'이라는 이름이 새겨진 깃발을 들어 올린다. 깃발을 흔들며 그는 인간을 위한다면서 인간의 이성, 감성, 의지를 찢어 따로 나아가게 만드는, 결국 인간의 인간다움을 파괴해 버리는 근대성이라는 거대한 리바이어던에 맞서 참된 인간다움을 회복할 것을 촉구한다. 그리고 동시에 저 리바이어던에 맞설 검이 이미 우리에게 주어져 있음을, 그것은 당시에도 구시대적이며 비합리적이며 억압적인 것으로 간주되던 기독교임을 환기한다. 깃발을 따라 진군을 하며 리바이어던의 모습은 점점 더 분명히 드러나고, 그만큼 오랫동안 한 번도 제대로 쓰이지 못한 채 검집에 갇혀 있던 검의 모습도 선명해진다. 그리고 그 검에는 이런 문장이 새겨져 있다. '영원과 시간이 만났으니 희망이 절망을, 기쁨이 슬픔을 끌어안는다. 모든 것이 새로움으로 빛나니, 거듭난 그대여, 용기를 내어라.'

민경찬 | 비아 편집장

G. K. 체스터턴의 『정통』은 나의 첫 출간을 좌절시킨 애증의 책이다. 부푼 마음으로 기독교 변증서를 집필하던 당시, 단순히 참고 자료로 삼기 위해 이 책을 처음 집어 들었다. 그러나 이는 축복인 동시에 치명적인 실수였다. 『정통』은 더 이상 변증서에서 신선한 내용을 찾지 못할 것이라는 나의 오만을 산산이 부수었고, 더 나아가 스스로 작가가 될 자격이 있는지에 대한 의심을 품게 만들었다. 이 의심은 회의감으로 이어져 결국 첫 원고를 포기하게 만들었다. 시간이 지나 만족스러운 저서를 출간한 지금도 『정통』이 경이로운 책이라는 생각에는 변함이 없다. 이 책의 모든 챕터에는 기독교에 대한 체스터턴 특유의 예리한 통찰과 독창적인 논리가 빼곡히 담겨 있다. 이 책을 읽는 독자들은 쉴 새 없이 몰아치는 그의 글쓰기에 잠시 정신이 혼미해지겠지만, 정신을 차릴 즈음에는 어느새 그에게 설득된 자신을 발견하게 될 것이다. 특별히 체스터턴 특유의 직관적이면서도 탁월한 비유들은 왜 그가 C. S. 루이스에게 큰 영향을 끼친 작가 중 한 명으로 거론되는지를 여실히 보여 준다. 이번에 복 있는 사람에서 출간되는 체스터턴의 세 대표작 『이단』, 『정통』, 『영원한 인간』은 모든 독자에게 큰 자산이자 지혜의 보고가 될 것이다. 시대를 초월하여 빛나는 이 작품들을 통해 더 많은 사람들이 내가 느꼈던 감동과 경이를 함께 나눌 수 있기를 바란다.

오성민 | 유튜브 채널 Damascus TV 운영자

체스터턴의 기독교는 유쾌하고 상쾌하고 통쾌하다. '기쁜 소식'이기 때문이다. 인간과 세계의 모순을 구원해 주는 그리스도와 하나님 나라의 역설을 거침없이 전시하기 때문이다. 체스터턴은 하나의 장르다. 시대정신('이단')들의 진부함과 '정통'의 혁명성을 그보다 더선 굵게 통찰하고 위트 있게 묘사한 작가는 없다. C. S. 루이스가 경고했듯이, "건전한 무신론자로 남아 있고자 하는" 이는 『영원한 인간』 같은 책은 아예 거들떠보지도 말지어다.

이종태 | 서울여자대학교 교목실장

『정통』은 의심의 여지 없이 체스터턴의 그리스도교 호교론 저술 중 가장 아름답고 우아하며 영감을 주는 책이다. '브라운 신부 시리즈'를 통해 체스터턴을 사랑하게 된 수많은 독자들은 이 저서를 통해 브라운 신부가 어떻게 그토록 '순진함'과 '지혜'를 이음새 없이 한몸에 지니는 동시에, 인간의 선함과 약함이 만들어 내는 역설을 과장과 미화 없이 받아들이며 환상이 아니라 '실재'를 바라볼 수 있었는지 그 비밀을 만나게 될 것이다. 체스터턴은 인간이 구원되는 것은 어떤 한 가지 진리에 몰입함으로써가 아니라 마음과 정신이 온전하게 올바른 자리를 찾을 때 가능하다는 것을 알고 있었다. 그는 그리스도인으로 살아간다는 것은 "세상을 신뢰하지 않으면서 세상을 사랑할 방법을 찾아내는" 것이며, "세속적으로 되지 않으면서 세상을 사랑해야" 하는 것임을 알려 준다. 이는 자기중심적이며 계산적인 편협한 이성이 아니라, 상식을 중히 여기며 시인의 마음을 알고 모순과 역설을 받아들이는 균형 있는 정신에게 가능한 삶의 모습이다. 이러한 정신은 참된 신비주의이기도 하다. 신비주의는 "이해하지 못하는 것의 도움을 받아 모든 것을 이해"하고자 하는 겸허한 정신이기 때문이다. '정통'은 이러한 정신이 사라지지 않게 지켜 온 교회의 본질이며, 늘 피어나는 '오래된 새로움'이다. 온전한 정신을 찾고 지키기 어려운 시대에 『정통』은 진실로 이 시대 그리스도인들이 거듭 음미할 가치가 있는 '오늘을 위한 명저'다.

최대환 │ 천주교 의정부 교구 신부

G. K. 체스터턴은 20세기에 기독교 전체를 변호한 가장 유능한 변증가 중 한 사람이다. 그는 『데일리 뉴스』와 『일러스트레이티드 런던 뉴스』의 칼럼을 쓰면서 글쓰기 기술을 발전시켰고, 1930년대에는 BBC에서 친근히 들을 수 있는 목소리가 되었다. 언론인이자 소설가로서 유머러스하고 교조적이지 않은 글쓰기 스타일은 많은 추종자를 불러 모았고, 그를 기독교를 대표하는 지도적인 공적 지식인으로 자리매김하게 했다. 우리는 체스터턴으로부터 무엇을 배울 수 있을까? 아마도 가장 명백한 출발점은 그의 명료하고도 명석한 글쓰기 스타일일 것이다. 신앙에 대한 접근하기 쉽고 흥미를 끄는 그의 설명은 많은 독자들의 공감을 받았다. 변증 스타일 또한 독특하다. 체스터턴은 세계를 이해하는 한 방식으로서의 기독교를 일관되게 변호하지만, 그의 접근법은 기술적이거나 교조적이지 않다. 그는 일반인을 위해 신앙을 매력적으로 진술하며, 언론인으로서의 기술을 활용하여 한편으로는 신학 용어를 피하고, 다른 한편으로는 풍부한 유비와 은유를 사용하여 세상에 대한 인간 공통의 경험과 기독교를 설득력 있게 연결한다.

알리스터 맥그래스

누군가가 체스터턴에게 만일 무인도에 고립된다면 무슨 책을 갖고 싶은지 묻자, 그가 잠시 생각한 뒤에 "물론 배 만들기에 관한 안내서죠"라고 대답한 적이 있다. 만일 내가 그와 같은 상황에서 성경 이외의 한 권을 고를 수 있다면, 체스터턴의 영적 자서전인 『정통』을 선택할 것이다. 『정통』은 나의 영적 여정에서 그 어떤 책보다 큰 영향을 끼친 책이다. 무엇보다 내 신앙에 신선함과 새로운 모험 정신을 불어넣어 주었다. 지금도 신앙이 메말라가는 것을 느낄 때마다 서가로 가서 체스터턴의 책을 집어 든다.

필립 얀시

체스터턴은 우리가 당연하게 여기는 모든 것에 대한 위대한 전복자다. 그는 통찰력으로 우리를 확장하고, 놀라운 역설로 우리를 흔들며, 재치로 우리를 기쁘게 한다.

오스 기니스

체스터턴은 현대 사회에서 기독교 소수의 존재를 유지하기 위해 당대의 그 어떤 사람보다 더 많은 일을 했다. 그는 영원토록 후대의 존경을 받아야 마땅하다.

T. S. 엘리엇

체스터턴은 엄청난 천재성을 지닌 사람이었다. 세상은 그에 대한 감사의 말에 인색하다.

조지 버나드 쇼

체스터턴의 책은 이름을 거론할 수 있는 그 어떤 작가의 책보다 내 정신을 형성했다.

도로시 L. 세이어즈

G. K. 체스터턴은 특유의 재치와 지혜로 그리스도인들에게 영감을 주고 회의론자들에게 도전장을 던졌다. 그는 오늘날에도 여전히 유효한 날카로운 분석을 제공한다.

크리스채너티 투데이

정통

정통

Orthodoxy

G. K.
체스터턴

정경훈 옮김

'보는 사람
북'

정통

2024년 11월 7일 초판 1쇄 인쇄
2024년 11월 14일 초판 1쇄 발행

지은이 G. K. 체스터턴
옮긴이 전경훈
펴낸이 박종현

(주) 복 있는 사람
주소 서울특별시 마포구 연남동 246-21(성미산로23길 26-6)
전화 02-723-7183, 7734(영업·마케팅) 팩스 02-723-7184
이메일 hismessage@naver.com
등록 1998년 1월 19일 제1-2280호

ISBN 979-11-7083-176-1 04230
ISBN 979-11-7083-174-7 04230(세트)

Orthodoxy
by G. K. Chesterton

Originally published in 1908 in English under the title
Orthodoxy by the John Lane Company
All rights reserved.
This Korean translation edition ⓒ 2024 by The Blessed People Publishing Inc.,
Seoul, Republic of Korea.

일러두기 | 모든 주는 옮긴이 주이다.

머리말

이 책은『이단』[1]의 짝이 되도록 쓴 것이다. 부정적인 데 긍정적인 것을 더하려는 의도로 집필했다.『이단』이란 책이 오늘날의 철학들을 비판하기만 하고 대안적 철학은 전혀 제시하지 않았다면서 많은 비평가들이 불평을 늘어놓았다. 이 책은 그러한 도전에 응답하려는 시도다. 이 책은 불가피하게 긍정적이며, 따라서 불가피하게 자전적이다. 본 저자는 뉴먼이『변명』[2]을 쓰면서 겪었던 것과

---

1   『이단』*Heretics*, 1905에는 총 20편의 에세이가 수록되어 있다. 체스터턴은 버나드 쇼, H. G. 웰스, 러디어드 키플링 등 당대 지식인들을 두루 인용하면서 근대 지성의 모순을 특유의 위트와 역설을 동원해 비판한다. 이 책『정통』과 함께 체스터턴의 호교론과 신학의 핵심을 이루는 한 쌍의 작품으로 평가된다.

2   존 헨리 뉴먼John Henry Newman, 1801-1890은 1825년 영국 성공회의 사제로 서품을 받고 옥스퍼드 대학의 신학 교수로 재직하면서 가톨릭 전통을 회복시켜 성공회를 개혁하고자 했던 옥스퍼드 운동을 주도했다. 그러나 1845년 로마가톨릭으로

11

같은 어려움을 경험했다. 뉴먼은 오직 신실하고자 했으며, 그러기 위해서는 자기중심적으로 될 수밖에 없었던 것이다. 이 책과 뉴먼의『변명』은 다른 모든 면에서 다를지 몰라도 저술의 동기만은 같다. 이 두 책에서 저자의 목표는 설명을 시도하려는 것인데, 그리스도교 신앙이 과연 믿을 만한지가 아니라, 저자 개인이 어떻게 그리스도교 신앙을 갖게 되었는지를 밝히려고 한다. 이 책은 한 가지 수수께끼를 꺼낸 후 그 답을 제시하는 기본 방식으로 구성되어 있다. 우선은 저자 혼자만의 신실한 추론들을 다루고, 그다음엔 그리스도교 신학에 의해 그 모두가 갑작스레 충족되는 놀라운 방식을 다룬다. 본 저자는 그것이 설득력 있는 하나의 신조[3]와 다름없다고 본다. 신조가 아니라면, 그것은 거듭해서 일어난 놀라운 우연[4]의 일치다.

개종한 뒤 추기경의 자리에까지 올랐다. 그의 중요한 저작들 가운데 1864년에 출간된『변명』Apologia(『자기 삶에 대한 변명』Apologia pro Vita Sua)은 성 아우구스티누스의『고백록』이후 가장 뛰어난 영적 자서전으로 평가받는다.

3   체스터턴은『이단』1905과『정통』1908,『영원한 인간』The Everlasting Man, 1925에서 'creed'를 폭넓은 의미로 사용한다. 그리스도교 안에서 이 말은 좁은 의미에서 신경信經으로 주로 번역되지만, 체스터턴은 넓은 의미에서 신앙이나 신조라는 뜻으로 쓰기도 한다. 이 책에서는 주로 '신앙의 조목 또는 교의' 또는 '굳게 믿어 지키고 있는 생각'이라는 의미에서 '신조'라 번역하고, 때에 따라 '신앙고백'이나 '신경'으로 옮겼다.

4   원문에 쓰인 단어는 'coincidence'다. 이어지는 본문에서 체스터턴은 그리스도교의 특이성을 묘사하기 위해 이 단어를 여러 차례 중요하게 사용한다. 여기서 '우연'이라 함은 단순히 우발적이라는 의미이기보다는, 사람들이 생각하는 인과 법칙이나 논리 관계를 넘어서는 역설로 이해해야 한다. 체스터턴은 이 단어를 통해 그리스도교 안에서 상반된 요소들이 병존하고 상응한다는 사실에 주목한다. 체스터턴이 보기에는 이것이야말로 그리스도교가 사람들의 오해 속에 상반된 비난을 받는 이유이며, 또한 역설적 상합相合의 진리를 이루는 이유이기도 하다.

OI

서론:
그 밖의 모든 것을
옹호하며

이 책을 위해 할 수 있는 유일한 변명은 이 책이 한 가지 도전에 대한 응답이라는 것이다. 결투를 받아들이고 나면 서툴게 빗나간 탄환마저도 고귀해 보이는 법이다. 서두르긴 했지만 신실하게 집 필한 일련의 에세이들이 『이단』이라는 표제를 달고서 얼마 전 출 간되었을 때, 내가 그 지성을 존경하는 몇몇 사람들은 (G. S. 스트 리트[1]의 이름은 특별히 챙겨야겠다) 이렇게 비평했다. 내가 모두를 향해 자기 자신의 우주론을 확실히 주장하라고 한 것은 무척 잘 한 일이지만, 정작 나 자신은 실례를 들어 자기 자신의 수칙들을

---

[1] 조지 슬라이스 스트리트George Slythe Street, 1867-1936는 영국의 비평가, 소설가로 위
      선과 가식에 대한 풍자적 비판으로 유명했다. 오스카 와일드를 비롯한 당대 유미
      주의자들을 풍자한 소설 『한 소년의 자서전』Autobiography of a Boy, 1894을 집필했고
      1914년에 왕실 업무를 총괄하는 궁내 장관 겸 연극 검열관으로 임명되었다.

뒷받침하는 일을 교묘히 피했다는 것이었다. 스트리트의 말은 이러했다. "체스터턴이 자신의 철학을 우리에게 제시할 때라야 나는 나 자신의 철학을 염려하기 시작하겠다." 이건 아주 미미한 도발에도 책을 쓸 준비가 너무 잘 되어 있는 사람에게 던지기에는 무모한 제안이었다. 어쨌든 이 책을 쓰도록 부추긴 것은 스트리트이지만, 그가 이 책을 읽어야 할 필요는 없다. 그럼에도 그가 읽는다고 하면, 이 책에서 내가 믿게 된 철학을 모호하고 개인적인 방식으로, 일련의 추론보다는 일단의 정신적 그림으로 표명하려 했음을 알아차릴 수 있을 것이다. 하지만 그 철학은 내가 만들어 낸 것이 아니므로, 나는 그것을 나의 철학이라 부르지 않을 것이다. 하나님과 인류가 그 철학을 만들었고, 그 철학이 나를 만들었다.

나는 종종 모험 소설을 한 편 쓰고 싶은 마음이 들곤 했다. 한 잉글랜드인이 요트를 타고 여행을 떠난다. 그는 항로를 살짝 잘못 계산해서 출발지인 잉글랜드로 되돌아오는데, 이를 깨닫지 못한 채 자신이 남태평양에 있는 새로운 섬을 발견했다고 생각하는 것이다. 하지만 나는 언제나 내가 너무 바쁘거나, 아니면 너무 게을러서 이런 멋진 작품을 쓸 수 없음을 알게 된다. 차라리 이 아이디어를 철학에 관한 예화로 써 버리는 게 더 낫지 않을까 싶다. 그 사람은 (완전무장을 하고 손짓발짓으로 소통하면서) 야만인의 사원을 발견하곤 거기에 영국 깃발을 꽂아 넣는데, 알고 보니 그 사원은 브라이턴 파빌리언[2]이었다는 이야기다. 이쯤 되면 모두들 이

2   브라이턴 파빌리언Brighton Pavilion은 잉글랜드 브라이턴에 있는 왕실 저택이다. 1787년에 건설이 시작되어 1823년에 완공되었으며 인도-이슬람 양식을 본뜬 이른바 인도-고딕 양식으로 지어져 무척 이국적으로 보인다. 1850년 브라이턴

14

사람이 좀 바보 아닌가 싶을 것이다. 그가 바보 같아 보인다는 걸 굳이 부인하지는 않겠다. 하지만 그가 바보 같다거나 어리석음이 그의 유일하거나 혹은 지배적인 정신 상태라고 생각한다면, 이 이야기의 주인공이 지닌 풍부한 낭만적 본성을 충분히 섬세하게 살피지 못한 것이다. 사실 그의 실수는 정말로 부러워할 만한 실수다. 게다가 내가 생각하는 그런 인물이 맞다면, 그는 이 사실을 이미 알았을 것이다. 해외에 나간다는 들뜬 긴장감을 맛본 지 얼마 지나지 않아 집으로 돌아왔다는 인간적인 안도감을 느끼는 것보다 더 즐거운 일이 있을까? 반드시 그곳에 상륙해야 한다는 넌더리나는 필수 조건을 지키지 않고도 남아프리카를 발견하는 즐거움을 누리는 것보다 더 좋은 일이 있을까? 새로운 사우스웨일스를 발견하려고 떨쳐 일어섰다가 그곳이 실은 옛 사우스웨일스임을 깨닫고 눈물을 쏟는 것보다 더 영광스러운 일이 있을까?[3] 그런데 내게는 이것이 적어도 철학자들이 골몰하는 주요한 문제로 보인다. 그리고 어떤 의미로는 이 책에서 다루려는 주요한 문제이기도 하다. 우리는 어떻게 하면 이 세상을 보고서 깜짝 놀라 경탄하는 동시에 자기 집에 있는 듯한 편안함을 느낄 수 있을까? 어떻게 하면 다리가 여럿 달린 시민들이 살고 괴물 같은 오래된 등불이 늘어선 이 괴이한 범세계적 도시가, 어떻게 하면 이 세계가 낯선 도시의 매력과 동시에 우리 도시라는 안락과 영예를 우리에게 줄

시에 매각되었고 지금은 시민들의 나들이 장소로 인기가 높다.

3   '옛 사우스웨일스'는 영국 본토인 브리튼섬 남서부의 사우스웨일스 지방을 말한다. '새로운 사우스웨일스'는 이 사우스웨일스에서 이름을 빌려 온 오스트레일리아 남동부의 뉴사우스웨일스를 가리킨다.

01 서론: 그 밖의 모든 것을 옹호하며

수 있을까?

어떤 신앙이나 철학이 모든 관점에서 참임을 입증하는 일은 이 책보다 훨씬 더 두꺼운 책으로도 감당할 수 없는 엄청난 과업이다. 그러니 한 가지 논증 경로를 따라갈 수밖에 없다. 그리고 나는 다음 경로를 따르자고 제안한다. 나는 익숙한 것과 익숙하지 않은 것을 한데 뒤섞기 원하는 이 이중의 영적 요구에 대한 특별한 응답으로서 나 자신의 신앙을 제시하려고 한다. 그리스도교 세계에서는 이 요구에 매우 적확하게도 낭만이라는 이름을 붙여 주었다. '낭만'romance이란 단어는 그 안에 로마Rome의 신비와 오래된 의미를 담고 있다. 무언가를 반박하려는 사람은 자신이 반박하지 않는 것이 무엇인지를 밝힘으로써 반박을 시작해야 한다. 자신이 증명하려는 바를 기술하는 그 이상으로 자신이 증명하려고 하지 않는 것을 기술해야 한다. 여기서 내가 증명하려고 하지 않는 것, 여느 보통의 독자와 나 사이에 공통 기반으로 삼으려는 것은 활동적이고 상상력이 풍부한 삶, 그림처럼 생생하고 시적인 호기심으로 가득한 삶, 하여튼 서구인이라면 늘 갈구했을 것 같은 그런 삶이 매우 바람직하다는 사실이다. 소멸이 실존보다 낫다거나 텅 빈 실존이 변화와 모험보다 낫다고 말하는 이가 있다면, 그는 내가 이야기하는 평범한 사람들에 속하지 않는다. 아무것도 원하지 않는 사람에게 나는 아무것도 줄 수 없다. 하지만 내가 살고 있는 이 서구 사회에서 만나 본 거의 모든 사람들은 우리에게 이렇게 실제적인 낭만의 삶이 필요하다는 일반적 명제에 동의할 것이다. 무언가 낯선 것과 안정된 것의 결합이 필요하다는 말이다. 우리는 경이와 환대의 관념을 한데 엮어서 이 세상을 바라볼 필요가 있다. 우리는 그저 한때 편하게 지낼 것이 아니라 이 경이의 나라에서 행복해져야 한다. 이 책의 지면을 통해 내가 주로 추구할 것은 바로 이러한 내 신조의 성취다.

그런데 내게는 요트를 타고 여행하다 잉글랜드를 발견한 사람을 언급할 만한 특별한 이유가 하나 있다. 요트를 타고 여행에 나선 그 사람이 바로 나이기 때문이다. 나는 잉글랜드를 발견했다. 그래서 어찌해야 이 책이 자기중심적인 책이 되지 않을 수 있을지 잘 모르겠다. 어찌해야 이 책이 지루하지 않은 책이 될 수 있을지도 (솔직히) 정말 모르겠다. 그러나 지루함은 내가 가장 애통해 마지않는 비난, 곧 경박하다는 비난으로부터 나를 자유롭게 놓아 줄 것이다. 나는 세상만사 가운데 가벼운 궤변이란 것을 가장 경멸하게 되었다. 이 점에서 사람들이 나를 전반적으로 비난한다는 건 필시 온전한 사실일 것이다. 내게는 단순한 역설만큼 경멸스러운 것이 없다. 역설이란 옹호할 수 없는 것을 기발한 방식으로 옹호하는 것일 뿐이다. (사람들이 말하듯) 버나드 쇼[4]가 역설을 가지고 먹고살았다는 게 사실이라면, 그는 그 흔한 백만장자가 되었어야 했다. 그 정도의 정신 활동을 하는 사람이라면 6분마다 궤변 하나씩은 지어낼 수 있을 테니까. 궤변은 거짓말만큼 쉽다. 궤

---

4   조지 버나드 쇼George Bernard Shaw, 1856-1950는 아일랜드 출신의 작가다. 비평가로서 이름을 떨쳤고 뛰어난 희곡들을 발표하여 1925년 노벨문학상을 수상했다. 프로테스탄트 집안에서 태어났으나 사회주의자로 활동하며 반反그리스도교적 입장을 취했다. 1884년에는 H. G. 웰스, 버트런드 러셀 등과 함께 온건 좌파 단체인 페이비언 협회Fabian Society의 설립에 참여했으며, 체스터턴을 비롯한 당대 영국 지식인들과 광범위하게 교류하고 논쟁했다. 체스터턴은 『이단』의 한 장을 쇼에게 할애했으며 책의 곳곳에서 그를 호명한다.

변이란 바로 거짓말이기 때문이다. 물론 진실이라고 생각하지 않으면 도무지 거짓말이 나오지 않아서 버나드 쇼가 지독히 곤란을 겪었다는 건 사실이다. 나 역시 그와 똑같은 속박 아래 놓여 있음을 깨닫는다. 나는 살아오면서 그저 재미있다는 이유로 어떤 말을 해본 적이 전혀 없다. 물론 내게도 평범한 인간의 허영이 있고, 단지 내가 이야기했다는 이유로 재미있다고 여겼을지도 모른다. 하지만 실재하지도 않는 고르곤이나 그리핀[5]과의 인터뷰를 써 내려가는 것과, 코뿔소가 존재하고 있음을 발견하고도 코뿔소가 실재하지 않는 것처럼 보인다는 사실에서 기쁨을 느끼는 것은 전혀 다른 일이다. 물론 사람은 진리를 추구할 수 있지만, 본능적으로 더 비범한 진리를 추구하는 것 같다. 그리고 나는 내 글을 싫어하는 사람들, 내 글을 (뜻밖에도 매우 정당하게) 서툰 광대 짓이나 성가신 농담쯤으로 여기고 즐기는 사람 모두를 향해 진심 어린 마음으로 이 책을 내어놓는다.

　이 책이 농담이라면, 그건 나 자신에 대한 농담이다. 나는 대담무쌍하게도 이미 발견된 것을 발견한 사람이다. 이어지는 글 속에 소극笑劇의 요소가 하나라도 있다면, 그 소극은 나를 희생시켜 웃기는 소극이다. 이 책은 내가 어떻게 스스로 브라이턴에 첫발을 디딘 사람이라고 믿었다가 실은 마지막으로 발을 디딘 사람이었음을 깨달았는지 설명한다. 이 책은 또한 훤히 보이는 것을 찾아 떠난 엄청난 나의 모험들을 이야기한다. 이런 내 경험을 나 자신

5　고르곤Gorgons은 그리스 신화에 등장하는, 머리카락이 뱀으로 이루어진 세 자매를 가리킨다. 그리핀Griffin은 사자 몸통에 독수리의 머리와 날개를 지녔다고 하는 전설의 짐승이다.

보다 더 우스꽝스럽게 여길 사람은 없다. 어느 독자도 내가 여기서 나 자신을 바보로 만들려 한다고 비난할 수는 없다. 내가 바로이 이야기의 바보이니, 어떠한 반역자도 나를 이 왕좌에서 끌어내릴 수 없을 것이다. 나는 19세기 말의 그 모든 천치 같은 야망들을 자유로이 인정한다. 여느 진지한 소년들이 그러하듯 나도 시대를 앞서가려고 애썼다. 그들처럼 나도 진리보다 10분 앞서가려고 노력했다. 그런데 내가 1,800년이나 뒤져 있다는 것을 깨달았다. 나의 진리들을 입 밖에 내어 말할 때도, 고통스러울 만큼 어린아이같이 과장하며 목소리를 쥐어짰다. 그리고 가장 알맞으면서도 가장 웃기는 방식으로 벌을 받았다. 내가 진리들을 간직해 왔기 때문이다. 그러나 나는 그 진리들이 진리임을 발견한 것이 아니라 단지 내 것이 아니라는 사실을 발견했을 따름이다. 내가 홀로 서 있다고 믿었을 때, 사실 나는 온 그리스도교 세계에 의해 지탱되는 그 우스운 위치에 서 있었던 것이다. 하나님께서 나를 용서하시기를! 나는 독창적이려고 애썼던 것 같다. 하지만 문명화된 종교, 그 기존 전통의 열등한 복제품을 홀로 발명해 냈을 따름이다. 앞의 이야기에서 요트를 타고 여행에 나선 사람이 자기가 잉글랜드를 최초로 발견했다고 생각했듯이, 나는 내가 유럽을 최초로 발견한 줄 알았다. 나는 나의 이단을 창설하려고 애썼다. 그런데 나의 이단에 마지막 손길을 가하는 순간, 나는 그것이 정통임을 발견했다.

누군가는 이 다행스러운 실패담을 듣고서 즐거워할지도 모르겠다. (배웠다고 하면) 교리 수업에서나 배웠을 것을, 내가 어떻게 빗나간 전설의 진리나 지배적 철학의 오류로부터 차츰차츰 배

읽는지를 읽으면서 친구든 원수든 즐거워할 수도 있겠다. 내가 어떻게 가장 가까운 성당에서 찾을 수도 있었던 것을 결국엔 무정부주의 동아리나 바빌론의 신전에서 찾게 되었는지를 읽노라면 재미가 있기도 하고 없기도 하겠다. 들판의 꽃, 어느 작품집의 구절, 정치 사건이나 청춘의 수고가 어떻게 함께 질서를 이루어 그리스도교 정통에 관한 어떤 확신을 낳았는지를 알고 즐거워하는 사람이 있다면 이 책을 펼쳐 들 수도 있겠다. 다만 모든 일에는 합리적인 노동 분업이 있기 마련이다. 내가 이 책을 썼으니, 세상 그 무엇도 나를 이끌어 이 책을 읽도록 할 수는 없을 것이다.

알림이라는 게 응당 그러하듯, 나도 순전히 아는 체를 좀 해보려고 이 책 서두에 짧은 알림을 덧붙여 본다. 여기 실린 에세이들은 핵심적인 그리스도교 신학(이는 사도신경에 충실하게 요약되어 있다)이야말로 건전한 윤리와 기운의 가장 좋은 뿌리라는 진정한 사실을 논하려는 의도에서 집필했다. 다만 여기서 그러한 신조를 선포하기 위한 오늘날의 권좌란 무엇인가라는, 매우 흥미롭지만 상당히 다른 문제를 논하려는 것은 아니다. 이 책에서 '정통'orthodoxy이란 말은 얼마 전까지만 해도 자칭 그리스도인이라고 하는 모든 이들이 이해했던 대로의 사도신경과, 그러한 신조를 간직했던 이들의 역사적 행위 일반을 의미한다. 하지만 지면 관계로 이 신조에서 내가 얻은 것에 한하여 기록했다. 그러므로 현대 그리스도인들 사이에서 상당히 논란이 되는, 우리 자신이 그것을 어디에서 얻었는가에 관한 문제는 다루지 않는다. 이 책은 교회에 관한 전문적인 논문이 아니라 어설픈 자전적 이야기일 따름이다. 만약 권위의 진짜 본성에 관한 나의 의견이 궁금하다면 G. S.

스트리트가 나에게 다시 한번 도전하기만 하면 된다. 그러면 나는 기꺼이 그를 향해 또 한 권의 책을 써 줄 터이다.

O2

미치광이

철저히 세상적인 사람들은 세상조차 절대 이해하지 못한다. 그들은 몇 가지 진실하지 않은 냉소적 격언들에 의지할 따름이다. 한창 잘나가던 출판업자와 함께 길을 걷던 일이 생각난다. 그는 그전에 내가 종종 듣던 말을 꺼냈는데, 그건 거의 현대 세계의 표어가 된 말이었다. 한때는 자주 듣던 말인데도 그제야 불현듯 속이 텅 빈 말이라는 게 보였다. 그 출판업자는 누군가에 대해 이렇게 말했다. "그이는 그런대로 잘 지낼 겁니다. 스스로를 믿거든요." 기억하기로 그때 나는 그의 이야기를 잘 들으려고 고개를 들었는데, '한웰'[1]이라고 적힌 버스 한 대가 눈에 들어왔다. 나는 그 출판업자에게 말했다. "스스로를 가장 잘 믿는 사람들이 어디에 있

1　한웰Hanwell은 런던 서부의 한 구역인데, 이곳에 있던 한웰 정신병원Hanwell Asylum을 가리켜 한웰이라고 간단히 이르는 경우가 많았다.

는지 아세요? 내가 알려 주지요. 나폴레옹이나 카이사르보다 스스로를 엄청나게 믿고 있는 사람들을 나는 압니다. 확신과 성공의 항성이 어디에서 타오르는지도 알지요. 초인의 왕좌를 향해 가는 길을 안내할 수도 있어요. 정말로 스스로를 믿는 사람들은 모두 정신병원에 있습니다." 그러자 그 출판업자는 스스로를 믿는 이들 중에는 좋은 사람도 많고, 정신병원에 있지 않은 사람들도 많다고 부드럽게 말했다. 하지만 나는 되받아쳤다. "그렇지요. 하지만 누구보다 당신이야말로 그런 사람들을 잘 알 겁니다. 당신이 따분한 비극 한 편을 받아 주려고 하지 않는 그 술고래 시인은 스스로를 믿었지요. 서사시를 끼고 찾아왔지만 당신이 밀실에 숨어서 피해 버렸던 그 나이 든 성직자도 스스로를 믿었고요. 당신의 추한 개인주의 철학 대신 사업 경험을 참고해서 생각해 본다면 잘 알게 될 걸요. 어떤 사람이 스스로를 믿는다는 건 그가 건달임을 나타내는 가장 흔한 표지라는 걸 말입니다. 연기하지 못하는 배우들은 스스로를 믿습니다. 돈을 갚지 못하는 채무자들도 그렇고요. 그러니 스스로를 믿으면 그 때문에 확실히 실패하게 된다고 말하는 편이 훨씬 더 진실하지 않을까요. 완전한 자신감이란 단순히 죄에 그치는 게 아닙니다. 완전한 자신감이란 약점이지요. 자기 자신을 순전히 믿는다는 건 조애너 사우스코트[2]를 믿는다는 것과 마찬가지로 병적이고 미신적입니다. 그런 믿음을 지닌 사람은 저 버스에 적힌 것만큼이나 분명하게 자기 얼굴에다 '한웰'이라고 써 붙이고 다니는 셈이지요." 내가 말을 마치자, 나의 친구이

2   조애너 사우스코트Joanna Southcote/Southcott, 1750-1814는 예언자로 자처하면서 종말론적 예언서를 작성하여 배포한 인물이다.

기도 한 그 출판업자는 매우 깊고도 감명적인 물음으로 대꾸했다. "아니, 사람이 스스로를 믿지 말아야 한다면, 그럼 무얼 믿어야 한 단 말입니까?" 나는 좀 길게 뜸을 들이다가 이렇게 답했다. "집에 가서 그 질문에 대한 답으로 책을 한 권 써야겠군요." 그 질문에 대한 답으로 쓴 것이 바로 이 책이다.

다만 이 책은 우리의 논쟁이 시작된 곳, 그러니까 그 정신병 원이 있는 동네에서 시작하는 게 좋을 것 같다. 현대 과학의 대가 들은 하나의 사실을 가지고 모든 연구를 시작해야 할 필요성에 깊이 통감했다. 고대 종교의 대가들도 그러한 필요성에 똑같이 깊 이 통감했다. 그들은 죄라는 사실에서, 감자만큼이나 실제적인 사 실에서 시작했다. 사람이 기적의 물로 씻음을 받을 수 있었든 없 었든 하여간 사람이 씻기를 원했다는 사실에는 의심의 여지가 없 다. 하지만 유물론자들만이 아니라 오늘날 런던의 어떤 종교 지 도자들은 논란의 여지가 많은 그 물을 부인하는 것이 아니라 논 란의 여지가 없는 오물을 부정하기 시작했다. 몇몇 새로운 신학 자들은 원죄를 반박하는데, 원죄란 그리스도교 신학에서 정말로 증명될 수 있는 유일한 부분이다. R. J. 캠벨 목사[3]의 추종자 중 어 떤 이들은 지나칠 정도로 세심한 영성에 푹 빠져서 꿈에서도 볼 수 없는 신적인 죄 없는 상태를 인정한다. 그러면서 길거리에서도

3   레지널드 존 캠벨Reginald John Campbell, 1867-1956은 영국 회중교회Congregational
     Church의 목사로 당대의 유명한 설교가였다. 그리스도교 신앙을 현대의 비판적 시
     각들과 조화시키려 한 이른바 '신新신학'을 주창하여 논란을 일으켰다. 제1차 세
     계대전 이후 그리스도교의 일치를 고민하고 자신의 신학을 재고하는 과정에서
     가톨릭으로 기울었다가 결국에는 영국 성공회 사제로 서품을 받았다.

볼 수 있는 인간의 죄는 근본적으로 부정한다. 가장 강한 성인聖人들과 가장 강한 회의론자들은 똑같이 확실한 악惡을 논쟁의 출발점으로 삼았다. 사람이 고양이의 가죽을 벗기는 데서 강렬한 행복을 느낀다는 게 참이라면(확실히 참일 테지만), 종교 철학자는 다음 두 가지 추론 가운데 오직 하나만을 도출할 수 있다. 그는 모든 무신론자가 그러하듯이 하나님의 실재를 부정하거나, 아니면 모든 그리스도인이 그러하듯이 하나님과 인간 사이의 현재적 합일을 부정해야 한다. 신新신학[4]의 신학자들은 고양이를 부정해 버리는 것이 매우 합리적인 해결책이라고 생각하는 듯하다.

이 놀랄 만한 상황에서는 (보편적인 공감대를 기대하면서) 우리 아버지들이 했듯이 죄라는 사실에서 시작하기란 명백히 불가능하다. 우리 아버지들에게는 지극히 명백했던 이 사실이 이제는 유독 흐려지거나 부정되고 있다. 하지만 현대인들이 죄의 존재를 부정한다 해도 정신병원의 존재까지 부정한다고는 생각되지 않는다. 우리는 집이 폭삭 내려앉듯 오해의 여지없이 지성이 붕괴되었다는 데 모두들 동의한다. 사람들은 지옥을 부정하지만 한웰을 부정하지는 않는다. 우리의 주된 논의에서는 전자의 자리에 후자를 놓아도 괜찮을 것 같다. 내 말인즉 한때 모든 사상과 이론이 한 사람의 영혼을 잃게 만드는 경향이 있는지를 두고 평가되었듯이, 우리의 현재 목표를 위해서는 모든 현대 사상과 이론이 한 사람

---

4   체스터턴이 말하는 신新신학the new theology이란 19세기 후반 근대 학문의 방법론과 세계관을 받아들여 엄격한 전통 교의로부터 벗어나려 한 자유주의적 신학의 경향을 가르킨다. 20세기 중반 가톨릭교회에서 원천으로 돌아갈 것을 강조하며 일어난 신신학Nouvelle théologie과는 다른 것이다.

의 분별을 잃게 만드는 경향이 있는지를 두고 평가되어야 한다는 것이다.

정신이상에 대해, 마치 그게 매력적이기라도 한 듯 아무렇게 나 가볍게 말하는 이들이 있다는 건 사실이다. 하지만 잠깐만 생각해도 질병이 아름답다면 그건 대개 누군가 다른 사람의 질병이기 때문이라는 걸 알 수 있다. 눈먼 사람이 그림 같을 수야 있겠지만 그림을 보려면 두 눈이 필요하다. 마찬가지로 정신이상에 대한 가장 야성적인 시詩조차도 정신이 멀쩡한 사람들만 즐길 수 있다. 정신이상자에게는 자신의 정신이상이 상당히 산문적散文的이다. 왜냐면 그것이 진짜 사실이기 때문이다. 자신이 닭이라고 생각하는 사람은 스스로에게 닭처럼 평범하다. 자신이 유리 조각이라고 생각하는 사람은 스스로에게 유리 조각처럼 흐릿하다. 자신을 흐릿하게 하고 또 미치게도 하는 것은 자기 정신의 동질성이다. 우리가 그를 보고서 재미난 사람이라고까지 생각하는 건 그가 지닌 생각의 아이러니가 우리에게 보이기 때문이다. 그가 결국한 웰에 갇히는 건 자기 생각의 아이러니가 그에게는 보이지 않기 때문이다. 간단히 말하자면, 기이한 것들은 오직 평범한 사람들하고만 부딪친다. 기이한 것들은 기이한 사람들하고는 부딪치지 않는다. 평범한 사람들이 신나는 경험을 훨씬 더 많이 하는 건 바로이 때문이다. 새로운 소설들은 그토록 빨리 수명을 다하는데 옛요정 이야기는 영원히 계속되는 것도 이 때문이다. 옛 요정 이야기의 주인공은 평범한 인간 소년이다. 놀라운 것은 주인공의 모험이다. 소년이 모험을 하면서 놀라는 이유는 그가 정상적인 사람이기 때문이다. 하지만 현대 심리 소설에선 주인공이 비정상적이다.

중심이 중심적이지 않은 것이다. 이런 이유로 가장 격렬한 모험조차 주인공에게 적절히 영향을 끼치지 못하고, 책은 단조롭다. 여러 마리의 용들에 둘러싸인 영웅 이야기를 만들 수는 있지만 여러 마리의 용들에 둘러싸인 용 이야기를 만들 수는 없는 법이다. 요정 이야기는 제정신인 사람이 미친 세상에서 무엇을 할지를 이야기한다. 오늘날 맑은 정신의 현실적인 소설은 본질적으로 미치광이인 주인공이 지루한 세상에서 무엇을 할지를 이야기한다.

그렇다면 우리는 정신병원에서 이야기를 시작하자. 이 사악하고 환상적인 여관으로부터 우리의 지적인 여정을 떠나자. 이제 우리가 온전한 정신의 철학을 대강 훑어보려고 한다면, 가장 먼저 할 일은 크고 흔한 실수 하나를 지워 버리는 것이다. 어디에나 떠다니는 한 가지 생각이 있는데 상상이란, 특히 신비로운 상상이란 사람의 정신 균형에 위험하다는 생각이다. 시인은 흔히 심리적으로 믿고 의지할 만한 사람이 못 된다고들 한다. 그리고 일반적으로 머리에 월계관을 두르는 것과 지푸라기를 꽂는 것 사이에는 모호한 관련성이 있다고들 한다. 사실과 역사는 이러한 관점과는 완전히 모순된다. 위대한 시인들은 대부분 제정신이었을 뿐 아니라 자기 일에 충실한 실제적인 사람들이었다. 만약 셰익스피어가 정말로 말을 잡아 두는 사람이었다면, 그건 그가 말을 잡아 두기에 가장 안전한 사람이었기 때문이다.[5] 상상이 정신이상을 불러오는 게 아니다. 정신이상을 불러오는 것은 바로 이성理性이다. 미쳐 버리는 건 시인들이 아니라 체스 선수들이다. 수학자들도 미

5   전해 오는 이야기에 따르면, 윌리엄 셰익스피어는 원래 극장에서 손님들이 타고 온 말을 잡아 두는 일을 하던 사람이었다고 한다. 그는 소년들을 고용해서 이 일

처 버리고 회계사들도 미쳐 버린다. 하지만 창조적인 예술가들이
미쳐 버리는 일은 좀처럼 없다. 앞으로 보게 되겠지만, 나는 논리
를 공격하려는 것이 아니다. 정신이상의 위험은 상상 속이 아니라
논리 속에 있다고 말하는 것뿐이다. 예술적 부성父性은 육체적 부
성만큼이나 온전하다. 더욱이 한 시인이 정말로 병적이었다면, 그
건 흔히 그의 두뇌 속 합리성에 어떤 약한 지점이 있었기 때문이
라는 점도 언급할 가치가 있다. 예를 들어 에드거 앨런 포[6]는 정말
로 병적이었지만, 그가 시적이어서 그런 건 아니었다. 오히려 그
가 특별히 분석적이었기 때문이었다. 그에게는 체스조차 너무나
시적이었다. 그는 체스를 싫어했는데, 체스가 한 편의 시처럼 기
사와 성城으로 가득했기 때문이다. 그는 드래프트 게임[7]의 검은
말들을 공공연히 선호했다. 그 검은 말들이 도표 위에 찍힌 까만
점 같았기 때문이다. 이런 사례들 가운데 가장 강력한 사례는 바
로 이 인물이 아닐까 한다. 유일하게 미쳐 버린 잉글랜드의 위대
한 시인 쿠퍼.[8] 그는 확실히 논리에 의해, 예정설이라는 추하고 생

을 대행시켰고, 그래서 이후로 오랫동안 이 일을 하는 사람들을 가리켜 '셰익스피
어스 보이'Shakespeare's boy라고 불렀다고 한다.

6   에드거 앨런 포Edgar Allan Poe, 1809-1849는 미국 단편 소설의 선구자로서 미스터리
와 추리 소설이라는 장르를 처음 만들어 내고 과학 소설 장르가 형성하는 데도 이
바지했다고 평가된다. 부모를 일찍 여의고 불행한 성장기를 보냈으며 젊은 시절
도박과 술로 방황했다. 시인과 소설가로 성공한 뒤에도 당시로서는 드물게 전업
작가로만 생계를 유지하려 한 탓에 가난에 시달렸다. 결국 아내가 병들어 죽자,
폭음과 기행을 일삼다가 마흔 살의 나이로 요절했다. 천재적 재능과 광기가 결합
되어 불행한 삶을 살다 간 예술가의 전형처럼 이야기된다.

7   드래프트 게임draughts은 보통 체커 게임Checkers이라고 한다. 체스판과 같은 격자
판 위에 납작하고 동그란 말들을 움직여 겨루는 게임이다.

8   윌리엄 쿠퍼William Cowper, 1731-1800는 당대에 가장 인기 있던 잉글랜드의 시인이

경한 논리에 의해 미쳐 버렸다. 시는 병이 아니라 약이었다. 쿠퍼를 부분적으로나마 건강하게 지켜 준 것은 시였다. 그는 우즈강의 너른 강물과 낮게 깔린 흰 백합들 사이로 흉측한 숙명론이 자기를 끌어가는 저 붉고 메마른 지옥을 때때로 잊을 수 있었다. 그는 장 칼뱅에게 저주받았고, 존 길핀[9]에게 거의 구원받았다. 어디서든 사람들이 꿈 때문에 미치는 일은 없다. 비평가들은 시인들보다 훨씬 더 미쳐 있다. 호메로스[10]는 완전하고 차분하다. 그를 터무니없이 찢어발기는 것은 비평가들이다. 셰익스피어는 완전히 그 자신이다. 그가 다른 누군가라는 걸 발견했다고 하는 사람들은 몇몇 비평가들뿐이다. 복음사가 성 요한이 환시 속에서 수많은 괴

다. 잉글랜드 시골 지방의 일상과 풍경을 노래한 작품들로 18세기 영국 시의 흐름을 바꾸어 놓은 낭만주의의 선구자로 평가된다. 30대 초반에 우울증과 정신이상을 겪고 세 차례나 자살 시도를 벌여 한동안 정신병원에 입원했으며, 40대 초반에도 다시 비슷한 증상을 겪고 자신은 영원히 지옥에 떨어질 운명이라는 망상에 사로잡혀 지냈다고 한다.

9 존 길핀John Gilpin은 윌리엄 쿠퍼의 희극 발라드『존 길핀의 우왕좌왕 대소동』*The Diverting History of John Gilpin*, 1782의 주인공이다. 이 작품은 런던의 부유한 직물 상인인 존 길핀이 가족들과 여행을 하던 중에 타고 있던 말이 갑자기 말을 듣지 않고 멀리까지 달아나면서 겪는 이야기를 담고 있다. 윌리엄 쿠퍼가 심한 우울증에 빠져 있었을 때 친구에게서 들은 우스갯소리에서 영감을 받아 쓴 작품이라고 한다. 출간 당시 존 길핀 인형이 판매될 정도로 큰 인기를 끌었다.

10 호메로스는 기원전 8세기에 고대 그리스 이오니아 지방에서 활동한 유랑 시인이다. 고대 서양 고전 문학에서 최고의 서사시로 꼽히는『일리아스』와『오디세이아』의 저자로 전해진다. 정확한 생몰연대를 비롯해 알려진 정보가 거의 없지만 대체로 맹인이었다고 이야기되며 이 때문에 신화 속 맹인 예언자로 표현되는 경우도 많다. 하지만 오늘날에는 호메로스가 실재한 인물이 아니고 두 작품은 단일 작가의 것이 아니라 여러 사람들에 의해 오랜 시간을 거쳐 형성되었다는 주장도 제기되고 있다.

물을 보았다 해도, 그에 대한 주석가들만큼 미쳐 날뛰는 피조물은 본 적이 없다. 사실은 간단하다. 시는 제정신이다. 무한한 바다 위를 쉽사리 떠다니기 때문이다. 이성은 무한한 바다를 횡단하여 유한한 것으로 만들려 한다. 그 결과, 정신적 탈진이 찾아온다. 홀바인이 육체적으로 탈진한 것과 마찬가지다.[11] 모든 것을 받아들이는 것은 운동이지만, 모든 것을 이해하려는 것은 혹사다. 시인은 오직 고양高揚과 확장만을 갈망한다. 자기 자신을 펼칠 세상을 원하는 것이다. 시인은 오직 자기 머리를 하늘나라에 두기를 청한다. 논리학자는 하늘나라를 자기 머릿속에 두려 한다. 그러니 쪼개지는 것은 논리학자의 머리다.

이렇게 뚜렷이 잘못된 생각이 대체로 뚜렷이 잘못된 인용에 의해 뒷받침되고 있다는 사실은 큰 문제가 아니지만 별 상관없는 일도 아니다. 사람들이 드라이든[12]의 유명한 시구를 "위대한 천재와 광기는 거의 동류다"라고 인용하는 걸 들어 보지 못한 사람은 우리 중에 아무도 없다. 하지만 드라이든은 위대한 천재와 광기가 거의 동류라고 말하지 않았다. 드라이든은 그 자신이 위대한 천재

11 체스터턴이 활동하던 시기에 유명세를 떨친 영국의 운동선수 몬태규 홀바인 Montague Holbein, 1861-1944을 말한다. 홀바인은 장거리 사이클리스트로서 1891년 제1회 보르도-파리 대회에서 2위에 올라 유명해졌다. 이후에는 장거리 수영에 도전해 다수의 기록을 세웠고, 1901년과 1902년에는 최초로 영국해협 횡단을 세 차례 시도했으나 성공하지는 못했다. 특히 세 번째 시도에서는 22시간 이상 수영한 끝에 목표 지점에서 1마일가량 떨어진 곳까지 도달했지만, 탈진하는 바람에 구조되었다.

12 존 드라이든John Dryden, 1631-1700은 잉글랜드의 시인, 극작가, 비평가다. 1688년 잉글랜드 최초의 계관시인이 되었으며, 셰익스피어 비평으로도 이름을 떨쳐 '영문학 비평의 아버지'로 불린다.

였기에 누구보다 잘 알았다. 드라이든보다 더 낭만적이거나 더 분별 있는 사람을 찾기란 쉽지 않았을 것이다. 드라이든은 이렇게 말했다. "위대한 재치와 광기는 거의 동류인 경우가 많다." 이 말은 참이다. 붕괴의 고통에 처한 것은 지성의 순수한 기민함이다. 또한 사람들은 드라이든이 어떤 종류의 사람에 대해 이야기하고 있었는지 기억할 것이다. 그는 본[13]이나 조지 허버트[14]같이 세속적이지 않은 예지자에 대해서 이야기하지 않았다. 그가 이야기하던 사람은 이 세상의 냉소적인 사람, 회의론자, 외교관, 실제적인 위대한 정치인이다. 이런 사람들은 정말로 광기와 거의 동류다. 이들은 자기 두뇌와 타인의 두뇌를 끊임없이 계산하는데, 그건 위험한 일이다. 정신을 측정하는 것은 언제나 정신에 위험천만하다. 어떤 경솔한 사람이 어째서 '모자 장수처럼 미쳤다'[15]라고 말하느냐고 물으면, 그보다 더 경솔한 사람이 이렇게 답할 것이다. 모자 장수는 사람의 머리를 재야 해서 미쳤다고.

13   헨리 본Henry Vaughan, 1622-1695은 웨일즈 태생의 시인이자 내과 의사다. 조지 허버트의 작품에 감화되어 깊은 신심을 담은 작품들을 다수 남겼다.

14   조지 허버트George Herbert, 1593-1633는 웨일즈 태생의 시인이자 영국 성공회의 사제다. 케임브리지 대학을 나와 국왕의 총애를 받으며 잉글랜드 의회에서 봉직했지만, 이후 작은 시골 본당 사제로 살면서 신자들을 극진히 돌보다 이른 나이에 병사했다.

15   '모자장수처럼 미쳤다'mad as a hatter라는 표현은 산업혁명 시기에 생긴 관용구다. 당시 신사용 모자를 만드는 과정에 수은이 쓰였기 때문에 모자를 만들어 파는 이들 가운데 다수가 수은에 중독되어 여러 정신병적 증상을 보였다고 한다. 실제로 이상흥분이나 신경과민을 보이는 증상을 가리켜 '미친 모자장수 증후군'Mad Hatter Syndrome이라고 일컫기도 했다. 루이스 캐럴의 『이상한 나라의 앨리스』Alice's Adventures in Wonderland, 1865에 등장하는 모자장수는 이러한 배경에서 설정된 인물이다.

위대한 추론가들이 미치광이인 경우가 많다면, 미치광이들은 흔히 위대한 추론가라는 것도 똑같이 참이다. 내가 자유의지에 관해『클래리언』[16]과 논쟁을 벌이던 당시에, 유능한 작가인 R. B. 서더스[17]는 자유의지란 미친 허상이라고 말했다. 자유의지란 원인 없는 행동을 의미하는데, 광인의 행동에는 원인이 없으니 그렇다는 것이었다. 나는 여기서 결정론적 논리의 끔찍한 착오를 길게 다루지는 않겠다. 아무리 광인의 행동이라 해도 어떤 행동에 원인이 없을 수 있다면 결정론은 끝장이다. 광인에게서 인과의 사슬이 끊어질 수 있다면 보통 사람에게서도 끊어질 수 있다. 다만 여기서 나의 목적은 무언가 더욱 실제적인 것을 지적하는 데 있다. 현대 마르크스 사회주의자가 자유의지에 대해 아무것도 모른다는 건 어쩌면 당연한 일이다. 하지만 현대 마르크스 사회주의자가 광인에 대해 아무것도 모른다는 건 확실히 주목할 만하다. 서더스는 광인에 대해 아무것도 몰랐던 게 분명하다. 광인에 대해 절대 말할 수 없는 게 있다면, 광인의 행동에는 원인이 없다는 것이다. 대강이라도 원인 없는 행동이라 할 만한 것이 있다면 건강한 사람의 소소한 행동이 그러하다. 걸어가면서 휘파람을 불거나, 막대기로 풀을 치거나, 발꿈치를 마주치거나, 손을 비비는 그런 행동들 말이다. 행복한 사람이라야 그런 쓸데없는 행동을 한다. 병든 사

---

16   『클래리언』*Clarion*, 1891-1934은 영국의 사회주의 계열 주간지다. 20세기 초에 노동당과 연계되어 상당한 인기를 끌었지만, 보어 전쟁과 제1차 세계대전 참전에 찬성하고 여성 참정권에 반대하여 독자들을 잃었다.

17   로버트 벤틀리 서더스Robert Bentley Suthers, 1871-1911는 주로『클래리언』을 발판으로 활동했던 저술가로서 체스터턴과 자유의지에 관하여 오랫동안 철학적 논쟁을 벌인 것으로 유명하다.

람은 힘이 없어서 빈둥댈 수조차 없다. 그렇게 의식 없고 원인 없는 행동을, 미친 사람은 절대 이해할 수 없다. 일반적으로 (결정론자와 마찬가지로) 미친 사람은 모든 것에서 너무 많은 원인을 보기 때문이다. 미친 사람은 무의미한 행동에서도 음모론의 함의들을 읽어 내려 한다. 막대기로 풀을 치는 것은 사유재산에 대한 공격이라고 생각할 것이고, 발꿈치를 마주치는 것은 범죄를 공모하는 신호라고 생각할 것이다. 미친 사람이 잠시나마 무심한 상태일 수 있다면 제정신이 든 것이다. 정신장애가 심각하거나 경미한 사람들과 이야기해야 하는 불운을 겪은 사람이라면, 그들의 증상 중 최악의 증상은 세세한 부분들을 끔찍이도 명확하게 보는 것임을 안다. 미로보다 복잡한 지도 위의 한 점을 또 다른 한 점과 연결하는 식이다. 당신이 미친 사람과 논쟁을 벌인다면 패할 확률이 높다. 여러 면에서 광인의 정신은 현명한 판단에 부합하는 것들에 지체되는 법 없이 훨씬 더 빨리 움직이는 탓이다. 광인은 유머나 자비에 방해받지 않으며, 경험에서 오는 말 못 할 확신에도 방해받지 않는다. 그는 온당한 애착마저 잃었기에 더 논리적이다. 사실 정신이상을 나타내는 흔한 표현은 이런 측면에서 오해의 소지가 있다. 미친 사람은 이성을 잃은 사람이 아니다. 미친 사람은 이성만 지닌 채 다른 모든 것을 잃은 사람이다.

어떤 일에 대한 미친 사람의 설명은 언제나 완전하며 순전히 이성적인 의미에서 만족스러운 경우도 많다. 아니, 더 엄밀히 말하자면, 정신이상자의 설명은 결론적이지 않더라도 최소한 반박이 불가능하다. 이 사실은 특히 가장 흔한 두세 가지 광기에서 관찰할 수 있다. (예를 들어) 다른 사람들이 자기를 해치려고 음모를 꾸민다고 하는 미친 사람의 말은, 모두가 자신이 음모자임을 부인한다고 말하지 않고서는 반박할 방법이 없다. 하지만 이것이야말로 모든 음모자가 응당 하는 행동이다. 미친 사람의 설명도 정상인 사람의 설명만큼이나 사실을 다룬다. 자기가 진짜로 적법한 잉글랜드의 왕이라고 말하는 사람이 있다면, 당국에서 그자를 가리켜 미친 사람이라고 하는 것은 결코 완벽한 대응책이 되지 못한다. 그것이야말로 그가 진짜 왕인 경우에 당국에서 취할 수 있는 가장 현명한 대응책이기 때문이다. 자기가 예수 그리스도라고 하는 사람이 있다면, 세상이 그의 신성을 부인한다고 그에게 말해 주는 것은 결코 대응책이 되지 못한다. 이미 세상은 그리스도의 신성을 부인했기 때문이다.

그럼에도 미친 사람의 말은 옳지 않다. 하지만 우리가 그의 오류를 엄밀히 추적하려 들면 생각만큼 쉽지 않다는 걸 알게 될 것이다. 기껏해야 그의 정신은 완벽하지만 아주 좁은 원을 그리며 움직인다고 말하는 데 그칠 것이다. 작은 원도 큰 원만큼 무한하다. 무한하되 그만큼 크지는 않다. 마찬가지로 정신이상자의 설명은 정신이 온전한 사람의 설명만큼이나 완전하다. 하지만 그만큼 크지는 않다. 총알은 이 세상만큼 둥글지만, 총알은 세상이 아니다. 편협한 보편성 같은 것이 있고, 작고 비좁은 영원성 같은 것이 있다. 여러 현대 종교에서 이를 볼 수 있다. 이제 상당히 외면적이고 경험적으로 말해 보자면, 가장 강력하고도 틀림없는 광기의 표지는 완전한 논리와 축소된 정신의 결합이라고 할 수 있겠다. 광인의 이론은 아주 많은 것을 설명할 수 있지만 넓은 방식으로 설명하지는 못한다. 혹여 병적으로 변해 가는 정신을 다루는 경우, 숨 막히게 하는 단 하나의 논증 바깥에 더 신선하고 상쾌한 무언가가 있다고 그 정신을 설득하고자 한다면, 그 정신에 논증들을 주려 할 것이 아니라 공기를 주려고[18] 신경을 써야 한다. 내가 전형적인 예로 들었던 첫 번째 사례를 생각해 보자. 즉, 다른 모든 사람이 자기에 대해 음모를 꾸민다고 비난하는 사람이 있다고 가정해 보자. 만약 우리가 이런 강박관념에 반발하고 항의하려는 감정들을 표현할 수 있다면 이렇게 말해야 할 것이다. "아, 당신에겐 나름의 주장과 논거가 있고, 당신은 그걸 거의 외우다시피 한다는 걸 인정합니다. 그리고 당신이 말하듯이 많은 것들이 서로 잘 맞아 들어간다는 것도 인정합니다. 당신의 말이 아주 많은 것을 설명해 준다는 점도 인정합니다. 하지만 당신의 설명은 많은 것들을 빠뜨린 것 같습니다! 이 세상에 당신의 이야기 말고 다른 이야기들은 없는 걸까요? 모두가 당신의 일에 몰두해 있을까요? 우리가 그 세부적인 내용들까지 인정한다고 칩시다. 길에 있던 그 사람이 당신을 보는 것 같아 보이지 않았다면 그건 그가 아주 교활하기 때문이겠지요. 경찰이 당신에게 이름을 물었다면 그건 경찰이 이미 당신 이름을 알고 있기 때문일 테고요. 하지만 이 사람들이 실은 당신에 대해 전혀 신경 쓰지 않는다는 걸 안다면 당신은 얼마나 더 행복해질까요! 당신의 자아가 더 작아질 수 있다면 당신의 삶은 얼마나 더 커질까요! 당신이 정말로 보통의 호기심과 즐거움으로 다른 사람들을 볼 수 있다면! 다른 사람들이 명랑한 이기심과 활기찬 무관심 속에 있듯이 당신도 그들이 걷는 모습을

02 미치광이

---

18   '공기를 주다'give it air라는 표현은 축자적인 의미뿐 아니라 어떠한 의제나 대상을 공개적으로 논의하고 검토한다는 뜻도 있다.

그렇게 바라볼 수 있다면! 그들이 당신에게 관심을 보이지 않으니 오히려 당신은 그들에게 관심을 기울이기 시작하겠지요. 당신의 그 빤한 플롯이 노상 상연되는 이 작고 천박한 극장 밖으로 나온다면 당신은 더 자유로운 하늘 아래, 멋진 타인들로 가득한 거리에서 자기 자신을 찾게 될 겁니다." 아니면, 광기의 두 번째 사례를 상정해 보자. 자기가 진짜 왕이라고 주장하는 사람이 있다고 하면, 그에게 충동적으로 이렇게 대꾸할 수 있겠다. "그래, 좋아요! 어쩌면 당신은 자신이 잉글랜드의 왕이라는 걸 알고 있는 거겠죠. 하지만 무슨 상관이에요? 한번 멋지게 노력해 봐요. 그러면 당신은 한 명의 인간이 되어 지상의 모든 왕을 내려다보게 될 테니까요." 이도 아니면, 광기의 세 번째 사례를 생각해 보자. 그리스도라 자처하는 미친 사람을 보고 우리가 느끼는 그대로 말한다면 이러할 것이다. "그러니까 당신이 이 세상의 창조주이자 구원자라는 거군요. 하지만 당신의 그 세상이란 정말 작은 세상임에 틀림없어요! 당신은 정말로 작은 천국에 살고 있을 거예요! 당신과 함께하는 천사들은 나비보다 크지 않겠죠! 자신이 하나님이라는 건, 그것도 부적절한 하나님이라는 건 얼마나 슬픈 일인지! 당신의 삶보다 더 충만한 삶과 당신의 사랑보다 더 기적적인 사랑은 없는 건가요? 모든 육신이 당신의 작고 고통스러운 연민에 믿음을 두어야 한단 말인가요? 더 높으신 하나님의 망치가 당신의 작은 우주를 깨부수고 별들을 반짝이처럼 흩으시며, 당신을 다른 사람들처럼 열린 공간 속에 자유로이 두시고, 아래를 내려다보는 만큼 위도 올려다보도록 하신다면, 당신은 얼마나 더 행복해질까요! 얼마나 더 당신 자신이 될까요!"

가장 순수하게 실제적인 과학은 정신의 악에 대해 다음과 같은 관점을 취한다는 사실을 기억하자. 순수하게 실제적인 과학에서는 정신의 악을 이단처럼 반박하려 하기보다 주문呪文처럼 깨버리려 한다. 현대 과학이나 고대 종교 모두 완전히 자유사상을 신뢰하지 않는다. 신학에서는 어떤 생각들을 신성모독이라며 꾸짖는다. 과학에서는 어떤 생각들을 병이라며 나무란다. 예를 들어 종교계에서는 섹스에 대한 생각을 단념시키려고 한다. 새로운 과학계에서는 확실히 죽음에 대한 생각을 단념시키려고 한다. 죽음은 사실이되 병적인 사실로 간주된다. 그리고 그 병적인 상태에 광기의 기미가 있는 사람들을 다룰 때, 현대 과학은 춤추는 데르비시[19]보다도 순수한 논리에 신경을 훨씬 덜 쓴다. 이 경우, 그 불행한 사람이 진실을 갈망하는 것만으론 충분하지 않다. 그는 건강을 갈망해야 한다. 굶주린 짐승처럼 정상 상태를 맹목적으로 갈구하는 것 말고는 그 무엇도 그를 구할 수 없다. 사람은 스스로 궁리하여 정신의 악에서 빠져나올 수 없다. 생각의 기관이 병들어 제어할 수 없게 되어, 말하자면 독립적으로 변했기 때문이다. 그러므로 그는 오직 의지나 신앙에 의해서만 구원받을 수 있다. 그의 이성은 움직이는 순간, 오래된 쳇바퀴 돌 듯 움직일 뿐이다. 그는 자기 논리의 원을 돌고 또 돌 것이다. 마치 내부순환선 삼등 객차에 탄 사람이 가워 스트리트에서 내리는 것 같은 자발적이고 활기차고 신비적인 행위를 하지 않는 한, 내부순환선을 따라 돌고 또

19 데르비시dervishes는 이슬람의 수피 종파 가운데 극도의 금욕을 서약하고 살아가는 사람들을 일컫는다. '사마'sama라는 의식을 행하는 것으로 유명한데, 넓게 퍼지는 치마 같은 의상을 입고 빙글빙글 돌면서 춤을 추고 시와 기도문을 암송한다.

돌게 되는 것과 마찬가지다. 여기서 할 일이라곤 결단을 내리는 게 전부다. 문을 닫되 그 문을 영원히 닫아 두어야 한다. 모든 구제책이 필사의 구제책이다. 모든 치료법이 기적의 치료법이다. 미친 사람을 치료하는 일은 철학자와 논쟁하는 일이 아니다. 그것은 악마를 쫓아내는 일이다. 그리고 아무리 의사와 심리학자가 이 일을 조용히 진행한대도 그들의 태도는 근본적으로 블러디 메리[20] 만큼이나 인정사정없다. 그들의 태도는 정말로 이러하다. 그 미친 사람이 계속 살고자 한다면 생각을 멈추어야 한다는 것이다. 그들은 지성의 절단을 권한다. 당신의 머리가 당신을 거스른다면 잘라버려라. 어린아이로 천국에 들어가는 것은 물론이고, 바보가 되어 천국에 들어가는 편이 온전한 지성을 갖추고 지옥이나 한웰에 처넣어지는 것보다는 훨씬 나으니.

노련한 광인이란 이러하다. 광인은 흔히 추론가이며 성공한 추론가인 경우도 많다. 광인은 순전한 이성으로 완파할 수 있으며 그의 주장에 반하는 논거 또한 논리적으로 제시할 수 있다. 그런데 이 사실은 더 일반적이고 미학적이기까지 한 말로 훨씬 더 정확하게 표현할 수 있다. 광인은 깨끗하고 불이 환히 밝혀진 '한 가지 생각의 감옥'에 갇혀 있다. 그는 고통스러운 한 점을 향해 날카롭게 벼려져 있다. 그에겐 건강한 망설임도, 건강한 복합성도 없다. 서론에서 설명했듯이, 나는 이 책 앞부분에 해당하는 몇 개의 장에서 한 교의[21]의 한 도표가 아니라 한 관점의 여러 그림을 제

---

20   블러디 메리Bloody Mary(피의 메리)는 잉글랜드 여왕 메리 1세Mary I, 재위 1553-1558를
      가리킨다. 선왕 헨리 8세가 단행한 종교개혁을 뒤엎고 로마가톨릭으로 복귀하면
      서 수많은 프로테스탄트 신자들을 처형한 것으로 유명하다.

시하기로 마음먹었다. 이러한 이유로 광인에 대한 나의 견해를 장황하게 기술했다. 나는 광인들에게서 영향받았고 대부분의 현대 사상가에게서도 영향받았다. 한웰에서 들려오는 소리들의 틀림없이 분명한 심기나 어조를 오늘날 과학의 의자들과 학문의 자리들 중 절반에서도 들을 수 있다. 그리고 미친 의사들은 대부분 둘 이상의 의미에서 미친 의사들이다. 그들에게는 모두 어김없이 내가 앞서 언급했던 결합, 즉 확장적이고 소모적인 이성과 수축된 상식의 결합이 있다. 그들은 단 하나의 얄팍한 설명을 취하여 그것을 아주 멀리까지 밀고 나간다는 의미에서만 보편적이다. 그러나 한 가지 패턴은 무한히 늘어날지라도 여전히 하나의 작은 패턴인 것이다. 미친 의사들은 체스판을 두고 검은 판 위에 흰 칸들이 있다고 본다. 설사 우주가 체스판으로 포장되어 있다고 해도 똑같이 검은 판 위에 흰 칸들이 있는 것이다. 광인과 마찬가지로 그들 역시 자기 입장을 바꿀 수 없다. 정신적 노력을 기울여 갑작스레 흰 판 위에 검은 칸들이 있다고 볼 수가 없다.

우선 유물론이라고 하는 더욱 분명한 사례를 취해 보자. 세계에 대한 하나의 설명으로서 유물론에는 일종의 정신 나간 단순성이 있다. 유물론에는 광인의 주장과 같은 속성이 있다. 우리는 유물론이 모든 것을 포괄한다는 느낌과 모든 것을 배제한다는 느낌을 동시에 받는다. 예를 들어 맥케이브[22]같이 유능하고 신실한 유

---

21 가톨릭교회에서는 교리doctrine(교회의 가르침)와 교의dogma(믿을 교리)를 구분하나, 체스터턴은 'doctrine'과 'dogma'를 '변치 않는 진리로 믿고 따르는 것'이라는 의미로 혼용하고 있고 우리말에서 교리는 종교에 국한되어 사용되므로 둘 다 교의라고 옮겼다.

물론자를 잘 들여다보면 바로 이런 독특한 느낌이 들 것이다. 그는 모든 것을 이해하고 있는데, 모든 것은 이해할 가치가 없어 보인다. 그의 우주는 못과 톱니바퀴까지 모두 완전한 것 같다. 하지만 그의 우주는 우리의 세계보다도 더 작다. 어쨌든 그가 구성한 체계는 미친 사람의 명료한 체계처럼 외계의 에너지와 지구의 커다란 무관심을 의식하지 못하는 듯하다. 그의 체계는 지구에 실재하는 것들, 서로 싸우는 민족들이나 자부심 강한 어머니들, 첫사랑이나 바다에 대한 공포 따위는 염두에 두지 않는다. 지구는 그렇게 무척이나 크고, 우주는 그렇게 무척이나 작다. 우주는 한 사람이 제 머리를 숨길 수 있는 가장 작은 구멍만하다.

내가 지금 논하는 것은 이런 신조들과 진리의 관계가 아니라는 걸 이해해야 한다. 일단 현재로서는 이 신조들과 건강의 관계만을 논하겠다. 객관적 진리에 대한 의문은 논증의 뒷부분에서 다루려고 한다. 여기서는 다만 심리학의 한 가지 현상에 대해서만 말하겠다. 지금은 헤켈[23]을 향해, 유물론은 참이 아니라는 걸 입증하려고도 하지 않겠다. 마치 자신이 그리스도라고 생각하는 사

22 영국의 작가이자 자유주의 사상가인 조지프 맥케이브Joseph McCabe, 1867-1955를 가리키는 듯하다. 이른 나이에 프란치스코회 수사가 되어 사제로 서품받고 루뱅 대학에서 유학하였으나 이후 수도회를 떠나 합리주의 관점에서 그리스도교와 교회를 강력히 비판했다. 오늘날에는 세속적 휴머니즘의 선구자로 평가받고 있다. 체스터턴은 『이단』에서 맥케이브를 비판적으로 다루었다.

23 에른스트 헤켈Ernst Haeckel, 1834-1919은 독일의 유명한 생물학자, 박물학자, 의사이자 철학자였다. 찰스 다윈의 진화론을 독일에 확산하는 데 기여했으며 1천여 종이 넘는 생물에 학명을 붙여 분류하는 등 현대 생물학에 큰 업적을 남겼다. "정치는 생물학의 응용이다"라는 말을 남겼는데, 그의 저서와 강연 등은 이후 우생학과 사회진화론, 인종차별 등에 이용되기도 했다.

람을 향해, 그가 잘못된 오류 아래에서 애쓰고 있다는 걸 입증하려 들지 않았듯이 말이다. 여기서는 다만 두 경우 모두 동종의 완전성과 동종의 불완정성을 지닌다는 사실만을 언급하겠다. 어떤 사람이 무관심한 대중에 의해 한웰에 갇힌 것을 두고, 이 세상에 과분한 신을 십자가에 매단 것이라고 설명할 수 있다. 이렇게 해도 설명이 되기는 한다. 마찬가지로 모든 만물이, 심지어 사람의 영혼까지도 물질의 눈먼 운명이라는 전연 의식 없는 나무에서 불가피하게 피어난 나뭇잎이라고 우주의 질서를 설명할 수도 있다. 이것도 설명이 되기는 한다. 물론 미친 사람의 설명만큼 그렇게 완전하지는 않지만 말이다. 하지만 여기서 요점은, 정상적인 인간의 정신이라면 이 두 가지 설명에 모두 반대할 뿐 아니라 두 가지 설명에 대해 똑같은 반감을 느낀다는 것이다. 그에 대해 최대한 정확히 말하자면 이러하다. 한웰에 있는 그 사람은 진짜 신이라 해도 그다지 신다운 신은 아니다. 마찬가지로 유물론자의 우주가 진짜 우주라 해도 그다지 우주다운 우주는 아니다. 그 우주는 오그라든 우주다. 그 신은 많은 사람보다 덜 신적인 신이다. 그리고 (헤켈에 따르면) 생명 전체는 생명의 각 측면보다 훨씬 더 흐릿하고 좁고 하찮다. 부분들이 전체보다 더 커 보인다.

유물론 철학은 (참이든 아니든) 확실히 다른 어느 종교보다 훨씬 더 제한적이라는 점을 기억해야 한다. 물론 어떤 의미에서 모든 지적 관념은 폭이 좁다. 관념은 관념 자체보다 더 폭넓을 수 없다. 그리스도인은 단지 무신론자가 제약받는 것과 똑같은 의미에서만 제약받는다. 그리스도인이 그리스도교가 거짓이라고 생각하면서 계속 그리스도인일 수는 없다. 무신론자가 무신론이 거짓이라고 생각하면서 계속 무신론자일 수는 없다. 그러나 실제로는 그런 일이 일어나므로, 매우 특별한 어떤 의미에서는 유심론보다 유물론에 더 많은 제약이 따른다. 맥케이브는 나를 노예라고 생각한다. 결정론을 믿는 것이 내게는 허용되지 않기 때문이다. 나는 맥케이브가 노예라고 생각한다. 요정들을 믿는 것이 그에게는 허용되지 않기 때문이다. 하지만 우리가 이 두 금지사항을 검토해 보면, 그에게 금지된 것이 내게 금지된 것보다 훨씬 더 순도 높은 금지사항임을 알게 될 것이다. 그리스도인은 우주에 상당히 많은 안정적 질서와 필연적 발전이 있다는 것을 자유로이 믿을 수 있다. 하지만 유물론자는 자신의 티 없는 기계 장치에 유심론이나 기적의 가장 옅은 얼룩조차 허용할 수 없다. 가엾은 맥케이브는 가장 조그만 꼬마 도깨비가 뚜껑별꽃 속에 숨어 있을지라도 그대로 둘 수가 없다. 그리스도인은 우주가 다면적이고 잡다하기까지 하다는 걸 인정한다. 그건 마치 정신이 온전한 사람이라면 자신이 복잡하다는 사실을 아는 것과 같다. 정신이 온전한 사람은 자신에게 짐승의 기운이 있으며 악마의 기운, 성인^{聖人}의 기운, 시민의 기운도 있다는 걸 안다. 아니, 정말로 정신이 온전한 사람은 자신에게 광인의 기운이 있다는 걸 안다. 그러나 유물론자의 세계는 무척 단순하고 견고하다. 광인이 자신은 제정신이라고 확신해 마지않듯이 말이다. 유물론자는 역사가 단순히 인과관계의 사슬일 뿐이라고 확신한다. 앞서 언급했던 그 흥미로운 사람이 자신은 그저 닭일 뿐이라고 확신하듯이 말이다. 유물론자와 광인은 결코 의심하지 않는다.

유물론에서 부정하는 것들은 정신을 제한하지만, 실제로 영적 교의들은 정신을 그런 식으로 제한하지 않는다. 불멸을 믿는다고 해서 불멸에 대해 생각할 필요는 없다. 그러나 불멸을 믿지 않는다면 불멸에 대해 생각해선 안 된다. 첫 번째 경우에 길은 열려 있고, 나는 원하는 만큼 멀리까지 갈 수 있다. 두 번째 경우에 길은 닫혀 있다. 그러나 두 번째 경우가 훨씬 더 강력한데, 광기와의 유사성은 훨씬 더 뜻밖이다. 우리가 광인의 철저하고도 논리적인 이론에 반대한 근거는, 옳든 그르든 그 이론이 그의 인성을 파괴했다는 것이었으니 말이다. 그리고 이제는 유물론자의 주요 추론들이, 옳든 그르든 그의 인성을 점차 파괴한다는 것이 그의 추론들에 반대하는 비판의 근거가 된다. 나는 단지 친절만을 말하려는 게 아니다. 나는 희망, 용기, 시심詩心, 솔선, 그리고 인간적인 모든 것을 말하려고 한다. 이를테면 유물론은 (일반적으로 그러하듯) 사람들을 완전한 숙명론으로 이끄는데, 유물론이 어떠한 의미에서든 해방의 힘인 척하는 건 정말 쓸데없는 짓이다. 생각의 자유를 자유의지를 파괴하는 데만 사용하면서 특별히 자유를 진전시키노라고 말하는 건 터무니없는 짓이다. 결정론자들은 사람들을 묶어 놓지 결코 풀어 주지는 않는다. 그들이 자기네 법칙을 인과의 '사슬'이라고 부르는 것도 어찌 보면 당연하다. 그 사슬이야말로 이제껏 인간을 구속해 온 사슬 가운데 최악의 사슬이다. 원한다면, 유물론의 가르침에 대해 자유라는 말을 사용해도 된다. 하지만 자유라는 말이 정신병원에 갇힌 사람에게 적용될 때와 똑같은 용어로서 유물론 전체에 적용될 수 없다는 것만은 분명하다. 원한다면, 사람이 스스로 수란水卵이라고 생각하는 것도 자유라 할 수 있다. 하지만 그가 정말로 수란이라면 자유로이 먹거나 마시거

43

나 자거나 걷거나 담배를 피울 수 없다는 것이야말로 훨씬 더 크고 중요한 사실임이 분명하다. 마찬가지로 원한다면, 결정론자인 어느 대담한 사색가가 자유로이 의지의 실재를 믿지 않는다고 말할 수 있다. 하지만 그가 자유로이 일어서거나 저주하거나 감사하거나 정당화하거나 충고하거나 벌주거나 유혹에 저항하거나 군중을 선동하거나 새해 다짐을 하거나 죄인들을 용서하거나 폭군들을 힐책하거나 겨자에 대고 '고마워요'라고 말할 수 없다는 건 훨씬 더 크고 중요한 사실이다.

다음 주제로 넘어가기 전에, 한 가지 기묘한 오류를 짚고 넘어가야 할 것 같다. 유물론적 숙명론이 어떤 면에서는 잔인한 처벌이나 어떠한 종류의 처벌이든 그것을 폐지하는 데 호의적이라는, 즉 감형이나 사면에 호의적이라는 말에는 오류가 있다. 그런 말은 놀라울 정도로 진실에 반대된다. 필연론이 아무것도 달라지게 하지 못한다는 것은 정말이지 옹호하기 쉬운 주장이다. 필연론은 매질하는 사람은 전처럼 매질하게 내버려두고 친절한 친구는 전처럼 충고하게 내버려둔다. 다만 필연론이 그 둘 가운데 어느 하나를 멈추게 한다면 친절한 충고를 멈추게 한다는 것만은 분명하다. 죄가 불가피하다는 게 사실이라고 해서 처벌을 막을 수는 없다. 필연론이 무언가를 금지한다면 그건 바로 설득이다. 결정론은 여지없이 비겁함으로 이어지듯이 잔인함으로 이어질 가능성이 크다. 결정론은 범죄자들을 잔인하게 다루는 것과 모순되지 않는다. 결정론과 모순되는 것은 (아마도) 범죄자들을 너그럽게 다루는 것이다. 도덕적 분투 속에서 느끼는 더 나은 감정이나 격려에 호소하는 일 하고도 모순된다. 결정론자는 의지에 대한 호소

를 믿지 않는다. 그는 환경을 바꾸는 쪽에 믿음을 둔다. 결정론자
는 죄인들에게 "가서 다시는 죄를 범하지 말라"[24]라고는 하지 않
을 게 틀림없다. 죄인은 다시 죄를 범하지 않을 수 없기 때문이다.
다만 결정론자는 죄인을 끓는 기름 속에 빠뜨릴 수 있다. 여기서
끓는 기름이란 하나의 환경이니 말이다. 따라서 하나의 인물로 볼
때, 유물론자는 미치광이의 환상적인 윤곽을 지니고 있다. 결정론
자와 미치광이는 둘 다 책임 있게 반박할 수 없으면서 동시에 관
용할 수도 없는 입장을 취한다.

　물론 유물론자에 대해서만 이 모두가 참인 것은 아니다. 추론
적 논리의 다른 극단에도 똑같이 적용될 수 있다. 모든 것이 물질
에서 시작되었다고 믿는 유물론자보다 훨씬 더 끔찍한 회의론자
도 있다. 모든 것이 자기 자신에게서 시작되었다고 믿는 회의론자
를 마주칠 수도 있다. 그런 회의론자는 천사나 악마의 존재를 의
심하는 것이 아니라 사람과 소의 존재를 의심한다. 그에게는 친구
들조차 스스로 만들어 낸 신화에 불과하다. 그는 자신의 아버지와
어머니도 창조해 냈다. 이 무시무시한 상상은 오늘날 신비적 자기
중심주의에서 매력적으로 느낄 법한 무언가를 그 안에 지니고 있
다. 사람들이 스스로를 믿으면 잘 살아가리라고 생각한 그 출판업
자, 초인을 추구하면서 늘 거울 속에서 초인을 찾고 있는 사람들,
세상을 위해 생명을 창조하는 일 대신에 자기 평판을 깊이 새기

24　요한복음 8장에서, 간음하다 붙잡힌 여자를 데리고 온 사람들을 향해 예수는 너
　　희 중에 죄 없는 자가 먼저 이 여자에게 돌을 던지라고 말한다. 이 말을 들은 사람
　　들이 모두 물러가고 여자 혼자 남게 되자 예수는 "가서 다시는 죄를 범하지 말라"
　　고 이른다(8장 2-11절).

는 일에 대해 이야기하는 작가들, 이들 모두는 정말로 자신과 이 지독한 공허 사이에 한 치의 간격밖에 두고 있지 않다. 자신을 둘러싼 이 다정한 세상이 거짓말처럼 깜깜해졌을 때, 친구들이 유령이 되어 사라졌을 때, 세상의 토대가 무너져 내릴 때, 그리하여 아무것도 믿지 않고 아무도 믿지 않는 이가 자신의 악몽 속에 홀로 남겨지는 그때, 그 위대한 개인주의의 표어가 복수라도 하듯 역설적으로 그의 온몸에 적힐 것이다. 별들은 그저 그의 깜깜한 두뇌 속에서 반짝이는 점들에 지나지 않을 것이다. 그의 어머니의 얼굴은 지하 감방 벽에 정신이상이라는 연필로 그린 스케치가 될 것이다. 그리고 그의 감방 위에는 무서운 진실이 적힐 것이다. "그는 자기 자신을 믿는다."

그러나 여기서 우리의 관심사는, 이러한 범凡자기중심주의라는 사고의 극단 역시 유물론이라는 반대편 극단과 똑같은 역설을 보여 준다는 데 있다. 그 두 극단이 지닌 역설이란 이론적으로는 똑같이 완전하지만, 현실적으로는 똑같이 부실하다는 것이다. 간단하게 유물론이라는 관념은 이렇게 기술하는 편이 더 쉽다. 어떤 사람이 자기는 언제나 꿈속에 있다고 믿을 수 있다. 그가 꿈속에 있지 않다는 것을 그에게 입증할 확실한 증거는 있을 수 없다. 꿈속에서 제시된 것이 아니라는 어떠한 증거도 제시될 수 없다는 단순한 이유 때문이다. 하지만 그 사람이 런던에 불을 지르고서 이제 곧 가정부가 자기를 불러 아침 식사를 들게 할 거라고 말한다면, 우리는 그를 잡아다가 이번 장에서 자주 언급했던 한 장소에 다른 논리학자들과 함께 가두어야 할 것이다. 자신의 감각을 믿을 수 없는 사람과 다른 어떤 것도 믿을 수 없는 사람은 둘 다

정통 Orthodoxy

46

제정신이 아니다. 그러나 그들의 정신이상은 그 주장에 담긴 오류에 의해 입증되는 것이 아니라 그 삶 전체의 명백한 착각에 의해 입증된다. 두 사람 모두 안쪽에 태양과 별이 그려진 두 개의 상자에 스스로를 가두어 놓았다. 두 사람 모두 밖으로 나올 수 없다. 한 사람은 천국의 건강과 행복을 누릴 수 없고, 다른 사람은 지상의 건강과 행복을 누릴 수 없다. 그들의 입장은 상당히 합리적이다. 아니, 어떤 의미에서는 무한히 합리적이다. 3펜스짜리 동전이 무한히 둥근 것처럼 말이다. 그러나 비천한 무한성이나 저열한 영원성 같은 것도 있는 법이다. 회의론자나 신비론자나 많은 현대인이 궁극의 무無를 나타내는 동방의 상징을 자신의 기호로 삼았다는 것은 흥미로운 일이다. 그들은 영원성을 나타내고자 할 때 자기 꼬리를 입에 문 뱀으로 표현한다. 매우 불만족스러운 식사로 보이는 이 형상 속에는 깜짝 놀랄 만한 풍자가 있다. 유물론적 숙명론자들의 영원성, 동방의 비관론자들의 영원성, 거만한 신지학자들과 거만한 현대 과학자들의 영원성은 자기 꼬리를 먹고 있는 뱀, 자기 자신까지도 파괴하는 타락한 짐승에 의해 정말로 무척이나 잘 표현되고 있다.

이번 장은 순수하게 실제적이다. 이번 장에서는 정신이상의 주된 표지이자 요소가 되는 것을 관심 있게 다루었다. 한마디로 정신이상이란 뿌리 없이 사용된 이성, 공허한 이성이라 하겠다. 적절한 근본 원칙 없이 생각하기 시작하는 사람은 미쳐 버리고 만다. 그런 사람은 잘못된 끝단에서 생각하기 때문이다. 그렇다면 이 책의 나머지 부분에서는 올바른 끝단을 찾아내야 한다. 우리는 결론적으로 이렇게 물을 수 있다. 만일 이것이 사람을 미치게 몰아가는 것이라면, 사람의 정신을 온전하게 지켜 주는 것은 과연 무엇일까? 이 책의 말미에서 지나치다 할 만큼 명확한 해답을 제시할 수 있기를, 나는 희망한다. 다만 지금은 오직 똑같이 실제적인 방식으로, 인간의 역사에서 사람들의 정신을 온전히 지켜 준 것이 무엇인지에 관해 일반적인 해답을 제시할 수 있겠다. 바로 신비주의야말로 사람들의 정신을 온전히 지켜 준다. 신비를 지니는 한, 건강도 간직할 수 있다. 신비를 파괴할 때 병적 상태가 도출된다. 보통 사람은 늘 정신이 온전했다. 보통 사람은 모름지기 신비가이기 때문이다. 보통 사람은 늘 황혼 같은 중간 지대를 허용했다. 언제나 한쪽 발은 이 땅을 딛고, 다른 발은 요정나라를 디디고 있었다. 언제나 자유로이 신들을 의심하게끔 자신을 내버려두었다. 하지만 또한 (오늘날의 불가지론자와는 달리) 자유로이 신들을 믿게끔 자신을 내버려두기도 했다. 늘 일관성보다는 진리를 더 좋아했다. 만일 서로 모순되는 두 가지 진리를 보게 된다면 두 가지 진리와 그 모순을 같이 취했다. 그의 영적 시야는 육체의 시야와 마찬가지로 입체적이다. 그는 두 개의 그림을 동시에 보며, 덕분에 둘 다 훨씬 더 잘 본다. 그는 운명 같은 것이 있다고 늘 믿어 왔지만, 자유의지 같은 것도 있다고 늘 믿어 왔다. 그는 어린아이들이야말로 하늘나라라고 믿어 왔지만, 그럼에도 지상의 나라에도 순종해야 한다고 믿어 왔다. 그는 젊음이 젊어서 동경했고, 늙음은 젊지 않아서 동경했다. 건강한 사람의 그 모든 활력은 바로 이 명백한 모순들이 이루는 균형이다. 신비주의의 비밀이란 이것이다. 사람은 자신이 이해하지 못하는 것의 도움을 받아 모든 것을 이해할 수 있다. 병적인 논리학자는 모든 것을 명료하게 만들려고 하지만, 오히려 모든 것을 신비롭게 만드는 데서 성공을 거둔다. 신비가는 한 가지를 신비로운 채로 두지만, 그로써 모든 것이 명료해진다. 결정론자는 인과법칙의 이론을 분명하게 밝히지만, 집안 하녀에게는 '부탁해요'라는 말조차 꺼낼 수 없음을 깨닫는다. 그리스도인은 자유의지가 거룩한 신비로 남아 있도록 허용한다. 그리고 이로 인해 집안 하녀와는 수정처럼 반짝이는 투명한 관계를 맺게 된다. 그리스도인은 중심이 되는 암흑 속에 교의의 씨앗을 심는다. 그러나 그 씨앗에서 자연스러운 활력이 넘치는 줄기들이 온 사방으로 뻗어 나간다. 우리가 이성과 광기의 상징으로 원圓을 취했으니, 신비와 건강의 상징으로는 십자가를 취할 수 있겠다. 불교는 구심적이지만, 그리스도교는 원심적이다. 그리스도교는 깨치고 밖으로 나아간다. 원은 그 본성상 완전하고 무한하다. 하지만 그 크기는 고정되어 있어서 더 커지거나 작아질 수 없다. 반면에 십자가는 그 중심에서 충돌과 모순이 일어나지만, 그럼에도 모양을 바꾸지 않고 네 개의 팔을 무한히 뻗을 수 있다. 십자가는 그 중심에 역설을 지니기에 변하지 않고도 더욱 커질 수 있다. 원은 자기 자신에게로 돌아오며 닫혀 있다. 십자가는 사방으로 팔을 벌린다. 십자가는 자유로운 여행자의 이정표다.

이런 심오한 문제를 이야기하는 데 흐릿한 가치나마 지닌 것은 상징밖에 없다. 물리적 자연에서 얻은 또 하나의 상징이 인류 앞에 놓인 신비주의의 진정한 자리를 충분히 잘 표현할 것이다. 우리가 볼 수 없는 단 하나의 피조물에 비추어 우리는 모든 것을 본다. 신비주의는 정오의 태양처럼 우리가 볼 수 없는 광휘로 다른 모든 것을 설명한다. 초연한 듯 거리를 유지하는 주지주의는

(대중적인 표현의 의미 그대로) 달빛[25]일 뿐이다. 그것은 열기 없는 빛이며, 죽은 세상으로부터 반사되는 부차적인 빛이기 때문이다. 그리스인들이 아폴론을 상상의 신이자 분별의 신으로 삼았던 것은 옳았다. 아폴론은 시의 후원자이며 치유의 후원자다. 필수 교의들과 하나의 특별한 신조에 대해서는 나중에 이야기해야겠다. 하지만 모든 사람이 그에 따라 살아가는 초월주의는 본래 하늘에서 태양의 지위를 차지한다. 우리는 일종의 멋진 혼란처럼 그것을 의식한다. 그것은 빛나면서도 형태가 없고, 타오르는 광휘인 동시에 흐릿한 얼룩이다. 그러나 달의 원형圓形은 칠판에 그려진 유클리드의 원만큼이나 명확하고 틀림없으며, 자신에게로 돌아와 결박된다. 달은 순전히 합리적이다. 그래서 달은 광인들의 어머니이며, 그들에게 자신의 이름을 주었던 것이다.[26]

정통 Orthodoxy

25   영어의 'moonshine'(달빛)에는 '어리석고 공상적인 생각'이나 '허튼소리'라는 의미도 있다.

26   영어의 'lunatic'(광인)은 '달'을 나타내는 라틴어 'luna'에서 왔다.

O3

생각의
자살

항간에 떠도는 말들은 강력할 뿐 아니라 미묘하다. 말의 표상은
때로 좁은 틈으로 들어가 버려 한 가지로 정의될 수 없기 때문이
다. '꺼졌다'라든가 '색이 빠졌다'[1] 같은 구절들은 헨리 제임스[2]가
언어의 정확성을 고심하여 만들어 낸 것들이다. 특히 '마음이 제
자리에 놓여 있다'라고 하는, 사람에 관한 일상 표현에 담긴 진실
보다 더 미묘한 진실은 없다. 이 표현은 정상 비례의 개념을 수반

---

1   영어의 'put out'은 원래 물건을 내놓거나 불을 끈다는 의미이지만 수동형으로
     사람에게 쓰일 경우 불쾌하거나 의식을 잃은 상태를 나타내기도 한다. 'off color'
     는 색이 벗겨지거나 변했다는 의미이지만 사람에게 쓰면 몸이나 정신의 상태가
     좋지 않은 경우를 가리킨다.
2   헨리 제임스Henry James, 1843-1916는 미국에서 태어나 영국으로 귀화한 소설가다.
     사실주의와 모더니즘 계열의 소설들을 발표하여 명성을 얻었다. 인물의 의식과
     심리를 세밀하게 묘사한 것으로 유명하며 현대 소설에 큰 영향을 끼쳤다.

한다. 하나의 특정한 기능이 그저 존재하는 것이 아니라 다른 기능들과 마땅히 관련되어 있음을 짚어 주는 것이다. 더욱이 이 표현의 부정형은 현대를 대표한다는 인물들의 얼마간 병적인 자비와 뒤틀린 자애를 유독 정확히 나타낸다. 예를 들어 내가 버나드 쇼의 성격을 공정하게 묘사해야 한다면, 다음 문장보다 더 정확히 표현할 수는 없을 것이다. '그에게는 영웅적으로 크고 너그러운 마음이 있다. 비록 그 마음이 제자리에 있지는 않지만 말이다.' 우리 시대의 전형적인 사회도 이와 다르지 않다.

현대 세계는 악하지 않다. 아니, 어떤 면에서는 너무나 선하다. 현대 세계는 거칠고 헛된 가치들로 가득 차 있다. 하나의 종교 체계가 해체되고 나면 (종교개혁 당시에 그리스도교가 그러했듯이) 자유로이 풀려나는 건 악덕만이 아니다. 물론 악덕이 자유로이 풀려나 이리저리 돌아다니며 해를 끼치는 건 사실이다. 하지만 미덕도 자유로이 풀려난다. 미덕은 더욱 거칠게 이리저리 돌아다니면서 더 끔찍이 해를 끼친다. 현대 세계는 옛 그리스도교의 광기 어린 미덕들로 가득하다. 이 미덕들이 미쳐 버린 까닭은 제각기 고립된 채 홀로 떠돌기 때문이다. 그리하여 어떤 과학자들은 진리를 살피는데, 그들의 진리에는 연민이 없다. 또 어떤 인도주의자들은 오직 연민만을 살피는데, 그들의 연민은 (말하기 미안하게도) 진리가 아닌 경우가 많다. 예를 들어 블래치퍼드[3]가 그리스도교를 공

정통 Orthodoxy

---

3 로버트 블래치퍼드Robert Blatchford, 1851-1943는 영국의 사회주의 활동가, 저널리스트다. 주간지 『클래리언』The Clarion의 편집자였고 체스터턴의 친구이자 논적으로서 1903-1904년에는 지면을 통해 체스터턴과 그리스도교에 관해 논쟁을 벌이기도 했다. 체스터턴은 황색 언론을 다룬 『이단』의 제8장에서 블래치퍼드의 이름

03 생각의 자살

격하는 이유는 그리스도교의 미덕 하나에 미쳤기 때문이다. 바로 그 신비적이고 거의 비이성적인 자선의 미덕 말이다. 그는 용서할 죄가 없다고 말함으로써 죄의 용서를 더 쉽게 만들리라는 이상한 생각을 가지고 있다. 이 사람은 그야말로 초기 그리스도인일 뿐 아니라 사자에게 잡아먹혔을 법한 유일한 초기 그리스도인이라 할 만하다. 자비란 단지 무정부 상태를 가리킨다는 이교도들의 비난은 블래치퍼드의 경우에 딱 들어맞는다. 그는 너무도 인간적이기에 인류의 진짜 적수가 된다. 이런 블래치퍼드의 반대편 극단으로는 신랄한 현실주의자를 들 수 있겠다. 현실주의자는 행복한 옛이야기나 마음의 치유에서 얻은 온갖 인간적인 기쁨을 자기 안에서 의도적으로 죽여 버렸다. 토르케마다[4]는 도덕적 진리를 위해 사람들을 육체적으로 고문했다. 졸라[5]는 육체적 진리를 위해 사람들을 도덕적으로 고문했다. 그러나 토르케마다의 시대에는 적어도 의義와 평화가 어느 정도 서로 입 맞추게 할 수 있는 체계가 있었다. 이제는 이 둘이 서로 인사조차 하지 않는다. 그런데 진리와 연민이라는 두 가지 경우보다 훨씬 더 강력한 경우를, 제자리를 이탈한 겸손의 주목할 만한 사례에서 볼 수 있다.

우리는 이 장에서 겸손의 한 측면만을 다루려고 한다. 겸손이

을 언급하기도 한다.

4   토마스 데 토르케마다Tomás de Torquemada, 1420-1498는 카스티야 출신의 도미니코 회 수사다. 스페인 초대 종교재판소장이 되어 수많은 이들을 이단으로 심문하고 가톨릭으로 개종하지 않는 유대인과 무슬림을 박해했다.
5   에밀 졸라Émile Zola, 1840-1902는 프랑스 자연주의를 대표하는 소설가다. 하층 노동 자들의 삶을 사실적이고 저항적으로 묘사한 소설들로 유명하며, 대표적인 현실 참여 지식인으로 꼽힌다.

53

란 대체로 사람의 무한한 욕구와 교만에 대한 제약을 의미했다. 사람은 늘 은총을 받아도 새로 생겨나는 욕구가 더 많았다. 향락의 힘이 즐거움의 절반을 파괴했다. 사람은 쾌락을 요구함으로써 최고의 쾌락을 잃었다. 그 최고의 쾌락이란 바로 뜻밖의 놀라움이다. 그러므로 다음 사실은 자명하다. 자신의 세계를 크게 만들려면 늘 자기 자신을 작게 만들어야 한다. 심지어 거만한 비전도, 높은 도성과 비틀거리는 첨탑도 겸손의 창조물이다. 숲을 잔디처럼 짓밟는 거인도 겸손의 창조물이다. 가장 외로운 별 위로 솟아올라 그 끝이 보이지 않는 탑도 겸손의 창조물이다. 우리가 올려다보지 않는다면 탑은 높지 않다. 우리보다 크지 않다면 거인은 거인이 아니다. 이 모든 거대한 상상은 어쩌면 인간의 쾌락 가운데 가장 강력한 쾌락일 테지만, 그 밑바닥은 전적으로 소박하다. 겸손 없이는 그 어떤 것도, 심지어 교만조차도 즐길 수가 없다.

그러나 오늘날 우리가 고통받는 것은 겸손이 잘못된 자리에 있기 때문이다. 겸양은 야망의 기관器官을 떠났다. 겸양은 확신의 기관에 정착했으나 그곳은 겸양이 본래 있어야 할 곳이 절대 아니다. 사람은 스스로 의심하게 되어 있었지만 진리를 의심하지는 않았다. 그런데 상황이 정반대로 뒤집힌 것이다. 오늘날 한 사람이 확고히 주장하려는 부분은 정확히 그가 확고히 주장해서는 안 되는 부분 곧 자기 자신이다. 한 사람이 의심하는 부분은 정확히 그가 의심해선 안 되는 부분 곧 신의 이성Divine Reason이다. 헉슬리[6]

6   토머스 헨리 헉슬리Thomas Henry Huxley, 1825-1895는 영국의 의사이자 저명한 생물학자로서 인간의 존재, 윤리, 문명 등을 자연과의 관계 속에서 성찰하고 비판하는 저서들을 남겼다. 1859년 다윈의 『종의 기원』On the Origin of Species이 출간되고 진화

는 자연에서 배우는 데 만족하는 겸손을 설파했다. 하지만 그 새로운 회의주의자는 너무도 겸손해서 자신이 배울 수 있는지조차 의심한다. 그러므로 우리가 우리 시대의 전형적인 겸손이란 없다고 성급히 말했다면, 잘못 말한 것이다. 사실은 우리 시대의 전형적인 진짜 겸손이 있다. 그러나 그 겸손이 실제적으로는 금욕주의자가 납작 엎드려 굴종하는 것보다 더 유독有毒한 겸손이 되기도 한다. 옛 겸손은 사람이 멈추지 못하게 하는 박차였다. 사람이 계속 나아가지 못하게 하는 장화 속 못이 아니었다. 옛 겸손은 사람이 자신의 노력을 의심하도록 만들었고, 그러한 의심은 더 열심히 일하도록 만들 수 있다. 하지만 지금의 새로운 겸손은 자신의 목적을 의심하게 만드는데, 이러한 의심은 일을 완전히 멈추게 만들 것이다.

요즘은 어느 길모퉁이에서나 자신이 틀렸을지 모른다고 떠들면서 광적이고 불경한 언사를 입 밖에 내는 사람을 만날 수 있다. 자신의 관점이 옳은 관점이 아닐지 모른다고 하는 누군가를 날마다 마주친다. 물론 그의 관점은 틀림없이 옳은 관점일 것이다. 그렇지 않다면 그것은 그의 관점이 아니다. 우리는 정신적으로 너무도 겸허한 나머지 구구단조차 믿지 못하는 인종을 산출해낼 지경이다. 우리는 중력의 법칙을 자신의 환상이라 의심하는 철학자들을 마주할 위험에 처했다. 옛 시대를 비웃는 사람들은 자부심이 너무 강해서 그 무엇도 확신하지 못한다. 그러나 이들은 너무 겸손해서 확신할 수가 없는 것이다. 온유한 사람들은 땅을 물

론이 격심한 논쟁을 촉발했을 때, 진화론 옹호자들의 대표를 자처하여 활약했다.
유명 작가인 올더스 헉슬리Aldous Huxley, 1894-1963의 조부이기도 하다.

려받는다.[7] 하지만 현대 회의론자들은 너무 온유해서 받을 유산을 제 것이라고 주장하지도 못한다. 우리의 두 번째 문제는 바로 이러한 지적知的 무력함이다.

이전 장에서는 오로지 관찰된 사실, 즉 사람이 병적 상태에 빠질 위험성은 상상보다는 이성에서 온다는 것만을 다루었다. 이성의 권위를 공격하려는 의도에서 그런 것은 아니었다. 오히려 그 궁극의 목적은 이성을 보호하려는 것이다. 이성은 보호를 필요로 하니 말이다. 오늘날에는 온 세상이 이성과 전쟁 중이다. 탑은 이미 비틀대고 있다.

항간에 종종 들리는 말에 의하면, 현자들은 종교라는 수수께끼에 대한 해답을 전혀 찾을 수 없다고들 한다. 그런데 우리 시대 현자들의 문제는 그 해답을 찾을 수 없다는 게 아니라 그 수수께끼조차 이해할 수 없다는 것이다. 그들은 어린아이같이 너무 어리석은 나머지 문은 문이 아니라는 장난스러운 주장에 담긴 역설을 전혀 알아채지 못한다. 예를 들면 현대의 광교주의자들[8]은 종교 내 권위에 관해 마치 그 안에 아무런 자체적 이유도 없다는 듯이 말할 뿐 아니라 그것을 위한 외부적 이유도 전혀 없다는 듯이 말한다.[9] 그것의 철학적 기초를 이해하는 것과는 별개로, 그것의 역사적 원인조차 이해하지 못하는 것이다. 종교적 권위가 억압적이

정통 Orthodoxy

7 　마태복음 5장에서 예수가 말하는 팔복 가운데 세 번째 복을 말한다. "온유한 자는 복이 있나니 그들이 땅을 기업으로 받을 것임이요"(5장 5절, 개역개정).

8 　광교주의廣敎主義, Latitudinarianism란 특정 종교와 교파의 교의를 주장하거나 강요하지 않고 자유로이 사고하는 포용적 태도를 가리킨다.

9 　여기서 '이유'는 이성을 나타내는 'reason'과 같은 단어다.

거나 비합리적인 경우가 많았다는 데는 의심의 여지가 없다. 그건 모든 법률 체계가 (특히 오늘날의 법률 체계가) 잔인한 무관심으로 점철되어 무감각한 것과 마찬가지다. 경찰을 공격하는 일은 합리적이다. 아니, 영광스럽다. 하지만 오늘날 종교적 권위를 비판하는 사람들은 도둑에 대해 전혀 들어 본 적이 없으면서 경찰을 공격하려는 사람들과 다름없다. 인간 정신에 닥치는 커다란 잠재적 위험이 있으니, 그건 도난만큼이나 실제적인 위험이다. 옳든 그르든 종교적 권위는 그 위험에 맞선 하나의 장벽으로서 세워졌다. 그리고 우리 인류가 파멸을 피하려면, 그 위험에 맞선 장벽으로서 무언가가 세워져야 한다는 것은 자명하다.

그 위험이란 인간 지성이 스스로를 자유로이 파괴할 수 있다는 것이다. 한 세대가 모두 수도원에 들어가거나 바다에 뛰어듦으로써 다음 세대의 존재 자체를 막을 수 있듯이, 한 무리의 사상가들은 다음 세대의 사상가들에게 그 어떤 인간의 생각도 유효하지 않다고 가르침으로써 더 이상의 생각을 어느 정도 막을 수 있다. 늘 이성과 신앙 사이의 양자택일을 이야기하는 건 아무 쓸모 없는 나태한 일이다. 이성은 그 자체로 믿음의 문제다. 우리의 생각이 어쨌든 현실과 관계하고 있음을 확고히 주장하는 것은 믿음의 행위다. 당신이 회의론자라면 조만간 이렇게 자문해야 할 것이다. "왜 무언가가 올바로 진행되어야 한단 말인가? 관찰과 추론까지도 올바로 진행되어야 하는가? 왜 좋은 논리는 나쁜 논리만큼 사람들을 오도해서는 안 되는가? 그 둘 모두 혼란한 유인원의 두뇌에서 일어나는 움직임인가?" 그 어린 회의론자는 이렇게 말한다. "나는 스스로 생각할 권리가 있다." 반면에 늙은 회의론자, 완전한 회의론자는 이렇게 말한다. "나는 스스로 생각할 권리가 전혀 없다. 나에게는 생각할 권리가 전혀 없다."

생각을 멈추게 하는 생각이 있다. 그 생각이야말로 멈추어야 할 유일한 생각이다. 그것은 모든 종교의 권위가 겨냥하는 궁극의 악이다. 그 악은 우리 시대같이 타락한 시대의 끝에서만 나타난다. 그런데 H. G. 웰스[10]는 이미 그 악을 대변하는 파괴적인 현수막을 들어 올렸다. 그는 회의론을 다룬 「도구에 대한 의심」[11]이라는 정교한 글을 한 편 썼다. 여기서 그는 두뇌 자체에 의문을 제기하고는 자신의 과거와 현재와 미래의 모든 확고한 주장들에서 현실성을 모조리 제거하려고 애를 쓴다. 그러나 모든 종교 내 군사 체계는 본래 이 머나먼 파멸에 맞서 정렬되고 규율된 것이었다. 사람들이 잘 모르고 말하듯이 신조, 십자군, 위계, 끔찍한 박해는 이성을 억압하기 위해 조직된 것이 아니다. 그것들은 이성을 방어하는 까다로운 임무를 위해 조직되었다. 일단 사물에 대한 의문이

10   허버트 조지 웰스Herbert George Wells, 1866-1946는 『타임머신』The Time Machine, 1895, 『투명 인간』The Invisible Man, 1897 등 초기 SF 장르를 구축한 영국의 작가다. 본래 생물학을 전공한 그는 진화론적 입장에서 인간과 사회를 바라보았으며 버나드 쇼, 러셀 등 당대 지식인들과 함께 계몽을 통한 진보를 주장하는 사회주의 단체인 페이비언 협회에 적극 참여했다. 1919-1920년에는 진화론의 입장에서 자연사로부터 인류사를 기술한 대작『세계사 대계』The Outline of History를 출간했는데, 이에 대한 응답으로 체스터턴은 인류의 영성사이자 역사신학을 다룬『영원한 인간』1925을 저술했다.

11   H. G. 웰스는 1903년에 옥스퍼드 철학협회에서 일부 발표했던 글을 1904년에 학술지『마인드』Mind에 실었다가 이듬해에 출간한 저서『현대적 유토피아』A Modern Utopis, 1905에 부록으로 수록했다. 여기서 체스터턴은 「도구에 대한 의심」Doubts of the Instrument으로 표기했지만, 이 글의 정확한 제목은 "도구에 대한 회의론"Scepticism of the Instrument이다.

맹렬하게 제기된다면 우선 이성에 대한 의문이 제기될 수 있음을 사람은 눈먼 본능으로 알고 있었다. 죄를 사해 주는 사제의 권위, 그 권위를 규정하는 교황의 권위, 심지어 공포를 일으키는 종교재판관의 권위조차 더 초자연적이고 더 입증 불가능한 한 가지 중심 권위 곧 생각할 수 있는 인간의 권위 주변에 세워진 어두운 방어물에 지나지 않았다. 우리는 이제 그러한 사실을 알며, 그것을 모른다는 데는 변명의 여지가 없다. 우리는 회의론이 권위들의 옛고리를 박살 내는 소리를 들을 수 있고, 그와 동시에 이성이 자신의 왕좌에서 흔들리는 모습을 볼 수 있기 때문이다. 종교가 사라지는 만큼 이성도 사라진다. 종교와 이성 모두 기본적이고 권위적인 동일한 부류에 속하기 때문이다. 이 두 가지는 그 자체로는 증명될 수 없는 증명 방법들이다. 그리고 우리는 신적 권위의 관념을 파괴하면서, 나눗셈을 하는 데 쓰이는 인간적 권위의 관념까지도 대부분 파괴해 버렸다. 우리는 오랫동안 끈질기게 잡아당겨 주교에게서 주교관을 벗겨 내려고 시도했는데, 주교관과 함께 주교의 머리까지 떨어져 나왔다.

이런 이야기가 엉성한 주장으로 들리게 하지 않으려면, 생각 자체를 멈추게 하는 효과를 지닌 현대적 사고의 주된 시류를 빠르게 훑는 게 따분하긴 해도 바람직하겠다. 모든 것을 한 개인의 환영이라고 보는 시각과 유물론은 생각 자체를 멈추게 하는 효과를 어느 정도 지니고 있다. 정신이 기계적인 것이라면 생각이란 그리 신나는 것일 수 없고, 우주가 실재하지 않는다면 생각할 것이라곤 아무것도 없는 탓이다. 다만 이러한 경우에 생각 자체를 멈추게 하는 효과는 간접적이고 의심스럽다. 그 효과가 직접적으로 뚜렷이 드러나는 경우가 있으니, 일반적으로 진화론이라 하는 것이 특히 그러하다.

진화론은 현대 지성이 무언가를 파괴할 경우 스스로를 파괴한다는 좋은 사례다. 진화론이란 지상 생물들이 어떻게 생겨났는지에 대한 순수한 과학적 묘사이거나, 그게 아니라 그 이상의 무언가라면, 생각 자체에 대한 공격이다. 진화론이 무언가를 파괴한다면 종교가 아니라 합리주의를 파괴한다. 진화라는 것이 단순히 유인원이라는 실체가 매우 천천히 변하여 인간이라는 실체가 되었음을 의미한다면, 정통 신앙에는 아무런 위협이 되지 않는다. 인격적인 신은, 특히 그리스도교의 하나님처럼 시간의 밖에 존재하는 신은 일을 빠르게 할 수 있을 뿐 아니라 느리게 할 수도 있기 때문이다. 하지만 진화란 것이 그 이상을 의미한다면, 변해야 할 유인원 같은 것도 없고 유인원이 변해서 되어야 할 인간 같은 것도 없음을 의미한다. 어떤 하나의 것 같은 것이 전혀 없다는 뜻이다. 존재하는 것은 기껏해야 단 하나, 만물의 유전流轉뿐이다. 이는 신앙에 대한 공격이 아니라 정신에 대한 공격이다. 생각할 것이 전혀 없다면 생각은 불가능하다. 생각의 대상과 분리되지 않으면 생각은 불가능하다. 데카르트는 이렇게 말했다. "나는 생각한다. 그러므로 나는 존재한다." 철학적 진화론자는 이 유명한 경구를 뒤집어 부정한다. "나는 존재하지 않는다. 그러므로 나는 생각할 수 없다."

그다음엔 반대편에서 가하는 생각에 대한 공격이 있다. 웰스는 각기 분리된 사물은 모두 '유일무이'하며 범주란 전혀 존재하지 않는다고 주장하여 그러한 공격을 촉구했다. 이 또한 순전히 파괴적일 뿐이다. 생각한다는 건 사물을 연결한다는 뜻이며, 사물이 연결될 수 없다면 생각은 멈춘다. 생각을 금지하는 이런 회의론이 필연적으로 말을 금지한다는 것은 말할 필요도 없다. 입을 열었다 하면 이런 회의론과 충돌하지 않을 수 없으니 말이다. 그러므로 웰스가 (어디선가 말했듯이) "모든 의자는 서로 완전히 다르다"라고 한다면, 그의 말은 한낱 실언이 아니라 모순이다. 모든 의자가 서로 완전히 다르다면 그것들을 아울러 '모든 의자'라고 부를 수조차 없다.

이와 유사한 것이 바로 거짓 진보론이다. 진보론은 우리가 시험에 통과하려고 노력하는 대신에 시험을 바꾸어야 한다고 주장한다. 이를테면 우리는 이 이론에서 다음과 같은 말을 종종 듣곤 한다. "한 시대에 옳은 것이 다른 시대에는 틀린 것이다." 목표는 고정되어 있되 시대에 따라 그 목표를 달성할 방법이 달라진다는 뜻이라면, 이 말은 더없이 합리적이다. 예를 들어 우아해지기를 원하는 여성들이라면, 어떤 시대에는 살을 찌워서 향상될 수 있고 다른 시대에는 살을 빼서 향상될 수 있을 것이다. 하지만 이 여성들이 우아해지기를 단념하고 길쭉해지기를 바람으로써 향상된다고 할 수는 없다. 향상이라는 말에는 이미 하나의 기준이 내포되어 있으니, 그 기준이 변한다면 어떻게 향상이 가능하겠는가? 니체[12]는 지금 우리가 악이라 하는 것을 한때는 사람들이 선으로서 추구했

---

12   프리드리히 니체Friedrich Wilhelm Nietzsche, 1844-1900는 독일의 철학자다. '망치를 든
      철학자'라는 별명답게 기존 서구 철학의 기본이 되는 관념론적 형이상학과 이성
      을 바탕으로 한 근대 철학에 반대를 표현하면서 이성적인 것들의 기원을 비이성적
      인 것들에서 찾았다.

다고 하는 터무니없는 생각을 처음으로 개진했다. 정말 그러하다면, 우리는 옛사람들을 능가한다거나 그들에 못 미친다고 말할 수 없을 것이다. 당신이 존스와 다른 방향으로 걷고 있다면 어떻게 존스를 앞지를 수 있겠는가? 한 민족이 행복해지는 데서 성공한 것보다 다른 민족이 비참해지는 데서 더 크게 성공했는지를 논할 수는 없는 법이다. 그건 마치 돼지가 뚱뚱한 것보다 밀턴[13]은 더 청교도적이었다고 말하는 것과 같다.

한 사람이 (곧 어리석은 사람이) 변화 자체를 자신의 목적이나 이상理想으로 삼을 수 있다는 건 사실이다. 하지만 하나의 이상으로서 변화 자체는 변화 불가능한 것이 된다. 변화를 숭배하는 사람이 자신의 진보를 평가하려 한다면, 그는 변화의 이상에 엄밀히 충실해야 한다. 제멋대로 단조單調의 이상에 집적대서는 안 된다. 진보 자체는 진보할 수 없다. 말을 하는 김에, 테니슨[14]의 경우는 짚어 볼 가치가 있다. 테니슨은 사회에서 무한한 변화가 일어난다는 생각을 거칠고도 다소 나약한 방식으로 환영하면서, 감옥에 갇힌 지루함을 암시하는 은유를 본능적으로 사용했다. 그는 이렇게 썼다.

---

13 존 밀턴John Milton, 1608-1674은 영국의 시인, 청교도 사상가다. 영국 국교인 성공회에 저항했고 청교도 혁명 당시 올리버 크롬웰을 지지했으며, 표현의 자유를 천부인권으로 선언한 『아레오파지티카』Areopagitica, 1644와 영문학사에서 중요한 대작 서사시로 꼽히는 『실낙원』Paradise Lost, 1667을 집필했다.

14 앨프리드 테니슨Alfred Tennyson, 1809-1892은 영국 빅토리아 시대를 대표하는 낭만주의 시인이다. 1850년 윌리엄 워즈워스의 후임으로 계관시인의 자리에 올랐으며 빅토리아 여왕의 총애를 받은 것으로 유명하다.

이 위대한 세계가, 울리는 변화의 홈을 따라 영원히 돌게 하라.[15]

테니슨은 변화 자체를 변화 불가능한 홈이라고 생각했다. 그건 정말 그러하다. 변화란 사람이 들어갈 수 있는 가장 좁고 어려운 홈과 같다.

그러나 여기서 주된 요점은, 기준이 근본적으로 변화한다는 관념이야말로 과거나 미래에 대한 생각을 아예 불가능하게 만드는 것들 중 하나라는 사실이다. 인류의 역사에서 기준들이 완전히 변한다는 이론은 우리에게서 조상 공경의 즐거움을 앗아갈 뿐 아니라 더 현대적이고 귀족적인 조상 멸시의 즐거움마저 앗아간다.

생각을 파괴하는 우리 시대의 세력들을 가감 없이 완전하게 개괄하려면 실용주의를 언급해야만 한다. 나는 여기서도 진리에 대한 예비적 안내로서 실용주의적 방법을 사용했고 다른 곳에서도 그것을 옹호해야 하지만, 그럼에도 실용주의 방법을 과도하게 적용하면 진리의 부재가 수반되는 탓이다. 내가 말하려는 바를 간략하게 표현하자면 이러하다. 명백한 객관적 진리가 결코 전부는 아니라는 점에서, 나는 실용주의자들에게 동의한다. 그러니까 인간 정신에 필수적인 것들을 믿어야 할 강제적 필요가 있다는 것

15 테니슨의 장시長詩 「락슬리 홀」Locksley Hall, 1842의 마지막 부분에 등장하는 유명한 구절이다. 부대를 따라 행진하던 한 군인이 어린 날을 보냈던 락슬리 홀을 우연히 지나면서 추억을 회상하고 잠시 우울해지지만, 이내 위대한 세상을 떠올리고 진보를 꿈꾸며 다시금 부대의 행렬을 따르면서 읊는 말이다. 이후로 '변화의 홈'grooves of change은 변화의 불가피성을 나타내는 표현으로 널리 쓰였다. 그 유래에 관해서는 테이슨이 처음 기차에 타서는 기차 바퀴가 레일 위로 달리는 것이 아니라 땅에 파인 홈을 따라 움직인다고 착각한 데서 비롯했다는 설이 있다.

이다. 하지만 내가 말하는 바는 인간 정신에 필수적인 것 중 하나가 바로 객관적 진리에 대한 믿음이라는 사실이다. 실용주의자는 이르기를, 생각해야 할 것을 생각하고 절대자에 대해서는 절대 신경 쓰지 말라고 한다. 그러나 바로 그 절대자야말로 생각해야 할 것 중 하나다. 이러한 철학은 정말로 일종의 역설이다. 실용주의는 인간에게 필요한 것들에 관한 문제다. 그리고 인간에게 가장 필요한 것 중 하나가 바로 실용주의자 이상의 무언가가 되는 것이다. 극단적 실용주의는 결정론을 그토록 거세게 공격하지만, 그 역시도 결정론만큼 비인간적이다. 결정론자는 (공정하게 말하건대 그는 인간인 척 가장하지 않는다) 실제 선택에 대한 인간의 감각을 무감각한 헛소리로 만든다. 그리고 특별히 인간적이라고 공언하는 실용주의자는 실제 사실에 대한 인간의 감각을 무감각한 헛소리로 만든다.

지금까지 우리의 논의를 요약하면, 가장 특징적인 오늘날의 철학들은 광기의 기미만이 아니라 자멸적 광기의 기미마저 지녔다는 것이겠다. 그 순전한 질문자는 인간 사고의 한계에 부딪혀 머리가 깨져 버렸다. 그러하기에 위태로운 소년기의 자유사상에 대한 정통파의 경고와 선진파의 자랑이 그토록 헛된 것이 되고 만다. 우리가 보는 것은 소년기 자유사상이 아니라 노년기 자유사상과 그것의 궁극적 해체다. 거친 회의론이 갈 데까지 갈 경우에 어떤 무시무시한 일들이 벌어질지를 주교들과 경건한 주요 인사들이 논하는 건 헛된 일이다. 회의론은 이미 갈 데까지 다 갔기 때문이다. 일단 자유사상이 시작되는 게 보이기 시작하면, 능변의 무신론자들이 밝혀질 위대한 진리들에 대해 이야기하는 건 헛된 일이다. 우리는 이미 자유사상이 끝나는 것을 보았다. 자유사상이 제기할 의문은 더 이상 없다. 자유사상은 스스로에게 의문을 제기했다. 사람들이 자기 자신에게 자신이 자아를 가졌는지를 묻는 어떤 도시의 모습보다 더 거친 비전을 떠올릴 수는 없다. 사람들이 세상이 존재하는지를 의심하는 세상보다 더 회의적인 세상을 상상할 수도 없다. 옹호 불가능한 신성모독법의 적용에 의해서나 현대 잉글랜드가 그리스도교 국가라는 터무니없는 가식에 의해서 미미하게 방해받지 않았더라면, 자유사상은 더 신속하고 깔끔하게 파산했을 것이다. 그래도 어떤 식으로든 파산하기는 했을 것이다. 전투적인 무신론자들은 여전히 부당하게 박해당하고 있다. 하지만 그들이 박해당하는 이유는 새로운 소수가 아니라 오래된 소수이기 때문이다. 자유사상은 스스로 자유를 소진했다. 자유사상은 자신의 성공에 질려 버렸다. 그 어떤 열렬한 자유사상가가 현재의 철학적 자유를 여명이라 일컫는다면, 그는 일출을 보려고 담요를 두른 채 밖으로 나왔다가 때마침 일몰을 보게 된 마크 트웨인[16]의 작품 속 인물과 다르지 않다.[17] 혹시라도 자유사상의 어둠

16　마크 트웨인Mark Twain, 본명 Samuel Langhorne Clemens, 1835-1910은 미국 문학사에서 중요한 소설가로 꼽힌다. 그의 대표작 『톰 소여의 모험』The Adventures of Tom Sawyer, 1876과 『허클베리 핀의 모험』The Adventures of Huckleberry Finn, 1885은 19세기 미국의 현실을 사실적이고 풍자적으로 그린 동시에 미국적인 자유로운 영혼을 찬양하는 작품으로 평가된다.

17　마크 트웨인의 자전적이면서도 허구적인 여행기 『유럽 방랑기』A Tramp Abroad, 1880 제28장의 일화를 상기시킨다. 마크 트웨인과 해리스는 유럽 여행 중 알프스산맥 리기산 정상에서 해돋이를 보려고 근처 호텔에서 잠을 잔 뒤 이튿날 헐레벌떡 일어나 산 정상에서 지평선에 걸린 멋진 해를 보긴 했으나, 때는 이미 저녁이었고 그들이 본 것은 해돋이가 아닌 해넘이였다.

이 퍼져 나갈 경우 정말 끔찍하리라고 여전히 겁에 질려 말하고 있는 보좌신부가 있다면, 우리는 다만 그에게 벨록[18]의 세고 격한 말로 대꾸할 수 있을 것이다. "간청하건대 이미 해체 과정에 있는 세력이 늘어난다고 해서 염려하지 마십시오. 당신은 밤인 줄 착각했지만, 지금은 이미 아침이랍니다." 우리에게는 제기해야 할 의문이 더 이상 남아 있지 않다. 우리는 가장 어두운 구석들과 가장 거친 봉우리들을 뒤적여 의문들을 찾아봤고, 찾을 만한 의문은 모두 발견해 냈다. 이제 의문은 그만 찾고, 해답을 찾기 시작할 때다.

그러나 한마디 말을 더 보태야 하겠다. 이 부정적인 예비 스케치를 시작하면서, 나는 거친 상상이 아니라 거친 이성에 의해 우리의 정신적 파멸이 초래되었다고 말했다. 사람은 높이가 천 길이나 되는 석상을 만드는 탓에 미치지는 않는다. 하지만 손바닥만 한 땅에서 그런 석상을 생각하는 탓에 미쳐 버릴 수는 있다. 이제 한 무리의 사상가들이 이 점을 이해하고선 세상의 이교적 건강을 회복하는 방법으로 택하여 달려들었다. 그들은 이성이 파괴적임을 이해하며, 의지는 창조적이라고 말한다. 그들은 궁극적 권위는 이성이 아니라 의지에 있다고 말한다. 그러니 가장 중요한 점은 사람이 어떤 것을 요구하는 이유가 아니라, 그가 그것을 요구한다는 사실이다. 내게는 이 의지의 철학을 추적하거나 설명할 지면이 없다. 짐작하건대 이 의지의 철학은 이기주의라 불리는 무언

---

18 힐레어 벨록Hilaire Belloc, 1870-1953은 프랑스 태생의 영국 작가, 정치인이다. 옥스퍼드 대학에서 역사학을 전공했으며 이른바 '대체 역사'alternative history 문학의 선구자로 평가받는다. 1900년 체스터턴과 처음 만나 평생을 친우로 지냈으며 열렬한 가톨릭 신자로서 다수의 호교론적 작품을 남겼다.

가를 설파했던 니체를 통해서 등장했다.[19] 그건 정말로 어리석은 것이다. 니체는 이기주의를 설파함으로써 이기주의를 부정했으니 말이다. 무엇이든 설파한다는 건 그것을 거저 주는 일이다. 첫째, 이기주의자는 삶을 무자비한 전쟁이라 부른다. 그리고 그 전쟁에서 가능한 한 가장 큰 곤란을 취하고는 결과적으로 자기 적들만 훈련시킨다. 이기주의를 설파하는 게 곧 이타주의를 실천하는 일이 되는 것이다. 다만 그 시작이 어떠했든 이런 관점은 오늘날 문학에 아주 흔하다. 이러한 사상가들을 옹호하는 주된 근거는 그들이 사상가가 아니라 제작자라는 것이다. 그들은 선택 자체가 신적인 것이라고 말한다. 그래서 버나드 쇼는, 행복을 바라는 욕망을 기준으로 인간의 행동을 판단해야 한다는 옛 사상을 공격했다. 쇼는 사람이 행복을 위해 행동하는 것이 아니라 자신의 의지로부터 행동한다고 말한다. 사람은 "잼이 나를 행복하게 만들어 줄 거야"라고 말하지 않고 "나는 잼을 원해"라고 말한다. 이 모두에서 훨씬 더 열광하며 쇼를 따르는 다른 이들이 있다. 뛰어난 시인인 존 데이비드슨[20]은 열렬히 흥분한 나머지 산문을 쓰지 않을 수 없다. 그는 몇 편의 긴 서문이 달린 짧은 희곡을 출간한다. 이는 쇼에게는 지극히 자연스러운 일이다. 그의 희곡은 온통 서문일

19   니체는 이기주의Egoism가 영혼의 본질에 속한다고 주장했다. 니체가 말하는 이기
      주의란 살아 있는 존재가 생生의 증진을 지향하는 건강한 충동이다. 니체가 강조
      하는 삶을 향한 의지 혹은 힘을 향한 의지는 모두 이러한 맥락을 따르며, 니체는
      이를 바탕으로 자신의 도덕철학을 형성하고 그리스도교 윤리를 비판한다.
20   존 데이비드슨John Davidson, 1857/58-1909은 스코틀랜드의 시인, 극작가, 소설가다.
      여러 편의 발라드를 발표했으며 프랑스어 작품을 번역하기도 했다. 재정 문제와
      육체의 질병으로 괴로워하다가 스스로 목숨을 끊었다.

뿐이니 말이다. (짐작건대) 쇼는 지상에서 시詩라는 걸 전혀 써 본 적 없는 유일한 사람이다. 하지만 (탁월한 시를 쓸 수 있는) 데이비드슨이 이 의지의 교의를 옹호하고자 힘들여 형이상학을 써야 한다는 사실은, 의지의 교의가 이미 사람들을 사로잡았음을 보여 준다. H. G. 웰스조차 반쯤은 그 교의의 언어로 말했을 정도다. 웰스는 말하기를, 행동을 시험할 때는 사상가로서가 아니라 예술가로서 시험해야 한다고 했다. "나는 이 곡선이 똑바르다고 느낀다"라든가 "저 선은 이렇게 뻗어 나가야 한다"라는 식으로 말해야 한다는 것이다. 이들은 모두 흥분해 있다. 흥분한 것도 무리는 아니다. 이들은 의지의 신적 권위라는 교의로써 합리주의의 불운한 성채를 깨치고 나올 수 있다고 생각하니 말이다. 이들은 자신들이 벗어날 수 있다고 생각한다.

하지만 이들은 벗어날 수 없다. 자유의지에 대한 순전한 찬양은 논리를 추구하는 일과 마찬가지로 해체와 공허로 끝이 난다. 완전한 자유사상이 생각 자체에 대한 의심을 동반하듯이 '의지'의 수용은 정말로 의지를 마비시킨다. 버나드 쇼는 쾌락에 대한 (당연히 어설프고 쉽사리 잘못 진술되는) 옛 공리주의자의 시험과 그 자신이 제안하는 시험 사이의 진짜 차이점을 인식하지 못했다. 행복의 시험과 의지의 시험 사이의 진짜 차이점이란, 행복의 시험은 하나의 시험인데 의지의 시험은 그렇지 않다는 것이다. 한 사람이 절벽에서 뛰어내리는 행위를 두고서 그것이 행복을 향한 행위인지 논할 수는 있지만, 그것이 의지에서 비롯된 행위인지 논할 수는 없다. 당연히 그 행동은 의지에서 나온 것이니 말이다. 어떤 행동이 진리를 발견하거나 영혼을 구원하려는 목적에서 쾌락이나 고통을 일으키고자 계산된 것이라 말함으로써 그 행동을 찬양할 수 있다. 하지만 어떤 행동이 의지를 보여 준다고 해서 그 행동을 찬양할 수는 없다. 어떤 행동이 의지를 보여 준다는 말은 그것이 하나의 행동이라고 말하는 데 지나지 않는다. 의지를 찬양함으로써 하나의 경로를 다른 경로보다 더 나은 것이라며 선택할 수는 없다. 그러나 하나의 경로를 다른 경로보다 더 낫다고 판단하여 선택하는 것이 바로 당신이 찬양하고 있는 의지의 정의定義다.

의지를 숭배하는 것은 의지를 부정하는 것이다. 순전한 선택을 동경하는 것은 선택을 거부하는 것과 같다. 만약 버나드 쇼가 내게 다가와 "무언가를 결의하라"라고 말한다면, 그건 "네가 무엇을 결의하든 나는 개의치 않는다"라고 하는 셈이며 "그 일에 대해 나는 아무런 의지도 없다"라고 말하는 것과 다름없다. 일반적으로 의지를 동경할 수는 없다. 의지는 본질상 개별적이기 때문이다. 존 데이비드슨 같은 훌륭한 무정부주의자는 평범한 도덕성에 대해 짜증을 느낀다. 그래서 그는 무엇을 향한 의지이든 간에 의지를 불러일으킨다. 그는 오직 인류가 무언가를 원하기만을 원한다. 그런데 인류는 정말로 무언가를 원한다. 인류는 평범한 도덕성을 원한다. 무정부주의자는 법에 반항하며 우리에게 무언가를 혹은 무엇이든 결의하라고 말한다. 그러나 우리는 이미 무언가를 결의했다. 그가 반항하며 맞서고 있는 그 법칙을, 우리는 결의했다.

니체에서 데이비드슨에 이르기까지, 의지를 숭배하는 이들에게는 자유의지가 완전히 결여되어 있다. 그들은 결의할 수도 없고, 거의 소망할 수도 없다. 이에 대한 증거는 쉽게 눈에 띈다. 이를테면 다음 사실에서 찾을 수 있다. 그들은 의지를 가리켜 늘 확장되고 밖으로 뻗어 나가는 무언가라고 이야기한다. 하지만 실은 정반대다. 의지의 행위란 자기를 제한하는 행위다. 행동을 원한다는 건 제한을 원한다는 것이다. 그런 의미에서 모든 행위는 자기를 희생하는 행위다. 무엇이든 선택할 때는 그 밖에 다른 모든 것을 거부하게 된다. 이 무리에 속한 사람들이 결혼이라는 행위에 반대했었는데, 그건 모든 행위에 대한 반대다. 모든 행위는 되돌릴 수 없는 선택과 배제다. 한 남자가 한 여자와 결혼할 때 다른 모든 여자를 포기하듯이, 한 가지 행동의 경로를 취할 때는 다른 행동의 경로들을 모두 포기하게 된다. 잉글랜드의 왕이 되는 사람은 브롬톤의 본당 사무장 자리를 포기한다. 로마에 가는 사람은 윤택하고 자극적인 윔블던에서의 생활을 희생한다. 의지에는 이렇듯 부정적인 혹은 제한적인 측면이 존재하며, 따라서 무정부적인 의지를 숭배하는 자들의 이야기는 대부분 허튼소리가 되고 만다. 예를 들어 존 데이비드슨은 우리에게 "너는 하지 말라"라는 말과는 아무런 관계도 맺지 말라고 말한다. 하지만 "너는 하지 말라"는 "나는 하겠다"의 단 하나뿐인 필연적 결과임이 분명하다. "나는 로드 메이어스 쇼[21]에 가겠으니, 너는 나를 말리지 말라." 무정부주의는 우리에게 대담한 창의적 예술가가 되어 어떠한 법칙이나 제약도 신경 쓰지 말라고 명한다. 그러나 예술가가 법칙과 제약에 신경을 쓰지 않기란 불가능하다. 예술은 제약이다. 모든

21　로드 메이어스 쇼Lord Mayor's Show는 중세 이래 800년 이상 이어져 온 연례행사로, 원래는 매년 새로 임명되던 런던 시장 취임식의 일부분으로 시작되었다. 당시 시장은 국왕에게 충성을 맹세하고자 런던 시내를 가로질러 왕궁까지 행진했는데, 시간이 갈수록 성대한 퍼레이드를 이루는 화려한 형태로 발전했다.

그림의 본질은 틀이다. 기린을 그린다면 목을 길게 그려야 한다. 대담하고 창의적인 방식으로 목이 짧은 기린을 자유롭게 그리려고 한다면, 기린을 자유로이 그릴 수 없다는 사실만 깨닫게 될 것이다. 사실의 세계로 발을 내딛는 순간, 우리는 제약의 세계에 들어서게 된다. 외부의 법칙이나 우연한 법칙으로부터 사물을 자유로이 해방할 수는 있겠지만, 그 본성의 법칙으로부터 해방할 수는 없다. 원한다면 호랑이를 철창에서 자유로이 풀어 줄 수 있겠지만, 그 줄무늬에서 풀어 줄 수는 없다. 낙타를 등의 혹에서 자유로이 풀어 주지 말라. 혹에서 풀려난 낙타는 더 이상 낙타가 아닐 테니. 삼각형을 부추겨 세 개의 변으로 된 감옥에서 벗어나게 하는 선동가가 되지 말라. 세 개의 변에서 벗어난 삼각형의 삶은 통탄할 결말을 맞이할 테니. 누군가는 「삼각형의 사랑」[22]이란 작품을 썼다. 나는 읽어 보지 않았지만, 어쨌든 삼각형이 사랑을 받았다면 삼각형이기에 사랑받은 것이라고 확신한다. 모든 예술적 창조는 분명 그러하며, 어떤 면에서 예술적 창조는 순수 의지의 가장 결정적인 예시다. 예술가는 예술가의 제약들을 사랑한다. 그 제약들이 예술가가 하고 있는 것을 구성한다. 화가는 캔버스가 평평해서 기쁘고, 조각가는 점토가 무색이라 기쁘다.

혹시라도 요점이 명확하지 않다면 역사의 한 사례를 통해 분명하게 설명할 수 있겠다. 프랑스 혁명은 정말로 영웅적이고 결정

22   「삼각형의 사랑」The Loves of the Triangles, 1798은 G. 캐닝과 J. H. 프레어가 주간지 『앤티재커빈』Anti-Jacobin에 발표한 풍자시다. 의사이자 자연철학자이며, 진화론자 찰스 다윈의 조부이기도 한 이래즈머스 다윈의 시 「식물의 사랑」The Loves of Plants, 1791을 패러디했다.

적인 사건이었다. 자코뱅파[23]가 무언가 한정되고 제한되는 것을 결의했기 때문이다. 그들은 민주주의의 여러 자유를 원했지만, 동시에 민주주의의 온갖 금지사항도 원했다. 그들은 투표하기를 바랐지만, 직위를 바라지는 않았다. 공화주의에는 당통[24]이나 윌크스[25]의 확장적인 측면뿐 아니라 프랭클린[26]이나 로베스피에르[27]의 금욕적인 측면도 있었다. 그래서 그들은 견고한 실체와 형태를 지닌 무언가, 즉 프랑스의 반듯한 사회 평등과 농민의 부를 창조했다. 하지만 그때 이후로 유럽의 혁명적이거나 사색적인 정신은 그 제안의 제약들 때문에 그 어떤 제안도 피하면서 나약해졌다. 자유주의는 아량으로 변질되었다. 사람들은 '혁명하다'revolutionise라

23 자코뱅파Jacobins는 프랑스 혁명기에 등장한 급진적인 정파로, 파리의 자코뱅 수
    도원을 본거지로 삼은 데서 그 이름이 유래했다. 1792년 왕권이 정지되고 국민
    공회가 수립되어 공화국이 선포되면서 권력을 잡았으며, 루이 16세를 비롯해 다
    수의 인물을 단두대에서 처형하는 등 공포정치를 단행한 것으로 유명하다.
24 조르주 당통Georges Jacques Danton, 1759-1794은 프랑스 혁명기의 정치인으로, 1790년
    자코뱅파에 합류하여 혁명 재판소를 설치하고 왕당파를 처형했다. 하지만 온건
    파인 지롱드파Girondins와 접촉해 당파 싸움을 멈추려고 시도하던 과정에서 외국
    인과 결탁하여 반혁명 세력을 도운 혐의로 단두대에서 처형당했다.
25 존 윌크스John Wilkes, 1725-1797는 영국의 급진적 언론인, 정치인이다. 자유사상가로
    명성을 얻었으며 언론의 자유, 미국 독립, 조합 운동과 종교적 관용을 지지했다.
26 벤저민 프랭클린Benjamin Franklin, 1706-1790은 미국 '건국의 아버지들' 가운데 하나
    로 꼽히는 정치가이자 번개를 연구해 피뢰침을 발명한 과학자다. 박식한 계몽주
    의 지식인으로서 실천적이고 실용적인 가치를 내세운 다양한 사회 활동을 펼쳤
    으며 오늘날 미국 사회를 형성하는 데 큰 영향을 끼친 인물로 여겨진다.
27 막시밀리앵 드 로베스피에르Maximilien de Robespierre, 1758-1794는 프랑스 혁명기에
    자코뱅파를 창립하고 이끌었던 정치인이자 급진적인 혁명 지도자로서 1792년
    권력을 장악하고 숙청을 통한 공포정치를 단행했다. 그러나 1794년 테르미도르
    반동에서 권력을 잃고 단두대에서 처형당했다. 강직한 신념과 청렴을 고수하여
    '부패하지 않는 자'L'incorruptible라는 별칭을 얻었다.

는 동사를 타동사에서 자동사로 바꾸려고 했다. 자코뱅파 혁명가는 자신이 맞서 반란을 일으키려 하는 체제뿐 아니라 (그보다 더 중요한) 반란을 일으키려 하지 않는 체제, 그가 신뢰하려는 체제를 말해 줄 수 있었다. 그러나 새로운 반란자는 회의론자이며 아무것도 전적으로 신뢰하려 하지 않는다. 그에게 충정이란 없고, 그래서 그는 결코 혁명가가 될 수 없다. 그리고 그가 모든 것을 의심한다는 사실은, 그가 무엇이든 비난하기를 원할 때 그에게 정말로 방해가 된다. 모든 비난에는 일종의 도덕적 교의가 함축되어 있기 때문이다. 그런데 현대의 혁명가는 자신이 비난하는 제도를 의심할 뿐 아니라 그 비난의 기준이 되는 교의조차도 의심한다. 그래서 그는 제국의 압제가 여성들의 순수성을 모욕한다고 불평하는 책 한 권을 쓰고는, (성ₜₜ 문제를 다룬) 다른 책을 또 한 권 써서 그 스스로 여성들의 순수성을 모욕한다. 그는 그리스도인 소녀들이 동정을 잃는다는 이유로 술탄[28]을 비난하고는, 그리스도인 소녀들이 동정을 지킨다는 이유로 그런디 부인[29]을 저주한다. 그는 정치인으로서 전쟁은 삶을 낭비하는 일이라고 외치고는, 철학자로서 삶은 시간을 낭비하는 일이라고 외친다. 러시아의 한 비관

28　술탄sultan은 이슬람 세계에서 세습 군주제를 택한 국가나 지역의 군주를 가리킨다. 아랍어로 '권위'나 '권력'을 뜻한다.

29　그런디 부인Mrs. Grundy은 관례를 중시하고 잘난 체하며 다른 사람을 흉보는 여성을 이르는 말이다. 영국의 극작가 토머스 모턴Thomas Morton, 1764-1838의 희극 「쟁기질의 속도를 높여라」Speed the Plough, 초연1789에서 언급되는 인물로서 실제로 등장하지는 않는다. 이 희곡의 인물들은 대화 중간에 '그런디 부인은 뭐라고 말할까요?'라고 물으면서 자기의 행동이나 생각에 대한 다른 사람들의 반응에 신경을 쓴다.

론자는 농민을 죽인다는 이유로 경찰을 비난하고는, 최고의 철학적 원칙들을 동원해 농민은 자살했어야 한다고 증명할 것이다. 어떤 사람은 혼인이 거짓이라고 비난하고는, 혼인을 거짓말처럼 다룬다며 방탕한 귀족들을 비난한다. 그는 깃발을 가리켜 싸구려 장식품이라고 부르고는, 그 싸구려 장식물을 없앤다며 폴란드나 아일랜드의 압제자들을 비난한다. 이 무리에 속한 사람은 우선은 정치 회합에 가서 미개인들이 짐승처럼 다루어진다며 불평한 다음, 모자와 우산을 챙겨 학술 대회장으로 옮겨 가서는 미개인들이 짐승임을 증명한다. 요컨대 현대의 혁명가는 무한 회의론자로서 언제나 자기 광산의 기반을 약화하는 데 열중한다. 그는 정치에 관한 책에서는 도덕을 짓밟는다는 이유로 사람들을 공격하고, 윤리에 관한 책에서는 사람들을 짓밟는다는 이유로 도덕을 공격한다. 그래서 봉기에 나선 현대인은 봉기의 모든 목적에서 실제적으로 쓸모가 없어졌다. 현대인은 모든 것에 반항함으로써 무엇에나 반항할 수 있는 권리를 잃었다.

이와 똑같은 유의 공허와 파산을 모든 맹렬하고 지독한 문학 유형들에서, 특히 풍자 문학에서 관찰할 수 있다는 점도 덧붙여 말할 수 있겠다. 풍자는 미친 것일지도 모르고 무정부적인 것일지도 모르지만, 어떤 것들이 다른 것들보다 명백히 우월하다는 전제를 깔고 있다. 어떤 기준을 전제한다는 말이다. 어느 유명한 저널리스트를 보고 뚱뚱하다며 비웃는 길거리의 어린아이들은 자기도 모르게 그리스 조각상을 기준으로 삼은 것이다. 즉, 아폴론 석상을 참조하고 있는 것이다. 그러므로 우리 문학에서 묘하게도 풍자가 사라졌다는 점은, 맹렬히 고수해야 할 원칙들이 부족해져서 맹렬한 것들이 사라져 가는 현실의 한 사례다. 니체는 신랄한 야유의 재능을 타고났다. 그는 웃을 순 없어도 비웃을 수는 있다. 하지만 그의 풍자에는 늘 육체도 무게도 없는 무언가가 있다. 그건 그의 풍자가 일반도덕의 질량을 그 배후에 전혀 지니지 않기 때문이다. 그가 비난하는 어떤 것보다도 그 자신이 더욱 가당찮다. 그러나 니체는 추상적인 폭력의 이러한 실패를 적나라하게 드러내는 전형으로서 건재할 것이다. 마지막에 그에게 닥친 두뇌의 연성화는 우연한 육체의 사건이 아니었다. 니체가 결국 천치가 되지 않았더라도 결국 니체주의가 천치가 될 것이다. 고립되어 교만하게 생각하면 결국 바보가 된다. 마음의 연성화를 겪지 않으려는 사람은 결국 두뇌의 연성화를 겪기 마련이다.

주지주의[30]를 피하려는 이 마지막 시도는 주지주의로 끝을 맺었고, 그래서 결국 사멸했다. 돌격은 실패했다. 무법無法에 대한 야생적 숭배와 법에 대한 유물론적 숭배는 하나같이 공허로 귀결된다. 니체는 경이로운 산을 오르지만, 그가 궁극적으로 이르는 곳은 티베트다. 그는 공空과 열반의 땅에서 톨스토이 옆에 앉아 있다. 이 둘은 모두 무력하다. 한 사람은 어떤 것도 붙잡으면 안 되기에 무력하고, 다른 한 사람은 어떤 것도 떠나보내면 안 되기에 무력하다. 톨스토이를 따르는 자의 의지는 모든 특별한 행위가 악하다고 하는 불자佛者의 본능에 의해 얼어붙었다. 반대로 니체를 따르는 자의 의지는 모든 특별한 행위가 선하다는 니체의 관점에

---

30   주지주의Intellectualism란 의지나 감정보다 지성을 중요시하는 철학적 세계관이다.
     인간 이성에 의한 앎의 확장을 중시하며, 도덕적 판단과 실천도 앎에서 출발한다
     고 믿는다.

의해 무척이나 균일하게 얼어붙었다. 모든 특별한 행위가 선하다면 그 가운데 어떤 행위도 특별한 것이 아니기 때문이다. 이 둘은 각각 교차로에 서 있는데, 한 사람은 모든 도로를 싫어하고 다른 한 사람은 모든 도로를 좋아한다. 그 결과를 예측하기란 어렵지 않다. 이 둘 모두 교차로에 가만히 서 있다.

여기서 나는 (정말 다행히도) 이 책의 첫 과업이자 가장 지루한 과업, 그러니까 최근의 사상을 대강이나마 되짚어 보는 일을 끝맺으려 한다. 다음으로는 한 가지 인생관을 개괄해 볼 텐데, 독자들은 흥미가 없을지 모르겠으나 나에게는 흥미로운 일이다. 이제 이 장을 마무리하려는 나의 앞에, 그 인생관을 개괄하기 위해 계속 뒤적였던 현대 서적들이 무더기로 쌓여 있다. 그야말로 독창성의 무더기, 무익함의 무더기다. 우연히도 지금은 무심히 거리를 두고 있는 상황인지라, 나는 마치 열차가 피할 길 없이 서로 충돌하는 모습을 열기구에서 내려다보는 사람처럼 쇼펜하우어와 톨스토이, 니체와 버나드 쇼의 철학들이 불가피하게 충돌하는 장면을 볼 수 있다. 이들의 철학은 정신병원의 공허를 향한 길 위에 있다. 광기란 정신의 무력함에 도달하기 위해 정신의 활동을 이용하는 것으로 정의될 수 있는데, 이들은 정신의 무력함에 거의 다 이르렀다. 자신이 유리로 만들어졌다고 생각하는 사람의 생각은 생각을 파괴하기에 이른다. 유리는 생각할 수 없으니 말이다. 아무것도 거부하지 않으려는 사람의 의지는 의지를 파괴하기에 이른다. 의지란 단지 무언가를 선택하는 것일 뿐 아니라 다른 모두를 거부하는 것이니 말이다. 내가 이 영리하고 경이롭고 성가시고 쓸모없는 현대 서적들을 이리저리 뒤적이다 보니, 어느 한 책의 제목이 눈에 와 박힌다. 바로 아나톨 프랑스의『잔 다르크』[31]다. 나는 그 책을 대충 훑어보았을 뿐이지만, 한번 훑어본 것만으로도 르낭의『예수의 생애』[32]를 떠올릴 수 있었다.『잔 다르크』도 저 경건한 회의론자가 썼던 것과 똑같은 이상한 방법을 따르고 있어서다. 자연스럽기는 하지만 아무 근거가 없는 이야기를 전함으로써 초자연적이기는 하지만 어떤 근거가 있는 이야기들의 신빙성을 떨어뜨린다. 우리는 성인聖人이 한 일을 믿지 못하기 때문에 성인이 느낀 것을 정확히 알고 있는 척한다. 하지만 내가 이 두 책을 언급한 것은 이 점을 비판하기 위해서가 아니다. 우연히 이 두 편의 제목을 조합하니, 내 앞에 놓인 책들을 모두 폭파해 날려 버리는 온전한 정신에 대한 두 가지 놀라운 이미지가 떠올랐다. 잔 다르크는 톨스토이처럼 모든 길을 거부하거나 니체처럼 모든 길을 수용하면서 교차로에 계속 들러붙어 있지 않았다. 그녀는 하나의 길을 택하여 번개처럼 그 길을 따라갔다. 그런데 생각해 보니, 잔 다르크는 톨스토이나 니체 어느 한쪽에서만 참인 것을 모두 지닌

31 아나톨 프랑스Anatole France, 1844-1924는 프랑스의 시인, 소설가다. 이른 나이에 문학적 성취를 이루었으며 그리스·로마 문학에 심취한 고전주의자로 알려졌다. 1896년 아카데미 프랑세즈의 회원으로 선출되었으며 1921년 노벨문학상을 수상했다. 에밀 졸라의 동지로서 드레퓌스 사건이 발생했을 때 반反유대주의에 맞서 싸웠고, 제1차 세계대전 무렵에는 평화주의를 주장했다. 여기서 체스터턴이 언급한 책은 전기『잔 다르크의 생애』Vie de Jeanne d'Arc, 1908다.

32 조제프 에르네스트 르낭Joseph Ernest Renan, 1823-1892은 프랑스의 철학자, 종교학자다. 그는 20년에 걸쳐 총 7권으로 구성된『그리스도교 기원의 역사』Histoire des origines du christianisme, 1863-1883를 저술했는데, 그 첫 번째 책이 바로『예수의 생애』Vie de Jésus다. 이 책은 예수의 생애에서 초자연적인 요소들을 배제하고 예수를 한 인간으로 묘사하여 당대 사회에 큰 논란을 일으켰으며 가톨릭교회의 금서 목록에 올랐다.

인물이었다. 그 둘 가운데 어느 한쪽에서만 용인되는 것까지도 잔 다르크는 모두 지니고 있었다. 나는 톨스토이에게서 고귀한 모든 것을 생각해 보았다. 꾸밈없이 평범한 것들, 평범한 것들에서, 특히 평범한 연민에서 생겨나는 즐거움, 이 땅의 실상, 가난한 이들에 대한 경외, 등이 굽은 이들의 존엄. 잔 다르크는 이 모두를 지니고 있었고, 더욱이 가난을 동경할 뿐 아니라 실제로 견뎌냈다. 반면에 톨스토이는 가난의 비밀을 찾아내려 애쓰는 전형적인 귀족일 뿐이다. 다음으로, 나는 불쌍한 니체에게서 용감하고 자랑스럽고 감상적인 것을 모두 생각해 보았다. 그리고 우리 시대의 공허함과 소심함에 맞선 그의 반항에 대해서도 생각했다. 나는 위험의 황홀한 평형상태를 향한 니체의 외침, 위대한 말馬들이 돌진하기를 바라는 그의 갈망, 무기에 대한 그의 외침을 생각했다. 잔 다르크는 이 모두를 지니고 있었다. 하지만 싸움을 찬양하지 않으면서도 정말로 싸웠다는 점에서, 그녀는 니체와 다르다. 우리는 그녀가 군대를 두려워하지 않았다는 걸 안다. 반면에 니체는 우리가 알기로 소를 무서워했다.[33] 톨스토이는 농민을 찬양했을 뿐이지만, 잔 다르크는 그 자신이 농민이었다. 니체는 전사를 찬양했을 뿐이지만, 잔 다르크는 그 자신이 전사였다. 잔 다르크는 톨스토이와 니체 두 사람의 상호 적대적인 이상理想들에서 이 둘을 능가한다. 잔 다르크는 톨스토이보다 온화하며 니체보다 맹렬하다. 그녀는 실제로 무언가를 해낸 완벽하게 실제적인 사람이지만, 톨스토이와 니체는 아무것도 하지 않는 거친 사색가들이다. 그리하여

정통 Orthodoxy

---

33 니체는 인간을 극복되어야 할 무언가로 보고, 끊임없이 현실을 사는 존재이자 되새김하는 존재로서 소가 되어야 한다고 말했다.

잔 다르크와 그녀의 신앙 속에는 상실된 도덕적 일치와 효용의 비밀이 깃들어 있었으리라는 생각이 내 마음에 떠오르지 않을 수 없었다. 그런 생각과 더불어 더 크신 분, 그녀의 주인이신 거대한 존재가 내 생각의 극장에 떠올랐다. 아나톨 프랑스가 소재로 삼았던 인물을 어둡게 만들었던 것과 똑같은 현대적 문제가 에르네스트 르낭의 인물도 어둡게 만들었다. 르낭도 자기 주인공의 연민과 호전성을 서로 분리했다. 심지어 르낭은 예루살렘에서의 의로운 분노[34]를 갈릴리에서 품었던 목가적 기대들 이후에 생긴 신경쇠약으로 제시하기까지 했다. 마치 인간적인 것에 대한 사랑이 비인간적인 것에 대한 증오와 일관되지 않는다는 듯이 말이다! 이타주의자들은 얇고 가냘픈 목소리로 그리스도를 이기주의자라고 비난한다. 이기주의자들은 (훨씬 더 가냘픈 목소리로) 그리스도를 이타주의자라고 비난한다. 오늘날의 분위기를 생각하면 이렇게 트집을 잡는 것도 충분히 이해된다. 영웅의 사랑은 폭군의 증오보다 지독하다. 영웅의 증오는 자선가의 사랑보다 너그럽다. 거대하고 영웅적인 하나의 온전한 정신이 존재하지만, 현대인들은 단지 그 파편들만 주워 담을 수 있다. 하나의 거인이 존재하지만, 우리는 단지 그 늘어진 팔과 돌아다니는 다리만 볼 수 있다. 그들은 그리스도의 영혼을 어리석은 조각들로 찢어 이기주의와 이타주의

34 구체적으로 예수의 성전 정화 사건을 가리킨다. 예수는 민족 최대의 명절인 유월절 기간에 예루살렘을 방문했으나, 하나님께 제사 지내는 거룩한 성전이 금전으로 더럽혀진 모습을 보고 분노하여 상인들을 격하게 내쫓고 성전 파괴를 예고했다. 마태복음 21장 12-17절, 마가복음 11장 15-19절, 누가복음 19장 45-48절, 요한복음 2장 13-16절 참조.

라는 이름표를 붙였다. 그들은 그리스도의 미친 듯한 장엄함과 그리스도의 미친 듯한 온유함에 똑같이 어리둥절해졌다. 그들은 그리스도의 겉옷을 서로 나누어 가졌고, 속옷을 두고는 제비를 뽑았다. 하지만 그 기다란 속옷은 솔기 없이 위에서부터 통으로 짜 내려간 것이었다.

O4

요정나라의
윤리

사업가가 사환의 이상주의를 힐책할 때는 보통 이렇게 말한다. "그래, 젊을 땐 그런 막연한 이상을 품고 천공의 성을 그려 보기도 하지. 하지만 중년에 이르면 그 모든 게 다 구름처럼 흩어지고 땅으로 내려와 현실 정치에 대한 믿음을 갖게 된단 말이야. 자기가 가진 수완을 발휘하면서 있는 그대로의 세상과 어울려 지내는 거지." 지금은 영예로운 무덤 속에 누운, 덕망 있고 인자한 노인들은 어린 시절의 나에게 이렇게 이야기하곤 했다. 이후로 나는 자라나 어른이 되었고, 이 인자한 노인들이 거짓말을 했다는 걸 알게 되었다. 실제로는 그들의 예견과는 정확히 반대되는 일이 일어났다. 그들은 내가 이상을 잃고 현실 정치인들의 정책을 믿게 되리라고 말했다. 하지만 나는 이상을 조금도 잃지 않았다. 근본적인 것들에 대한 나의 믿음은 과거에 간직했던 그대로다. 다만 잃은 게 있다면 현실 정치를 향한 어린아이 같은 옛 믿음이다. 나는 여전히 아마겟돈 전쟁에 관심을 기울이지만, 총선에 대해서는 그만큼 신경을 쓰지 않는다. 아기 때는 총선에 관한 소리만 듣고도 어머니 무릎에서 펄쩍 뛰었다. 아니, 비전은 늘 견고하고 믿음직하다. 비전은 언제나 하나의 사실이다. 오히려 현실이 우리를 기만하곤 한다. 지금의 나는 늘 그래 왔던 만큼이나, 이전 그 어느 때보다도 더욱더 자유주의를 믿는다. 그러나 한때는 자유주의자들을 믿던 장밋빛 시절이 있었다.

　나는 지속적인 믿음들의 이 한 가지 사례를 취하려 한다. 나라는 사람의 개인적인 사색의 뿌리를 추적해 보니 긍정적인 편견이라 할 만한 것은 단 하나, 이 믿음뿐이었다. 나는 자유주의자로 성장했으며 민주주의를, 곧 인간의 자치自治라는 자유주의의 기본 교의를 늘 믿어 왔다. 누군가 이 말이 모호하거나 진부하다고 생각한다면, 잠시 멈추어 내가 말하려는 민주주의의 원칙을 설명해 줄 수도 있다. 민주주의 원칙은 다음 두 가지 명제로 정리할 수 있다. 첫째는 이것이다. '모든 이에게 공통된 것들은 어떤 이에게 고유한 것들보다 더 중요하다.' 평범한 것들은 비범한 것들보다 더 소중하다. 아니, 평범한 것들이야말로 더욱 비범하다. 사람이란 사람들보다 더 엄청난 무언가이며, 더 이상한 무언가이다. 그래서 인간 자체가 권력, 지성, 예술 혹은 문명의 어떤 경이보다도 더욱 생생한 기적으로 느껴져야 한다. 다리 둘 달린 사람이 어떠한 음악보다 감동적이어야 하며 어떠한 캐리커처보다 놀랍게 느껴져야 한다. 죽음 자체가 굶주림에 의한 죽음보다 더 비극적이다. 코가 있다는 사실이 노르만족의 코를 가졌다는 것보다 더 희극적이다.

이것이 바로 민주주의의 첫째 원칙이다. 사람들의 본질적인 요소란 그들이 개별적으로 지닌 것이 아니라 공통으로 지닌 것이라는 점 말이다. 그리고 민주주의의 둘째 원칙은 바로 이것이다. '정치적 본능이나 욕망은 사람들이 공통으로 지닌 것 가운데 하나다.' 사랑에 빠지는 일이 시詩에 빠지는 일보다 더 시적이다. (부족을 다스리는 데 도움을 주는) 통치는 사랑에 빠지는 일과 같지, 시에 빠지는 일과 같지는 않다는 게 민주적인 주장이다. 통치란 교회 오르간을 연주하는 일이나 양피지에 그림을 그리는 일, 북극을 발견하는 일(요즘 들어 서서히 퍼지는 관습), 공중제비를 도는 일, 왕실 천문학자가 되는 일 등과 닮은 데가 전혀 없다. 우리는 이런 일들을 잘하는 사람이 하길 바라지, 못하는 사람이 하기를 바라지는 않기 때문이다. 이와 달리, 통치란 연애편지를 쓰거나 코를 푸는 일과 유사하다. 우리는 이런 일을 잘하지 못하는 사람이라도 그 자신을 위해 이런 일들을 하길 바라기 때문이다. 여기서 이 생각들 가운데 어느 것이 참이라고 주장하려는 건 아니다. 듣자 하니 현대인 중에는 자기 아내를 과학자가 골라 주기 바라는 이들도 있다고 한다. 그런 사람들은 조만간 제 코를 풀어 달라고 간호사들에게 부탁할지도 모른다. 내가 말하려는 건 인류가 이런 일들을 인간의 보편적 기능으로 인정한다는 것, 그리고 민주주의에서는 통치 역시 그중 하나로 분류한다는 것이다. 요컨대 민주주의의 믿음이란 이러하다. 엄청나게 중요한 일들, 즉 남녀가 짝을 찾는 일이나 자녀를 양육하는 일이 그러하듯 국가의 법률도 보통 사람들에게 맡겨져야 한다는 것이다. 이것이 민주주의다. 나는 늘 그렇게 믿어 왔다.

그런데 내가 어린 시절부터 이해할 수 없었던 것이 하나 있다. 민주주의가 어떤 면에서 전통에 반한다는 생각을 사람들이 어떻게 갖게 되었는지 도무지 이해할 수가 없었다. 전통이란 시간을 거쳐 연장된 민주주의일 뿐임은 명백한 사실이다. 전통은 홀로 고립되었거나 자의적인 기록보다는 평범한 인류의 목소리들이 이룬 합의에 따른다. 예를 들어 가톨릭교회의 전통에 반대하는 어떤 독일 역사학자의 말을 인용하는 사람은 엄밀히 말해 귀족층에 호소하는 것이다. 그는 군중의 끔찍한 권위에 반하여 한 전문가의 우월성에 호소한다. 어째서 하나의 전설이 한 권의 역사책보다 더 정중히 다루어지며 또 그렇게 다루어져야 하는지를 이해하기란 무척이나 쉽다. 일반적으로 전설은 정신이 온전한 다수의 마을 사람들이 만든 것이다. 일반적으로 책은 마을 사람들 가운데 미쳐버린 한 사람이 쓴 것이다. 전통에 반대하면서 과거에는 사람들이 무식했노라고 주장하는 이들은 칼튼 클럽[1]에 가서 빈민가 유권자들은 무식하다는 주장도 함께 펼칠 사람들이다. 하지만 그런 주장은 우리에겐 통하지 않는다. 일상의 문제를 다루면서 우리가 만장일치로 보통 사람들의 의견을 중시한다면, 역사나 우화를 다루면서도 그들의 의견을 무시해야 할 이유는 전혀 없다. 말하자면 전통은 선거권의 연장이라 정의할 수 있다. 전통은 모든 계층 가운데 가장 드러나지 않는 계층, 바로 우리 조상들에게 표를 준다는 걸 뜻한다. 전통은 죽은 자들의 민주주의다. 전통은 어쩌다 거들먹거리게 된 소수의 거만한 집권층에 굴복하기를 거부한다. 모든

1   칼튼 클럽Carlton Club은 영국 보수당의 본부로 창립된 사설 클럽이다.

민주주의자는 태생이라는 우연에 의해 자격을 박탈당하는 데 반대한다. 전통은 죽음이라는 우연에 의해 자격을 박탈당하는 데 반대한다. 민주주의는 우리에게 이르기를, 비록 마부라 해도 선량한 한 사람의 의견을 등한시하지 말라고 한다. 전통은 우리에게 이르기를, 비록 아버지라 해도 선량한 한 사람의 의견을 등한시하지 말라고 한다. 어쨌든 나는 민주주의와 전통이라는 두 가지 관념을 어떻게도 분리할 수 없다. 그 둘이 똑같은 관념이라는 게 내게는 명백해 보이기 때문이다. 우리 의회에는 죽은 자들도 출석할 것이다. 고대 그리스인들이 돌을 가지고 투표했듯이, 이 죽은 자들은 묘비를 가지고 투표해야 할 터이다. 이건 어디까지나 정규적이고 공식적인 절차인데, 대부분의 투표용지처럼 묘비에도 십자 표시가 되어 있지 않던가 말이다.[2]

그러므로 나는 먼저 이렇게 말해야겠다. 내게 편견이 하나 있었다면 그건 늘 민주주의에 호의적인 편견이었고, 따라서 전통에도 호의적인 편견이었다고 말이다. 우리가 이론이나 논리의 출발점에 서기 전에 이 같은 나의 개인적인 등식을 짚어 볼 수 있어 흡족하다. 나는 언제나 내가 속한 특별하고 골치 아픈 문필 계층을 믿기보다는 열심히 일하는 보통 사람들을 믿는 편이다. 나는 삶을 바깥에서 들여다보는 사람들의 아주 명료한 설명보다는 삶을 안에서 내다보는 사람들의 공상과 편견을 좋아한다. 나는 늘 나이 든 하녀들이 전하는 사실보다는 나이 든 부인들이 들려주는 우화에 믿음을 둔다. 재치는 타고난 재치인 한에서 좋을 대로 야성적

---

2   영국에서는 전통적으로 투표용지의 해당란에 동그라미 표시가 아닌 십자 표시(×)를 하여 의사를 표현했다.

일 수 있다.

이제 하나의 일반적인 입장을 종합해야 하는데, 나는 그러한 훈련은 전혀 받아 보지 않은 척하려 한다. 그래서 우선은 내가 발견한 서너 가지 근본적인 생각들을 있는 그대로 하나씩 기술할 생각이다. 그다음엔 나의 개인적 철학이나 자연적 종교를 요약하면서 그 생각들을 요약하겠다. 그리고 마지막에는 이 모두가 이전에 이미 발견되었다고 하는, 내가 알아낸 놀라운 사실을 묘사해 볼 것이다. 이전에 이미 이 모두를 발견한 것은 그리스도교였다. 그러나 내가 순서대로 전해야 하는 이 심오한 주장들 가운데 가장 앞선 주장은 대중적 전통의 요소와 관련이 있다. 그러니 좀 전에 전통과 민주주의에 관한 설명을 먼저 해두지 않았다면, 나는 내 정신의 경험을 명료하게 제시할 수 없었을 것이다. 지금도 내가 그것을 명료하게 제시할 수 있을지는 잘 모르겠지만 어쨌든 한번 시도해 볼 작정이다.

변함없는 확신을 품고서 간직해 온, 내 인생의 처음이자 마지막 철학을 나는 유아원에서 배웠다. 그 철학은 대체로 한 보모에게서 배운 것으로, 말하자면 민주주의와 전통 모두를 관장하는, 별이 점지해 준 엄숙한 여사제로부터 배운 것이었다. 그때 내가 많이 믿었던, 그리고 지금도 내가 많이 믿고 있는 것들은 요정 이야기[3]라 부르는 것들이다. 내게는 이 이야기들이 더없이 합리적으

정통 Orthodoxy

---

3 영어의 'fairytale'은 보통 요정을 비롯해 거인, 마녀, 괴물 등이 등장하는 민담을 가리킨다. 근대 이후 이 이야기들은 아동용으로 축소되었고, 우리말로는 '동화'童話라고 옮기는 경우가 일반적이다. 이 글에서는 문맥에 따라 '요정 이야기'로 직역했다.

로 여겨진다. 이 이야기들은 판타지가 아니다. 이에 비하면 오히려 다른 것들이야말로 판타지다. 요정 이야기들과 비교하자면 종교와 합리주의는 모두 비정상적이다. 물론 종교는 비정상적으로 옳고, 합리주의는 비정상적으로 틀렸지만 말이다. 요정나라[4]는 다른 게 아니라 화창한 상식의 나라다. 세상이 천국을 판단하는 것이 아니라 천국이 세상을 판단하는 법이듯이, 나는 적어도 이 세상이 요정나라를 판단하는 것이 아니라 요정나라가 이 세상을 판단한다고 생각했다. 나는 콩을 맛보기도 전에 마법의 콩나무를 알았고, 달이 무언지 확실히 알기도 전에 옥토끼를 알았다. 이는 모든 대중적 전통과 일맥상통했다. 현대의 이류 시인들은 자연주의자라서 수풀이나 개울을 이야기한다. 하지만 옛 서사시와 우화를 노래하던 이들은 초자연주의자라서 개울과 수풀의 신들을 이야기했다. 이것이 바로 고대인들은 자연이 신성하다고 한 탓에 '자연을 통찰하지' 못했다고 하는 현대인들의 말에 담긴 의미다. 나이 든 보모들이 어린아이들에게 이야기해 준 것은 잔디가 아니라 잔디에서 춤추는 요정들이었다. 옛 그리스인들이 볼 수 있던 것은 나무가 아니라 드리아데스[5]였다.

그런데 여기서 나는 요정 이야기를 먹고 자라난 데서 어떤 윤리와 철학이 나오는지를 다루려고 한다. 요정 이야기를 자세히 묘사하다 보면 거기에서 생겨나는 고귀하고 건강한 여러 원칙을

---

4   체스터턴은 'fairytale'(요정 이야기)의 세계를 'fairyland'(요정나라)라고 쓰고 있다.
5   드리아데스Dryades는 그리스 신화에 나오는 나무의 요정이다. 본래 오크나무의 요정이었지만 그 의미가 확장되어 나무 일반의 요정을 지칭하게 되었으며 수줍음 많은 여성 인물로 묘사된다.

짚어 낼 수 있을 것이다. "잭과 콩나무"에는 기사도의 교훈이 있다. 거인들은 거대하기에 해치워야 한다. 이는 거대한 자만에 대항하는 남자다운 반항이다. 실로 반란은 모든 왕국보다 오래되었고, 자코뱅파는 자코바이트[6]보다 더 많은 전통을 지녔으니 말이다. "신데렐라"에는 「마니피캇」[7]의 교훈과 똑같은 교훈 곧 '엑살타빗 후밀레스'*exaltavit humiles*(비천한 자를 높이셨다)가 깃들어 있다. "미녀와 야수"에도 훌륭한 교훈이 있다. 무엇이든 사랑스럽기 이전부터 사랑받아 마땅하다는 것이다. "잠자는 숲속의 미녀"에는 끔찍한 알레고리가 있는데, 이 이야기는 인간이라는 피조물이 어쩌다가 탄생이라는 선물로 축복받은 동시에 죽음으로 저주받게 되었는지, 그리고 어찌하면 죽음 역시 부드러워져 잠이 될 수 있는지를 알려 준다. 다만 나는 요정나라의 법규 하나하나를 살펴보려는 게 아니다. 나는 말을 하기도 전에 배웠으며 글을 쓸 수 없게 되는 순간에도 간직해야 할, 요정나라의 법칙에 담긴 전체적 정신에 관심을 쏟으려고 한다. 나는 삶을 바라보는 한 가지 특정한 방식에 관심이 있는데, 이 방식은 요정 이야기에 따라 창조되었고 이후로 순전한 사실들에 따라 무난히 검증된 것이다.

말하자면 이러하다. (하나씩 순차적으로) 이어지거나 펼쳐지

---

6   자코바이트Jacobite는 1688년 명예혁명으로 폐위된 잉글랜드의 제임스 2세를 복위시켜 스튜어트 왕조를 복원하고자 수차례 반란을 일으킨 무리를 가리킨다. 자코바이트라는 이름은 제임스James의 라틴어 이름 야코부스Jacobus에서 왔다.

7   「마니피캇」Magnificat은 성모 마리아가 예수를 잉태한 몸으로 엘리사벳을 방문하여 부른 찬미의 노래다. '마니피캇'은 '마니피캇 아니마 메아 도미눔'Magnificat anima mea Dominum(내 영혼이 주님을 찬양하며)이라고 시작되는 이 노래의 라틴어본에 등장하는 첫 단어로서 '찬양하다'라는 뜻이다. 누가복음 1장 46-55절 참조.

는 사건들이 있는데, 이 사건들은 참된 의미에서 합리적이며 또한 참된 의미에서 필연적이다. 수학이나 순전한 논리에 따라 연속된 것들이 그러하듯이 말이다. (모든 피조물 가운데 가장 합리적 피조물인) 우리는 요정나라에서도 그러한 합리성과 필연성을 허용한다. 예를 들어 못난 의붓자매들이 신데렐라보다 나이가 많다면, 신데렐라가 그 못난 의붓자매들보다 어리다는 건 (철저하고 확고한 의미에서) 필연적이다. 이 논리에서 빠져나올 길은 없다. 헤켈[8]은 그러한 사실에 관한 숙명론을 원하는 만큼 이야기할 것이다. 그건 반드시 그러해야만 한다고 말이다. 잭이 방앗간 주인의 아들이라면 방앗간 주인은 잭의 아버지다. 냉철한 이성은 무시무시한 왕좌에 앉아 그것을 언명하고, 요정나라에서 우리는 그에 굴복한다. 세 형제가 모두 말을 탄다면 동물은 모두 여섯이고 다리는 모두 열여덟이다. 이것이 바로 참된 합리주의이며, 요정나라는 합리주의로 가득하다. 그런데 내가 요정나라의 생울타리 너머로 고개를 들어 자연 세계를 가만히 들여다보았더니, 한 가지 놀라운 일을 목격하게 되었다. 안경을 낀 박식한 사람들이 실제로 일어나는 일들, 그러니까 여명과 죽음 같은 것들을 마치 이성적이고 불가피한 것인 양 이야기하는 모습이 눈에 들어온 것이다. 그들은 나무에 열매가 열린다는 사실이 나무 두 그루에 한 그루를 더 하면 세 그루가 된다는 사실만큼이나 필연적인 사실인 양 이야기했다. 하지만 그렇지 않다. 요정나라의 시험, 그러니까 상상의 시험에 따르면 거기엔 엄청난 차이가 있다. 2 더하기 1이 3이 되지 않는 걸

---

8   독일의 생물학자이자 철학자인 에른스트 헤켈을 가리킨다. 자세한 설명은 제2장 주23 참조.

상상할 수는 없다. 하지만 나무에 열매가 열리지 않는 것은 쉽게 상상할 수 있다. 나무에 황금 촛대가 열리거나 꼬리로 매달린 호랑이가 열리는 것도 상상할 수 있다. 조금 전에 언급한 그 박식한 사람들은 뉴턴이라는 인물을 많이 이야기했는데, 뉴턴은 떨어지는 사과에 맞고서 어떤 법칙을 발견했다고 한다. 하지만 저 박식한 사람들은 참된 법칙인 이성의 법칙과 사과가 떨어진다는 단순한 사실 사이의 차이점을 구별할 줄 몰랐다. 그 사과가 뉴턴의 코에 부딪혔다면 뉴턴의 코는 사과에 부딪힌 것이다. 이것이야말로 참된 필연성이다. 이 경우에 앞의 사건이 뒤의 사건 없이 따로 일어난다는 걸 우리가 떠올릴 수 없기 때문이다. 하지만 우리는 그 사과가 뉴턴의 코에 떨어지지 않는 경우도 아주 잘 떠올릴 수 있다. 사과가 맹렬히 날아가서 대기를 뚫고 누군가 다른 사람의 코에 부딪히는 모습도 쉽게 상상할 수 있는데, 혹시 그랬다면 그 사람은 극렬하게 그 사과를 싫어했을지도 모른다. 요정 이야기에서 우리는 정신적 관계의 과학과 물리적 사실의 과학 사이에 존재하는 이런 예리한 차이를 늘 유지해 왔다. 정신적 관계의 과학에는 실제로 법칙들이 있지만, 물리적 사실의 과학에는 아무런 법칙도 없고 기이한 반복만이 있을 뿐이다. 우리는 육체적 기적들을 믿지만, 정신적으로 불가능한 것들을 믿지는 않는다. 우리는 콩나무가 하늘까지 닿았다는 것을 믿지만, 그로 인해 몇 개의 콩을 합해야 다섯이 되는가 하는 철학적 질문에 대한 우리의 확신이 혼란스러워지는 일은 결단코 일어나지 않는다.

유아원에서 들려준 이야기들에는 특유의 완벽한 논조와 진리가 있다. 과학자는 이렇게 말한다. "가지를 잘라라. 그러면 사과가 떨어질 것이다." 그는 마치 한 관념이 정말로 나머지 다른 관념으로 이어지기라도 하듯이 덤덤히 말한다. 요정 이야기 속 마녀는 이렇게 말한다. "뿔나팔을 불어라. 그러면 괴물의 성이 무너질 것이다." 하지만 마녀는 결과가 원인으로부터 분명히 발생하는 양 말하지 않는다. 의심할 바 없이 마녀는 많은 전사에게 조언해 주었고 많은 성이 무너지는 것을 보았지만, 이성도 경이도 잃지 않는다. 마녀는 뿔나팔 소리와 무너지는 탑 사이의 필연적인 정신적 연결고리를 상상하기까지 자신의 머릿속을 헝클어뜨리지 않는다. 하지만 과학적으로 생각하는 사람들은 나무를 떠난 사과와 땅바닥에 닿는 사과 사이의 필연적인 정신적 연결고리를 상상하기까지 머릿속을 헝클어뜨린다. 그들은 경이로운 일단의 사건들만이 아니라 그 사건들을 연결하는 진리를 발견하기라도 한 듯이 이야기한다. 그들은 낯선 두 가지 사물 사이의 물리적 연결고리가 그것들을 철학적으로 연결하는 것처럼 이야기한다. 그들은 하나의 불가해한 일이 생기면 또 하나의 불가해한 일이 늘 일어나더라는 이유를 들어, 이 두 가지 일이 어쨌거나 하나의 이해 가능한 일을 이룬다고 느낀다. 검은 수수께끼 두 개로 하얀 정답 하나를 만들어 내는 것이다.

요정나라에 있는 우리는 '법칙'이라는 단어를 피한다. 하지만 과학나라에 있는 그들은 '법칙'을 너무도 좋아한다. 그러니 그들은 지금은 잊힌 옛 민중이 알파벳을 발음했던 방식에 관한 흥미로운 추측을 가리켜 '그림의 법칙'[9]이라 부를 것이다. 하지만 그

---

9   그림 형제라고 불리는 독일의 야코프 그림Jacob Grimm, 1785-1863과 빌헬름 그림 Wilhelm Grimm, 1786-1859은 구전 민담을 수집해 『그림 동화』Kinder- und Hausmärchen,

림의 법칙은 그림이 들려주는 요정 이야기보다 덜 지적이다. 어쨌든 그림의 요정 이야기는 확실히 이야기지만, 그림의 법칙은 법칙이 아니다. 하나의 법칙에는 일반화 및 입법의 본질을 우리가 알고 있음이 함축되어 있다. 우리가 그 법칙의 효과들 가운데 몇몇을 알게 되었다는 점만을 함축하는 게 아니다. '소매치기는 감옥에 가야 한다'라는 법칙이 있다면, 그 법칙에는 감옥이라는 관념과 소매치기라는 관념 사이에 상상할 수 있는 정신적 연결고리가 있음이 함축되어 있다. 그리고 우리는 그 관념이 무엇인지를 안다. 제멋대로 구는 사람에게서 왜 자유를 빼앗는지를 우리는 밝힐 수 있다. 하지만 곰이 어째서 요정 왕자로 변하는지를 밝힐 수 없듯이 달걀이 왜 닭이 되는지를 밝힐 수는 없다. 이 경우에 관념으로서 '달걀'과 '닭'은 '곰'과 '왕자'보다 서로에게서 더 멀리 떨어져 있다. 어떠한 달걀도 그 자체로는 닭을 암시하지 않지만, 어떤 왕자는 곰을 암시하기도 하니 말이다. 그렇다면 어떤 변신들은 정말로 일어나므로, 우리는 반드시 과학과 '자연법칙'의 비非철학적인 방식이 아니라 요정 이야기의 철학적인 방식으로 그 변신들을 바라보아야 한다. 왜 알이 변하여 새가 되며 왜 가을이면 열매가 떨어지는지 누군가 묻는다면, 왜 쥐들이 변하여 말이 되고 왜 열두 시가 되면 입었던 드레스가 사라져 버리는지를 묻는 신데렐라에게 답해 주었던 요정처럼 우리도 그렇게 답해 주어야 한다. 그러니까 그건 마법이라고 답해야 한다. 그것의 일반적 공식을 우리가 이해하지 못하니, 그것은 '법칙'이 아니다. 그것이 실제로 일어난

1812를 출간했다. 그림 형제는 언어학을 전공했으며 독일어를 비롯한 게르만어 전반의 음운 변화 과정에 관한 법칙을 정립하기도 했다.

다는 사실에 우리가 의지할 수는 있지만 그렇다고 해서 그 일이 언제나 반드시 일어나야 한다고 말할 권리는 우리에게 없으니, 그건 필연도 아니다. 우리가 사물의 평범한 경로에 의지한다는 사실은, (헉슬리[10]가 상상한 것 같은) 변경 불가능한 법칙의 논거가 되지 못한다. 실로 우리는 거기에 의지하는 것이 아니다. 다만 거기에 내기를 걸 뿐이다. 우리는 팬케이크에 독이 들었다거나 혜성이 세상을 멸망시키리라는 희박한 가능성을 무릅쓰듯이 기적이 일어나리라는 희박한 가능성도 무릅쓴다. 우리가 기적을 도외시하는 이유는 기적이 불가능해서가 아니라 예외적이기 때문이다. '법칙', '필연성', '질서', '경향' 등 과학책에서 쓰이는 용어들은 모두 비지성적이다. 그 용어들은 우리가 지니지 않은 내적 통합을 상정하기 때문이다. 내가 자연을 묘사하면서 흡족하게 사용했던 말들은 '마력', '주문', '황홀' 같이 요정 이야기책에서 쓰이는 용어들밖에 없다. 이 용어들은 사실과 그러한 사실에 깃든 신비의 자의성을 표현한다. 나무가 열매를 맺는 건 그 나무가 마법의 나무이기 때문이다. 물이 비탈을 따라 흘러내리는 건 마법에 걸렸기 때문이다. 태양이 빛나는 것 역시 마법에 걸린 탓이다.

나는 이것이 환상이나 신비라는 걸 전적으로 부정한다. 나중에 우리가 어떤 신비주의를 다룰 수도 있겠지만, 사물에 관한 이 요정 이야기의 언어는 순전히 합리적이고 불가지론적이다. 오직 이런 요정 이야기의 언어로만 나는 하나가 다른 하나와 완전히 구별된다고 하는, 다시 말해 날아다니는 것과 알을 낳는 것 사이

10   영국의 의사, 생물학자인 토머스 헨리 헉슬리를 가리킨다. 자세한 설명은 제3장 주6 참조.

에는 아무런 논리적 연결고리도 없다는 나 자신의 명료하고 확실한 통찰을 표현할 수가 있다. 자신이 절대 이해하지 못한 '법칙'에 대해 이야기하는 사람이야말로 신비가다. 아니, 평범한 과학자야말로 엄밀한 의미에서 감상주의자다. 스스로 연상한 것들에 빠져서 휩쓸려 가 버리는 과학자는 본질적 의미에서 감상주의자이다. 그는 새들이 날아다니고 알을 낳는 것을 너무나 자주 본 나머지 이 두 관념 사이에 어떤 꿈결 같은 다정한 연결고리가 있어야 한다고 느끼지만, 사실 둘 사이엔 아무런 연결고리도 없다. 쓸쓸히 버려진 연인이 잃어버린 사랑으로부터 달을 떼어 낼 수 없듯이 유물론자도 조수潮水로부터 달을 떼어 낼 수 없다. 두 경우 모두에서 달과 다른 하나 사이에는 아무런 연결고리가 없다. 다만 사람이 달과 함께 그 다른 하나를 보았을 뿐이다. 감상주의자는 자신이 만들어 낸 모호한 연상 때문에 사과꽃 향기를 맡고서 소년 시절을 떠올리며 눈물을 떨굴지도 모른다. 마찬가지로 유물론자 교수는 (비록 눈물을 감춘다고 하더라도) 자신이 만들어 낸 모호한 연상 때문에 사과꽃 향기를 맡고서 사과를 떠올리므로 여전히 감상주의자인 것이다. 하지만 요정나라에서 온 냉정한 합리주의자는 왜 사과나무에서는 빨간 튤립이 피지 않는지 이해하지 못한다. 그의 나라에서는 때때로 그런 일이 벌어지기 때문이다.

이 기초적인 경이는, 그러나 요정 이야기에서 생겨난 순전한 상상인 것만은 아니다. 오히려 그와 반대로, 요정 이야기의 모든 불길이 이 기초적인 경이에서 비롯되었다. 성적 본능이 있기에 우리 모두가 사랑 이야기를 좋아하듯이, 우리 모두가 이 놀라운 이야기들을 좋아하는 이유는 그 이야기들이 오랫동안 간직해 온 놀람의 본능을 자극하기 때문이다. 아주 어린 아이일 때 우리는 요정 이야기들을 필요로 하지 않고, 다만 이야기들만 필요로 한다는 사실이 이를 입증한다. 삶은 그 자체로 충분히 흥미롭다. 일곱 살짜리 아이는 토미가 문을 열었더니 용이 있더라는 이야기를 들으면 신이 난다. 하지만 세 살짜리 아이는 토미가 문을 열었다고 하는 이야기만 듣고도 신이 난다. 소년들은 낭만적인 이야기를 좋아하지만, 아기들은 사실적인 이야기를 좋아한다. 아기들은 그 사실적인 이야기들을 낭만적이라고 여기기 때문이다. 사실적인 현대 소설을 읽어 주어도 지루해하지 않을 이는 아기밖에 없다. 유아원에서 들려주는 이야기들은 그저 흥미와 경탄의 태동을 반영할 뿐이다. 이 이야기들에서 사과가 황금색이라고 말하는 건 사과가 초록색이라는 사실을 발견했던 그 잊힌 순간을 우리에게 새롭게 되살리기 위함이다. 이 이야기들에서 강에 포도주가 흐른다고 하는 건 강에 물이 흐른다는 사실을 한순간이나마 떠올리게 하기 위함이다. 나는 이것이 전적으로 합리적이며 심지어 불가지적이라고 말했다. 그리고 바로 이 점에서, 나는 더 높은 차원의 불가지론에 찬성을 표한다. 그것의 더 나은 이름은 무지無知다. 우리 모두는 과학책들과 모든 낭만적인 이야기들에서 제 이름을 잊어버린 인물에 관해 읽은 적이 있다. 이 인물은 거리를 돌아다니며 모든 것을 보고 올바로 인식한다. 다만 자신이 누구인지를 기억하지 못할 뿐이다. 그렇다. 모든 사람은 바로 이러한 이야기 속 인물과 같다. 모든 사람이 자신이 누구인지를 잊었다. 우주를 이해할지는 모르지만, 자아는 전혀 이해하지 못한다. 우리에게는 자기 자신이 그 어떤 별보다도 멀리 있다. "너는 네 하나님 여호와를 사랑하라.[11] 그

러나 너 자신을 알지는 못하리라." 우리는 모두 똑같은 정신의 재
난에 갇혀 있다. 우리는 모두 자신의 이름을 잊었다. 우리는 모두
우리가 정말로 무엇인지를 잊었다. 우리가 상식, 합리성, 현실성,
실증주의라고 부르는 그 모든 것은, 삶의 평탄함을 위해 우리가
잊었다는 사실조차 잊는다는 사실을 의미할 뿐이다. 우리가 정신,
예술, 황홀경이라 부르는 그 모든 것은 끔찍한 순간에 이르러서야
우리가 잊은 그 사실을 기억해 낸다는 사실을 의미할 뿐이다.

(기억을 잃은 소설 속 인물처럼) 우리가 얼이 빠진 채 거리를
돌아다니면서 감탄을 내뱉는다고 해도 감탄은 어쨌든 감탄이다.
그건 라틴어로 감탄일 뿐 아니라 영어로도 감탄이다. 경이에는 찬
양이라는 긍정적 요소가 깃들어 있다. 경이는 요정나라를 가로지
르는 우리의 길 위에 선명히 표시된 다음 이정표다. 다음 장에서
는 지적인 측면에서 낙관주의자와 비관주의자에 대해 논할 텐데,
그들이 지적인 측면을 지니고 있는 한에서 논할 것이다. 여기서는
묘사할 수 없는 거대한 감정을 애써 묘사하고자 노력할 뿐이다.
가장 강한 감정이란 삶이 난해한 만큼 소중하다는 감정이었다. 삶
은 한 번의 모험이었기에 한 번의 황홀경이었다. 삶은 한 번의 기
회였기에 한 번의 모험이었다. 요정 이야기의 좋은 점이 공주보다
용의 숫자가 더 많을지도 모른다는 사실에 영향을 받지는 않았다.
그래서 요정 이야기 속에 있는 것이 좋았다. 모든 행복의 시험대
는 감사다. 나는 내가 누구에게 감사하는지는 몰랐지만, 그럼에도
감사하다고 느꼈다. 아이들은 산타클로스가 양말에 장난감이나

11   체스터턴은 신명기의 핵심 구절인 6장 5절을 인용하고서 곧이어 이 문장을 비튼
      다. 인용된 성경 구절은 예수가 여러 계명 가운데 가장 큰 계명으로 꼽은 것이다.

사탕을 넣어 주면 고마워한다. 그런데 산타클로스가 내 양말 속에 기적처럼 두 다리를 넣어 주었으니, 내가 그에게 고마워하지 않을 수 있었겠는가? 우리는 생일 선물로 담배와 슬리퍼를 준 데 대해서 사람들에게 고마워한다. 그런데 생일 선물로 탄생을 받았으니, 누구에게든 감사하지 않을 수 있겠는가?

변명의 여지도 논쟁의 여지도 없는, 최초의 두 가지 감정이 있었다. 세계는 하나의 충격이었지만 단지 충격적이기만 한 것은 아니었다. 실존은 깜짝 놀랄 만한 일이었지만 그건 유쾌한 놀라움이었다. 사실 내가 본 최초의 장면들은 소년 시절부터 내 머릿속에 박힌 한 가지 수수께끼에 정확히 표현되어 있다. 그 수수께끼는 바로 이러하다. "최초의 개구리는 뭐라고 말했을까?" 정답은 "주님, 어떻게 나를 이렇게 폴짝 뛰도록 만드셨습니까!" 이 수수께끼는 내가 말하려는 바를 축약적으로 말해 준다. 하나님은 개구리를 폴짝 뛰도록 만드셨고, 개구리는 폴짝 뛰는 것을 좋아한다. 그러나 이런 문제들이 해결되면 요정 철학의 두 번째 위대한 원칙이 등장한다.

『그림 동화』나 앤드류 랭[12]의 이야기 선집을 단순히 읽어 보려는 사람은 누구나 그 원칙을 볼 수 있다. 현학적 즐거움을 위해 나는 그 원칙을 '조건부 기쁨의 교의'라고 부르겠다. 터치스톤[13]

12   앤드류 랭Andrew Lang, 1844-1912은 스코틀랜드의 시인, 소설가다. 동화를 비롯한 여러 민담을 두루 수집했다.

13   터치스톤Touchstone은 셰익스피어의 낭만 희극 「뜻대로 하세요」As you like it에 등장하는 어릿광대의 이름이다. 다른 인물에 대해 계속 코멘트를 덧붙이며 관객이 연극을 더 쉽고 재미있게 관람하도록 돕는 역할을 한다. 그리고 셰익스피어의 작품에 종종 등장하는 지혜로운 바보 역할을 겸한다.

은 '만약' 속에 있는 많은 미덕을 이야기했다. 요정의 윤리에 따르자면, 모든 미덕은 하나의 '만약' 속에 있다. 요정의 말은 늘 이런 식이다. "만약 '소'라는 말을 하지 않으면 황금과 사파이어로 된 궁전에서 살게 될 거야." 혹은 "만약 공주에게 양파를 보여 주지 않는다면 너는 그녀와 행복하게 살게 될 거야." 비전은 언제나 금지사항에 달려 있다. 아찔하고 거대한 것들이 용인되는 일은 단 하나, 사소한 금지에 달려 있다. 거세게 소용돌이치는 모든 것이 풀려나는 일은 단 하나, 금지된 것에 달려 있다. W. B. 예이츠[14]는 절묘하고 예리한 솜씨로 쓴 요정에 관한 시에서 요정들을 무법자로 묘사한다. 요정들은 굴레를 벗은 바람의 말을 타고서 순수한 무정부 상태로 뛰어든다.

> 헝클어진 조류의 물마루를 타고,
> 산 위에서 불꽃처럼 춤을 추런다.[15]

예이츠가 요정나라를 이해하지 못한다고 말하는 건 끔찍한 일이다. 하지만 나는 정말로 그렇다고 말하는 것이다. 그는 지적

14　윌리엄 버틀러 예이츠William Butler Yeats, 1865-1939는 아일랜드 출신의 시인, 극작가다. 아일랜드의 신화나 민담에서 발견한 초월적이고 신비적인 주제를 다루었다. 1923년 노벨문학상을 수상했으며, 20세기 현대 문학계에 지대한 영향을 끼친 인물로 평가된다.

15　예이츠의 희곡 「마음속 욕망의 땅」The Land of Heart's Desire에 나오는 대사의 한 대목이다. 해당 부분의 전문은 이러하다. "요정들아, 와서 나를 이 따분한 세상에서 데려가렴/나는 너와 함께 바람을 타고/헝클어진 조류의 물마루를 타고/산 위에서 불꽃처럼 춤을 추런다."

반동으로 가득 찬, 역설적인 아일랜드 사람이다. 요정나라를 이해하지 못할 만큼, 그가 그렇게 멍청하지는 않다. 요정들은 나 같은 시골뜨기 유형의 사람을 좋아한다. 입을 떡 벌리고서 활짝 웃고, 들은 대로 행하는 사람 말이다. 예이츠는 요정나라에다 자기 종족이 일으킨 모든 의로운 폭동의 의미를 부여한다. 그러나 아일랜드의 무법성은 이성과 정의에 토대를 둔 그리스도교적 무법성이다. 피니언 단원[16]은 자신이 너무나 잘 이해하는 무언가에 맞서 반란을 일으킨다. 하지만 요정나라의 참된 시민은 자신이 전혀 이해하지 못하는 무언가에 순종한다. 요정 이야기에서 불가해한 행복은 역시나 불가해한 한 가지 조건에 달려 있다. 상자를 열자 모든 불행이 풀려난다. 한마디 말을 깜빡 잊자 도시들이 멸망한다. 꽃을 꺾자 사람들이 목숨을 잃는다. 선악과를 먹자 하나님을 바라는 소망이 사라진다.

이것이 바로 요정 이야기의 논조인데, 그건 확실히 무법성과는 거리가 멀고 자유와도 전혀 가깝지 않다. 하지만 비열한 현대의 폭정 아래 있는 사람들은 폭정과 비교해서 그것을 자유라 할 수도 있겠다. 포틀랜드 감옥[17]에서 나온 사람들이 플리트 스트리

16   피니언Fenian은 영국의 아일랜드 통치를 종식시키고 아일랜드 공화국을 건설하기 위해 결성된 피니언 형제단과 아일랜드 공화주의 형제단의 구성원을 아울러 부르던 명칭이다. 피니언이라는 말은 영웅 핀 막 쿨Fionn mac Cumhaill과 그를 따르는 전사 피안Fiann 무리에 관한 아일랜드 신화를 가리키는 피니언 대계Fenian Cycle 에서 따온 것이다.

17   잉글랜드 남서부 포틀랜드섬Isle of Portland에 위치한 감옥으로, 포틀랜드 항구의 방파제 건설에 죄수들의 노동력을 동원하고자 1848년 문을 열었다. 노동 환경이 열악했던 탓에 공사 과정에서 많은 죄수가 죽었고, 이는 영국에서 형벌 제도 개혁이 일어나게 된 주요 계기가 되었다.

트[18]를 자유롭다고 생각하듯이 말이다. 하지만 면밀하게 들여다보면, 요정도 언론인도 하나같이 의무의 노예임이 밝혀진다. 요정 대모代母들은 여느 대모들과 같이 엄격해 보인다. 신데렐라는 이상한 나라에서 온 마차와 어디서 왔는지도 모를 마부를 받았고 자정까지 돌아와야 한다는, 브릭스턴[19]에서나 내려졌을 명령도 받았다. 신데렐라는 유리 구두도 받았는데, 유리가 민담에 흔히 등장하는 소재라는 건 우연일 리가 없다. 이 공주는 유리 성에 살고 저 공주는 유리 언덕에 산다. 거울로 만사를 들여다보는 공주도 있다. 돌을 던지지만 않는다면 이 공주들은 유리로 된 집에서 살 수도 있다. 반짝이는 얄따란 유리는, 행복이란 영롱하게 빛나지만 깨지기 쉽다는 사실을 나타낸다. 행복은 하녀나 고양이가 너무나 쉽게 깨어 버리는 바로 그 물질과 같다. 이런 요정 이야기의 감성은 내 안으로 가라앉아 온 세상을 향한 나의 감성을 빚어냈다. 나는 삶 자체가 다이아몬드처럼 밝게 빛나지만 창유리처럼 깨지기 쉽다고 느꼈고 지금도 그렇게 느끼고 있다. 그래서 누군가 하늘을 끔찍한 크리스털에 비유할 때면 몸서리나는 기억이 떠오른다. 나는 하나님이 우주를 떨어뜨려 깨트릴까 봐 몹시 겁이 났던 것이다.

하지만 깨질 수 있다는 것이 죽을 수 있다는 것과 같지는 않다는 점을 기억해야 한다. 유리잔을 치면 유리잔은 한순간도 견디지 못할 테지만, 치지 않고 그대로 두면 천 년도 견딜 것이다. 요

---

18 플리트 스트리트Fleet Street는 런던 중심부의 거리다. 과거에 여러 신문사가 자리
     하던 곳이어서 그 명칭으로 영국의 언론계를 지칭하기도 했다.
19 브릭스턴Brixton은 원래 런던 남부의 한 구역이지만 그곳에 있던 교도소의 별칭이
     기도 하다. 1820년에 설립된 이 교도소는 환경이 열악하기로 유명했다.

정통 Orthodoxy

정 나라에서나 이 세상에서나 인간의 기쁨도 바로 그러한 듯 보였다. 행복은 언제든 할 수 있으며 하지 말아야 할 이유가 분명치 않은 무언가를 하지 않는 데 달려 있었다. 여기서 요점은, 이 사실이 내게는 부당해 보이지 않았다는 것이다. 만약 방앗간 주인의 셋째 아들이 요정을 향해서 "내가 요정의 궁전에서 물구나무서기를 하면 안 되는 이유를 설명해 줘"라고 말한다면, 응당 이런 답이 돌아올 것이다. "글쎄, 그 전에 말이야, 네가 먼저 요정의 궁전을 설명해 보렴." 만약 신데렐라가 "내가 열두 시 이전에 무도회장을 떠나야 한다니, 무슨 영문이죠?"라고 묻는다면, 요정 대모는 이렇게 답할 것이다. "네가 열두 시까지 거기 남아 있으려는 건 무슨 영문이냐?" 내가 만일 말하는 코끼리 열 마리와 날개 달린 말 백 마리를 어떤 사람에게 남기겠노라고 유언한다 해도, 그 사람은 받은 선물이 좀 기이하다면서 불평할 수 없다. 그는 날개 달린 말의 입안을 들여다보아서는 안 된다. 마찬가지로 내게는 실존 자체가 너무나 기이한 유산이었고 제약이 있는 비전을 바로 이해할 수도 없었지만, 그래도 이해가 안 간다면서 불평할 수는 없었다. 액자가 그림보다 이상할 것도 없었다. 금지사항이 비전만큼 무모한 것도 당연하다. 그건 태양만큼이나 놀랍고, 물처럼 잡히지 않으며, 높이 솟은 나무들처럼 환상적이면서 끔찍할 수도 있다.

이러한 이유로 (이를 요정 대모의 철학이라 불러도 괜찮겠다) 나는 내가 살아가는 이 시대의 젊은이들이 일반적으로 품게 되는 소위 반항의 정서에 동조할 수 없었다. 다만 바라자면, 나는 사악한 규칙들에 대해서는 어느 규칙에나 저항했어야 했을 것이다. 이런 규칙들과 그 정의에 대해서는 다른 장에서 다루겠다. 하지만 그저 신비롭다는 이유로 어떠한 규칙에 저항할 마음이 들지는 않았다. 땅의 소유는 때로 막대기를 부러뜨리거나 후추 열매 하나를 지불하는 것 같은 바보 같은 형식들에 따라 이루졌다. 나 역시 그러한 봉건적인 환상에 따라 지상과 천상의 거대한 땅을 기꺼이 갖고자 했다. 하지만 이런 생각이 내가 땅을 보유하도록 허락받았다는 사실보다 더 터무니없지는 않았다. 이쯤에서, 내가 말하려는 바를 밝히고자 윤리적인 사례 한 가지를 제시하려 한다. 나는 일부일처제에 맞선 요즘 세대의 투덜거림에 절대 동조할 수 없었다. 그건 성^性에 관한 규제치고 성 자체보다 더 기묘하고 더 뜻밖으로 보이는 것이 전혀 눈에 띄지 않았기 때문이다. 엔디미온[20]처럼 달과 사랑을 나누는 것을 허락받고선 제우스가 자기 달들을 하렘에 붙들어 두었다고 불평하는 것은 (엔디미온 이야기와 같은 요정 이야기를 듣고 자란) 내게 저속한, 맥빠지는 반전으로 보인다. 한 여자만 고수하는 것은 한 여자를 보는 데 대한 작은 대가다. 한 번밖에 결혼할 수 없다고 불평하는 것이 내게는 한 번밖에 태어나지 못한다는 불평과 다를 바 없었다. 그런 불평은 그들이 떠들어 대는 엄청난 흥분과는 썩 어울리지도 않았다. 그런 불평에서 여실히 드러나는 것은 성에 대한 과장된 민감함이 아니라 성에 대한 유별난 둔감함이다. 에덴동산에 들어가되 다섯 개의 문으로 동시에 들어갈 수 없노라고 불평하는 사람은 바보다. 일부다처제는 성에 대

---

20   엔디미온Endymion은 그리스 신화에서 달의 여신 셀레네의 사랑을 받은 양치기 소년이다. 엔디미온의 아름다운 모습에 반한 셀레네는 그에게 영원한 젊음을 주도록 제우스에게 부탁했다. 제우스는 엔디미온을 영원히 잠들게 만들었고, 셀레네는 라트모스산에서 잠든 엔디미온을 밤마다 찾아갔다고 전해진다.

한 자각이 결핍된 상태다. 그건 마치 한 사람이 정신 나간 상태에서 다섯 알의 배를 따는 행위와 다름없다. 유미주의자들은 사랑스러운 것들에 대한 찬사를 늘어놓다가 미쳐 버린 언어의 한계에 이르고 말았다. 엉겅퀴의 갓털이 그들을 홀쩍이게 했고, 반질반질한 딱정벌레가 그들을 무릎 꿇게 했다. 하지만 바로 이러한 이유에서, 그들의 감정은 한순간도 내게 깊은 인상을 남기지 못했다. 어떤 상징적인 희생으로라도 즐거움의 대가를 치르려는 일 같은 건 그들에게 절대 일어나지 않았다. (내가 느끼기에) 사람들은 지빠귀의 노랫소리를 들으려고 40일 동안 단식할 수도 있다. 사람들은 구륜초를 찾으러 불길을 통과할 수도 있다. 하지만 아름다움을 이토록 사랑하는 그 사람들은 지빠귀를 위해 맑은 정신을 유지할 수조차 없었다. 그들은 구륜초에 대한 보답이라며 흔한 그리스도교 혼인식을 치르려고도 하지 않았다. 확실히 사람은 평범한 도덕을 희생하여 특별한 기쁨에 대한 대가를 치를 수 있다. 오스카 와일드[21]는 일몰이 소중히 여겨지지 않는 것은 우리가 일몰에 값을 치를 수 없기 때문이라고 말했다. 하지만 그는 틀렸다. 우리는 일몰의 값을 치를 수 있다. 우리는 오스카 와일드가 되지 않음으로써 그 값을 치를 수 있다.

나는 요정 이야기들을 유아원 바닥에 버려둔 채 떠났고, 그

---

21 오스카 와일드Oscar Wilde, 1854-1900는 아일랜드 출신의 극작가, 소설가, 시인으로 다양한 형식의 희곡을 써서 1880년대에 가장 인기 있는 극작가의 반열에 올랐으며 '예술을 위한 예술'을 주장하는 유미주의의 대변자로서 명성을 얻었다. 빅토리아 시대의 억압적 분위기에 도전하는 작품들로 크게 성공을 거두었지만, 1895년 외설 혐의(당시 불법이었던 동성애 혐의)로 유죄 판결을 받고 수감 생활을 한 뒤 46세의 나이로 파리에서 사망했다.

뒤로 그만큼 분별 있는 책들을 만나지 못했다. 나는 전통과 민주주의의 수호자인 보모를 떠났고, 그 뒤로 그만큼 제정신으로 급진적이거나 제정신으로 보수적인 현대 인물을 만나지 못했다. 그런데 중요하게 언급할 만한 문제가 바로 여기에 있었다. 내가 처음 밖으로 나가 현대 세계의 정신적 대기 속으로 들어섰을 때, 나는 현대 세계가 두 가지 점에서 나의 보모와 유아원 이야기들에 극명히 반한다는 걸 깨달았다. 내 보모가 옳았고 현대 세계가 틀렸다는 걸 깨닫기까지는 꽤 오랜 시간이 걸렸다. 그런데 정말 기이한 것은 이것이었다. 즉, 현대의 사고가 내 소년기의 기본 신조를 비롯해 두 가지 본질적 교의에 충돌한다는 사실 말이다. 앞에서 나는 요정 이야기들이 내 안에 두 가지 확신을 심어 주었다고 설명했다. 첫째, 이 세계는 거칠고 놀라운 장소라는 확신이 그러하다. 세계는 무척이나 다른 모습일 수도 있었지만, 지금으로선 무척이나 즐거운 곳이다. 둘째, 이 거칠고 즐거운 세상 앞에서 사람은 얌전해져서 그토록 기묘한 친절한 세상의 가장 기묘한 제약들에 굴복하는 것도 당연하다는 확신이 그러하다. 그러나 나는 현대 세계 전체가 나의 이 두 애정 어린 확신을 모두 거슬러 만조의 물살처럼 흘러가고 있음을 발견했다. 그리고 이 충돌의 결과로 나는 갑작스럽고 즉흥적인 두 가지 소견을 품게 되었으며, 이후로 내가 줄곧 간직해 온 이 소견들은 날것 그대로 정제되지 않은 채 확신으로 굳어졌다.

첫째로, 나는 현대 세계 전체가 과학적 숙명론을 이야기하고 있음을 발견했다. 만물은 늘 그래왔던 대로이며 시초부터 아무런 결함 없이 전개되고 있다는 생각 말이다. 말하자면 나뭇잎이 초록색인 것은 다른 색일 수가 없기 때문이라는 것이다. 그런데 요정 이야기에 등장하는 철학자가 나뭇잎이 초록색인 것을 보고 기뻐하는 까닭은 나뭇잎이 붉은색이었을지도 모르기 때문이다. 그는 마치 자기가 바라보기 직전에 나뭇잎이 한순간 초록색으로 변한 듯이 느낀다. 눈송이가 흰 것을 보고서 그가 즐거워하는 까닭은 눈송이가 검었을 수도 있다는 더없이 합리적인 근거 때문이다. 모든 색은 그 안에 선택이라는 과감한 속성을 지니고 있다. 정원에 핀 장미의 붉은색은 그저 선명하기만 한 것이 아니라 갑자기 쏟은 피처럼 극적이기도 하다. 그래서 요정나라의 철학자는 어떤 일이 일어났다고 느낀다. 하지만 19세기의 위대한 결정론자들은 어떤 일이 막 일어났다고 하는 이 자연스러운 느낌에 극렬히 반대했다. 이들의 말을 따르자면, 세계의 시초 이후에 아무 일도 일어나지 않았다. 존재가 발생한 이래로 그 무엇도 발생하지 않았다. 하지만 이 결정론자들은 세계가 시작된 그 날짜조차 확정하지 못했다.

내가 목격한 현대 세계는 현대적 칼뱅주의를, 사물이 지금 있는 그대로 존재할 수밖에 없는 필연성을 확고히 지지한다. 그러나 내가 이 결정론자들에게 물어보았을 때, 사물이 반복된다는 사실을 제외하고 사물에 내재된 피할 수 없는 반복에 관한 증거를 그들이 전혀 갖고 있지 않다는 걸 알게 되었다. 이 순전한 반복으로 인해, 오히려 내게 사물이란 더 합리적인 것이 아니라 더 기이한 것이 되었다. 그건 마치 거리에서 기묘하게 생긴 코를 보고서 이를 우연으로 일축해 버렸다가, 그 코와 똑같이 생긴 놀라운 형태의 코 여섯 개를 더 보게 되는 것과 같았다. 그랬다면 나는 잠시 어떤 지역적인 비밀조직이 있는 게 분명하다고 상상했을 것이다. 그러니까 코끼리 한 마리가 긴 코를 가졌다는 건 특이한 일이었지만, 모든 코끼리가 긴 코를 가졌다는 건 하나의 음모처럼 보였다. 나는 지금 단지 하나의 감정에 대해 이야기하고 있다. 완강하면서도 미묘한 하나의 감정 말이다. 자연에서 일어나는 반복은 같은 말을 하고 또 하는 성난 교사의 경우처럼, 흥분된 반복으로 보였다. 잔디는 모든 손가락을 동시에 움직여 내게 신호를 보내는 듯했다. 우글거리는 별들은 이해받기 위해 애쓰는 듯했다. 만약 태양이 천 번 떠오른다면 내게 태양이 보일 것이다. 우주의 반복 재생은 사람을 미치게 하는 주문의 리듬에 맞추어 일어났고, 내게 하나의 관념이 보이기 시작했다.

우뚝 솟아 현대의 정신을 지배하는 유물론은 궁극적으로 한 가지 거짓 추정에 의존한다. 만약 어떤 것이 똑같이 반복된다면 그건 시계태엽 장치처럼 죽은 것일 가능성이 크다는 생각 말이다. 사람들은 우주가 인격적인 것이라면 변화하리라고 여긴다. 만약 태양이 살아 있다면 춤을 출 거라는 이야기다. 하지만 이미 널리 알려진 사실과 비교해 보아도 이런 생각은 오류에 지나지 않는다. 인간사에서 변화란 일반적으로 삶이 아니라 죽음에 의해서 일어난다. 힘이나 욕망이 서서히 줄어들거나 갑자기 꺾임으로써 변화가 일어난다. 사람은 실패나 권태의 사소한 요소 때문에 자신의 움직임을 바꾼다. 걷는 데 지쳐서 버스에 오르기도 하고, 가만히 앉아 있는 게 지겨워서 걷기도 한다. 생기와 기쁨이 넘쳐나서 이즐링턴[22]에 가도 가도 절대 질리지 않는 사람이라면 템스강이 시어네스[23]로 흘러가듯이 변함없이 규칙적으로 이즐링턴을 방문할 것이다. 다만 그의 삶의 속도와 희열에는 죽음의 정적靜寂이 있을 것이다. 태양은 매일 아침 떠오른다. 나는 날마다 아침에 일어나지는 않는다. 하지만 변화는 나의 활동 때문이 아니라 나의 비非활동 때문에 일어난다. 흔히 하는 말로 하자면, 태양은 떠오르는 일에 지치는 법이 없기에 규칙적으로 떠오른다는 게 맞을 것이다. 틀에 박힌 태양의 일상은 생명이 없어서가 아니라 생명이 넘치기 때문일 것이다. 내가 말하려는 건, 이를테면 특별히 즐기는 놀이나 장난을 찾아낸 어린아이들에게서 볼 수 있다. 아이가 율동처럼 발을 차대는 것은 생명이 없어서가 아니라 생명이 넘치기 때문이다. 아이들은 활기 넘치고, 영적으로 맹렬하고 또 자유롭기에 반복되고 변하지 않는 것들을 원한다. 아이들은 늘 "또 해주세요"라고 말한다. 그러면 다 자란 어른들은 그걸 다시 해주느라 거의 죽을 지경에 이른다. 어른들은 단조로움 속에서 기뻐 뛸 만큼 충분히 강하지 못하기 때문이다. 하지만 하나님은 단조로움 속에서 기뻐 뛸 만큼 충분히 강하신 분이다. 하나님은 매일 아침 태양을 향해 또 그렇게 해달라고 말씀하시고 저녁마다 달을 향해 또 그렇게 해달라고 말씀하실 수 있다. 모든 데이지꽃을 비슷한 모양으로 만드는 건 자동적인 필연성이 아닐지 모른다. 그건 하나님이 데이지꽃을 한 송이씩 빚어내시면서도 절대 지치시는 법이 없기 때문일 것이다. 하나님은 영구적인 유아기의 욕구를 지니신 것 같다. 우리는 죄를 짓고 나이가 들지만, 우리의 아버지 하나님은 우리보

---

22 이즐링턴Islington은 북부 런던의 한 구역이다. 18세기 이후에는 런던 시민들의 소풍지로 발전했고 19세기부터는 술집과 극장이 늘어선 유흥가로 변화했다.

23 시어네스Sheerness는 템스강 어귀 지역이다.

다 더 젊으시다. 자연의 반복은 단순한 재발이 아닐 것이다. 그건 앙코르 공연과 같다. 하늘나라는 알을 낳은 새에게 앙코르를 요청한다. 사람이 잉태하여 물고기나 박쥐 혹은 그리핀을 낳지 않고 사람 아기를 낳는 이유는 생명이나 목적 따위 없는 동물의 숙명에 얽매인 탓은 아닐 것이다. 우리의 작은 비극에 감동한 신들이 별빛 회랑에 앉아 감탄하며 바라보다가, 하나의 인간 드라마가 끝날 때마다 앙코르를 외쳐 사람들을 커튼 앞으로 거듭 불러내기 때문일 것이다. 반복은 순전히 선택에 의해 수백만 년 동안 계속될 수도 있고 어느 한순간에 멈출 수도 있다. 인간은 세대를 이어가며 지상에 서 있을 테지만, 각 사람의 출생은 인간의 마지막 출현이 될지도 모른다.

　　이것이 바로 나의 첫 번째 확신이었다. 이 확신은 나의 어린 아이 같은 감정들이 살아오는 동안 현대의 신조와 만나면서 일으킨 충격으로 만들어졌다. 언제나 나는 실제 사실들이 경이롭다는 점에서 기적과 같다고 어렴풋이 느끼곤 했다. 그리고 이제는 실제 사실들이 의도적인 것이라는 더 엄밀한 의미에서 기적이라고 생각한다. 그러니까 실제 사실들이 어떤 의지의 반복된 실현이었거나 혹은 실현일지도 모른다는 말이다. 한마디로 정리하면, 나는 늘 세계가 마법과 관련되어 있다고 믿어 왔다. 이 세상에 한 마법사가 관련되어 있다고 생각했다는 뜻이다. 그리고 이런 생각은 늘 현존하며 무의식적인 심오한 하나의 감정을 가리켰다. 우리의 이 세계에는 어떤 목적이 있다는 것, 그리고 목적이 있다면 인격도 있기 마련이라는 것이다. 언제나 나는 삶을 무엇보다도 하나의 이야기라고 느꼈다. 이야기가 있다면 이야기꾼도 있기 마련이다.

그런데 현대의 사고는 나의 두 번째 인간적 전통과도 부딪쳤다. 현대의 사고는 엄격한 제약과 조건에 관한 요정의 느낌과 어긋났다. 현대의 사고는 확장성과 광대함을 즐겨 이야기해 왔다. 누군가 허버트 스펜서[24]를 가리켜 제국주의자라고 불렀다면 그는 버럭 화를 냈을 텐데, 아무도 그를 그렇게 부르지 않았다는 게 무척 유감스럽다. 다만 그는 가장 낮은 유형의 제국주의자였다. 그는 태양계의 크기가 인간의 영적 교의를 압도해야 한다는 경멸스러운 생각을 대중화했다. 그러나 어째서 한 인간이 자신의 존엄성을 고래보다도 태양계에 굴복시켜야 하는가? 만약 순전히 크기 때문에 인간이 하나님의 모상模像이 아니라는 것이 입증된다면 고래야말로 하나님의 모상일 것이다. 어쨌든 그건 형체 없는 모상이며 인상주의 초상화라 부를 만하다. 우주에 비해 사람이 작다고 주장하는 건 정말 쓸데없는 일이다. 사람은 가장 가까이 있는 나무에 비교해도 늘 작았으니 말이다. 하지만 허버트 스펜서는 자신의 성급한 제국주의 속에서, 우리가 어떤 면에서 천문학적 우주에 의해 정복되고 복속되었다고 주장했다. 마치 가장 무례한 연합주의자[25]가 아일랜드 사람들과 그들의 이상들을 이야기하는 듯이, 스펜서는 사람들과 그들의 이상들을 말했다. 그는 인류를 하나의 작은 민족으로 만들었다. 그가 뻗친 나쁜 영향력은 후대의

---

24   허버트 스펜서Herbert Spencer, 1820-1903는 영국의 사회학자, 철학자다. 인문·사회학
      분야는 물론 자연과학, 특히 생물학과 진화론에 관심이 많았던 그는 종합적인 사
      회학 체계를 구성했으며 사회적 진화론을 창시했다.
25   연합주의자Unionist란 잉글랜드, 웨일스, 스코틀랜드, (북)아일랜드로 구성된 연합
      왕국을 그대로 유지할 것을 지지하는 사람을 가리킨다.

과학 저술가들 가운데 가장 기상 넘치고 명예로운 인물에게서 볼 수 있다. 바로 H. G. 웰스의 초기 소설들에서 스펜서의 영향이 현저하게 드러난다. 많은 도덕주의자가 과장된 방식을 써서 지상 세계를 사악한 곳으로 재현해 왔다. 그러나 웰스와 그의 무리는 천상 세계를 사악하게 만들었다. 우리는 두 눈을 들어 우리의 파멸을 가져올 저 별들을 바라보아야 한다.

그런데 내가 말하는 확장이란 이 모두보다 훨씬 더 악한 것이었다. 나는 광인과 마찬가지로 유물론자 역시 감옥에 갇혀 있다고 말했다. '한 가지 생각'이라는 감옥 말이다. 이 사람들은 감옥이 아주 넓다고 계속 말하는 게 유달리 고무적이라고 생각하는 듯했다. 하지만 과학에서 말하는 우주의 크기는 어떠한 참신함도, 어떠한 안도감도 주지 못했다. 우주는 영원히 계속되었지만, 가장 맹렬한 별자리에도 흥미로운 것이 전혀 없을 수 있다. 이를테면 용서라든가 자유의지 같은 것 말이다. 우주의 비밀이 지닌 장엄함이나 무한성은 여기에 아무것도 더하지 못했다. 그건 마치 레딩 교도소에 갇힌 수인에게 그 교도소가 이제 나라의 절반을 덮을 만큼 커졌다는 이야기를 들으니 참 기쁘겠다고 말하는 것이나 다름없다. 간수는 그 수인에게 안 그래도 섬뜩하게 불빛만 빛나고 인간적인 구석이라곤 전혀 없는 돌로 된 복도가 더욱더 길어졌다는 점 말고는 보여 줄 게 없을 것이다. 마찬가지로 이 우주의 확장자들은 섬뜩하게 항성들만 빛나고 신적인 것이라곤 전혀 없는 저 우주의 복도들이 더욱더 무한해졌다는 점 말고는 우리에게 보여 줄 게 없다.

요정나라에는 진짜 법칙이 하나 있었다. 그것은 깨질 수도 있는 법칙이었다. 법칙이란 그 정의 자체가 깨질 수도 있는 무언가이니 말이다. 그런데 이 우주적 감옥이라는 장치는 깨질 수 없는 무언가였다. 우리 자신이 단지 그 장치의 부품이었으니 말이다. 우리는 어떤 일들을 할 수 없거나 혹은 어떤 일들을 하도록 예정되어 있거나 둘 중 하나였다. 신비적 상황이라는 관념은 완전히 사라졌다. 사람은 단호하게 법칙을 지킬 수도 없고 재미있게 법칙을 깰 수도 없다. 이 광대한 우주에는 우리가 시인의 우주에서 찬양했던 그런 신선함이 전혀 없었다. 이 현대의 우주는 문자 그대로 하나의 제국이다. 즉, 광대했지만 자유롭지는 않다. 사람들은 계속해서 창문 없는 더 큰 방들로 들어갔다. 바빌로니아를 조망하는 커다란 방들이었지만 거기서는 아주 조그만 창문도, 한 줄기 바깥 공기조차도 절대 찾을 수 없었다.

그 방들의 지옥 같은 평행선들은 더 멀어지며 확장하는 듯 보였다. 하지만 내가 판단하기에 모든 좋은 것은 한 점으로 모인다. 이를테면 칼날이 칼끝으로 모이듯이 말이다. 큰 우주를 자랑하는 것이 내 성에 차지 않는다는 걸 깨닫고 나는 큰 우주에 대해 약간의 논쟁을 벌이기 시작했다. 그리고 그런 태도 전체가 예상보다 훨씬 더 얄팍하다는 것을 알게 되었다. 이런 사람들에 따르면, 우주는 깨지지 않은 법칙을 지녔기에 단일한 것이었다. 우주는 단일한 동시에 유일한 존재(라고 그들은 말할 것이)다. 그렇다면 어째서 우주를 크다고 부르려고 그렇게 전전긍긍해야 하는 것일까? 우주와 비교할 만한 건 아무것도 없는데 말이다. 한편으로 우주를 작다고 부르는 것도 그만큼 분별 있는 말이 된다. 어떤 사람은 이렇게 말할 것이다. "나는 별도 무수히 많고 다양한 피조물이 북적

대는 이 광대한 우주를 좋아해." 하지만 이와 관련하여, 왜 이렇게 말해서는 안 되겠는가? "나는 별들이 적당히 있고 내가 보고 싶은 만큼만 가축들이 있는 이 작고 아늑한 우주를 좋아해." 앞의 말만큼 뒤의 말도 좋다. 이 둘은 모두 순전한 감상이다. 태양이 지구보다 크다고 즐거워하는 것도, 또한 태양이 태양만 하기 때문에 즐겁다는 것도 모두 분별 있는 감상이다. 한 사람이 세상의 광대함에 대해 하나의 감정을 품기로 결정하는데, 세상의 미소함에 대해 하나의 감정을 품기로 결정해서는 왜 안 되겠는가?

나도 어쩌다 그런 감정을 품게 되었다. 사람이 무언가를 좋아할 때는 그것이 코끼리나 근위병이라 할지라도 축소형[26]으로 부르기 마련이다. 아무리 커다란 것이라도 완전한 전체로 인식할 수 있는 것은 또한 작게도 인식할 수 있기 때문이다. 군대식 콧수염이 근위병의 검劍을 암시하지 않는다면, 또 상아가 코끼리의 꼬리를 암시하지 않는다면 근위병이나 코끼리라는 그 대상은 측정이 불가능하므로 광대해질 것이다.[27] 하지만 우리가 근위병을 상상할 수 있다면 작은 근위병도 상상할 수 있다. 그리고 정말로 코끼리를 보면서 "참 조그맣네" 하고 말할 수도 있다. 어떤 대상의 조각상을 만들 수 있다면 그것을 축소한 조각상을 만들 수 있듯이 말이다. 이 사람들은 우주가 응집된 하나의 사물이라고 공언했

26 여기서 축소형diminutive이란 영어에서 명사에 '-ette' 등 지소사를 붙여 일반적으로 더 작은 것을 의미하거나(예를 들어 부엌kitchen → 소형 부엌kitchenette), 친한 사이에 이름을 줄여서 약칭으로 부르는 것(예를 들어 토머스Thomas → 톰Tom)을 가리킨다.

27 체스터턴은 여기서 역설과 언어유희를 구사한다. 아무리 작은 것이라도 하나의 전체로 인식되지 못하면 그것은 측정 불가능한 것이 된다는 말인데, 실제로 '측정 불가능하다'라는 뜻의 영단어immeasurable에는 '무한으로 크다'라는 의미도 있다.

지만 우주를 좋아하지는 않았다. 하지만 나는 몹시도 우주를 좋아했고, 그래서 우주를 축소형으로 부르기를 원했으며 실제로 그렇게 한 적도 많은데, 우주가 그걸 꺼리는 것 같지도 않았다. 실제로 그리고 참으로, 나는 세상을 크게 부르기보다는 작게 부름으로써 생명력에 관한 이 흐릿한 교의들이 더 잘 표현된다고 느꼈다. 다만 무한성에 대해서는 일종의 부주의가 있었는데, 이 부주의는 내가 삶의 소중함과 위험성에 가 닿는다고 느낀 격렬하고도 경건한 주의와 정반대되는 것이었다. 그들은 오직 음울한 낭비만을 보여 주었지만, 나는 일종의 성스러운 검약을 느꼈다. 절약이 사치보다 훨씬 더 낭만적인 것이니 말이다. 그들에게 별이란 끊임없는 반 페니짜리 수입에 지나지 않았지만, 금빛 해와 은빛 달을 보면서 나는 마치 1파운드짜리 금화와 1실링짜리 동전을 갖게 된 어린 학생이 된 듯했다.

이 무의식적 확신들은 어떤 이야기들의 색채와 어조에 의해 가장 잘 표현된다. 그래서 나는, 삶이 단지 기쁨일 뿐 아니라 일종의 기이한 특권이라는 통찰을 표현할 수 있는 건 마법 이야기들 뿐이라고 말했던 것이다. 우주적 아늑함이라는 이 느낌은 어린아이들이 늘 읽는 또 한 권의 책으로 전할 수 있는데, 그 책은 바로 『로빈슨 크루소』[28]다. 이번에 다시 읽어 보니, 이 책의 영원한 생

28 『로빈슨 크루소』*Robinson Crusoe*, 1719는 영국의 작가 대니얼 디포Danial Defoe가 쓴 장편 소설이다. 요크 태생의 뱃사람 로빈슨 크루소가 조난을 당해 무인도에 표류하여 28년 동안 홀로 살아가다 구출된 이야기를 담고 있다. 출간 당시 선풍적인 인기를 끌었고, 후대 소설가들이 비슷한 모티프로 작품을 써서 모험 소설이라는 하나의 장르를 형성하는 데 결정적인 영향을 끼쳤다. 무인도에서 혼자 살아가는 로빈슨 크루소를 보면서 막스 베버Max Weber와 카를 마르크스Karl Marx는 노동을

명력은 바로 제약의 시詩를 찬양하고 있다는 사실, 아니 검약의 거친 낭만까지도 찬양한다는 사실에서 비롯한다는 것을 발견했다. 작은 바위섬에서 살게 된 로빈슨 크루소에게는 바다에서 낚아챈 몇 가지 도구만 있을 뿐이다. 이 책에서 가장 훌륭한 부분은 난파선에서 건진 물건들의 목록을 열거하는 대목이다. 시 가운데 가장 훌륭한 시가 바로 이 물품 목록이다. 모든 요리 도구는 로빈슨 크루소가 바다에 빠뜨렸을 수도 있었다는 점에서 더없이 이상적인 도구가 된다. 하루를 지내면서 공허하거나 불쾌한 느낌이 찾아올 때 석탄 통이든 책꽂이든 아무것이나 들여다보면서, 가라앉은 배에서 이걸 건져 내 외로운 무인도에 가져올 수 있었으니 참 다행이라고 생각한다는 건 좋은 훈련이다. 그러나 모든 것이 실제로 어떻게 이 아슬아슬한 위기를 모면했는지를 떠올리는 건 더 좋은 훈련이다. 실로 세상의 모든 것은 난파선으로부터 건져 낸 것이다. 모든 사람은 숨겨진 조산아가 될 뻔하거나, 빛을 전혀 보지 못한 유아가 될 뻔하는 무시무시한 모험을 한 번씩 겪었다. 내가 어린아이였을 때는 사람들이 재능을 발휘하지 못했거나 망해 버린 천재들에 대해 많이 이야기했다. 그리고 뭇사람을 가리켜 '훌륭한 인물이 되었을지도 모를 사람'이라고 말하곤 했다. 하지만 내가 보기엔 거리에 있는 사람들 누구나가 '훌륭한 인물이 되지 못했을지도 모를 사람'이라는 게 훨씬 더 확고하고 놀라운 사실이다.

(이런 공상이 어리석어 보일지 모르겠지만) 나는 정말로 사물의

통해 가치를 창출하고 그리하여 자신의 세계를 만들어 내는 자본주의적 인간을 서로 다른 입장에서 읽어 냈다. 다만 체스터턴은 이들과는 전혀 다른 의미에서 로빈슨 크루소를 해석하고 있다.

모든 질서와 숫자가 크루소의 배에 남겨진 낭만적인 잔여물처럼 느껴졌다. 두 개의 성恒과 하나의 태양이 있다는 게 두 자루의 총과 하나의 도끼가 있었다는 사실과 다를 바 없이 느껴졌다. 어느 하나라도 잃어서는 안 된다는 건 통렬하게 절박했다. 그러나 어떻게 해서도 무엇 하나를 더할 수 없다는 건 오히려 재미있었다. 나무와 행성은 난파선에서 구해 낸 것인 듯 보였다. 나는 마터호른 산을 보고서 그 산을 다른 것과 혼동하여 못 보고 넘어가지 않았다는 사실에 기뻤다. 나는 별들을 보고 그 별들이 마치 사파이어라도 되는 듯이 (밀턴의 에덴동산에서는 그렇게 불린다) 경제적인 느낌이 들었고, 그래서 언덕을 이루도록 쌓아 두었다. 우주는 단 하나의 보석이다. 한 점의 보석을 두고서 비할 데 없고 값을 매길 수도 없노라고 이야기하는 건 자연스러운 위선이라 할 테지만, 우주라는 보석에 대해 그렇게 말하는 건 문자 그대로 참이다. 우주는 정말로 비할 데가 없으며 값을 매길 수 없기 때문이다. 또 하나의 우주란 있을 수 없다.

말로 표현할 수 없는 것들을 말로 표현하려는 시도는 어쩔 수 없이 적절치 못하게 끝을 맺는다. 말로 표현할 수 없는 이것들이야말로 삶을 향한 나의 궁극적 태도이며 교의의 씨앗들을 위한 토양이다. 어렴풋이나마 글로 옮기기 전에 나는 이것들을 생각했고, 생각하기 전에 먼저 느꼈다. 이후의 논의를 더 쉽게 진행하기 위해서, 대강이나마 간추려 요점을 말해 보려 한다. 내가 뼛속 깊이 느꼈던 것들은 이러하다. 첫째, 이 세계는 그 자체로 설명되지 않는다. 이 세계는 초자연적으로 설명될 수 있는 기적일 수도 있고 자연적으로 설명되는 속임수 마술일 수 있다. 그러나 마술에 대한 설명이 나를 만족시키려면, 내가 지금껏 들어 본 자연적 설명들보다는 더 훌륭해야 할 것이다. 참이든 거짓이든 세계는 마법이다. 둘째, 나는 마법에는 틀림없이 의미가 있고, 의미가 있다면 그것을 의도하는 누군가가 분명히 있다고 느끼게 되었다. 예술 작품에서 그러하듯이 세계에는 무언가 인격적인 존재가 있다. 그 인격적 존재가 무엇을 의도했든 그 존재는 격렬하게 의도했다. 셋째, 나는 이러한 목적이 마치 용이 그러하듯이 그 나름의 결점들이 있긴 하지만, 그 본래 기획 속에서는 아름다웠으리라고 생각했다. 넷째, 그러한 기획에 감사를 표하는 적절한 형식은 겸손과 제약이다. 우리는 맥주와 부르고뉴 와인을 과음하지 않음으로써 그것을 우리에게 주신 하나님께 감사드려야 한다. 우리는 우리를 만든 존재가 어떠하든 그 존재에게 순종해야 했다. 마지막으로 그리고 가장 이상하게도, 어떤 모호하고도 광대한 인상이 내게 떠올랐다. 어떤 면에서 완전한 선▦이란 태고의 폐허에서 건져 내 성스럽게 간직해야 할 잔여물이라는 것이다. 크루소가 난파선에서 물품을 건져 냈듯이 인간은 자신의 선▦을 건져 냈다.[29] 나는 이 모든 것을 느꼈지만, 이 시대가 그것을 느끼도록 나를 격려한 것은 아니었다. 그리고 그동안에도 나는 그리스도교 신학에 대해서는 생각조차 하지 않았었다.

---

29 체스터턴은 여기서도 언어유희를 구사한다. 영어 단어 'good'은 명사로서 추상적인 '선▦'이나 가치 있는 것 일반을 나타내는데, 복수 형태인 'goods'라는 단어는 효용이 있는 것이라는 의미에서 '물품', '상품', '가재도구' 등의 뜻으로 쓰인다. 체스터턴은 로빈슨 크루소에게 실제적으로 효용이 된 물건들이 난파선에서 겨우 건져 낸 것들이었듯이, 인간에게 일반적으로 좋은 것이란 그렇게 제약된 상황에서 남겨지고 주어진 것임을 말하고 있다.

05

세계의
깃발

내가 어린아이였을 때 바쁘게 돌아다니던 신기한 두 사람이 있었는데 이들은 제각기 낙관론자와 비관론자라고 불렸다. 나는 두 단어를 부단히 사용했지만, 기꺼이 고백하건대 그 의미에 대해서는 별다른 생각이 없었다. 분명하다 할 만한 것이 있다면, 두 단어는 일컫는 바를 뜻할 수 없다는 점뿐이었다. 평범한 단어 풀이로는 '낙관론자란 세상을 가능한 한 좋은 것으로 생각하는 사람이고, 비관론자란 세상을 가능한 한 나쁜 것으로 생각하는 사람'이라는 것이었다. 그러나 이런 설명은 그저 허튼소리가 분명했기에 다른 설명을 찾아봐야 했다. 낙관론자란 '모든 것이 옳으며 틀린 것은 전혀 없다고 생각하는 사람'이란 뜻일 수는 없다. 여기엔 아무런 의미도 없기 때문이다. 그건 모든 것이 옳고 그 밖에 남은 것은 전혀 없다고 말하는 것과 같다. 전체적으로 보아 나는 이러한 결론에 이르렀다. 낙관론자란 비관론자를 제외한 전부를 좋다고 생각하는 사람이다. 그리고 비관론자란 자기 자신을 제외한 전부를 나쁘다고 생각하는 사람이다. 그런데 여기서, 한 어린 소녀가 내렸던 기이하지만 암시적인 정의를 빼먹는 건 공정하지 못한 처사일 터이다. "낙관론자는 당신의 눈을 살피는 사람이고, 비관론자는 당신의 발을 살피는 사람이다." 나는 이것이야말로 가장 훌륭한 정의라고 확신해 마지않는다. 이 정의 안에는 일종의 알레고리 같은 진실까지 담겨 있다. 어쩌면 우리가 순간순간 땅에 접촉한다는 사실만 생각하는 더 음울한 사람과, 앞을 내다보고 길을 선택할 수 있는 우리의 기본 능력을 생각하는 더 행복한 사람 사이에 그어지는 유익한 구분도 있을 것이다.

하지만 이것은 낙관론자와 비관론자 사이의 양자택일에서 빚어진 심각한 실수다. 이런 양자택일을 상정하는 것은 마치 집을 고르러 다니거나 아파트의 새 스위트룸을 안내받아 살펴보듯이 세상을 비판하는 것과 같다. 만약 사람이 어떤 다른 세계에서 모든 능력을 완전히 갖추고서 이 세계에 온 것이라면, 한여름의 숲이 있다는 이점이 미친개들이 있다는 단점을 보상해 주는가를 따져 본다거나 숙소를 보러 가서 바다 전망이 없는 대신 방에 전화기가 있다는 조건을 저울질하듯이 이 세계에 대해 논할 수도 있겠다. 하지만 그러한 위치에 있는 사람은 없다. 사람은 이 세계에 속하는 게 좋은지 어떤지를 묻기도 전에 이미 이 세계에 속해 있다. 사람은 이 세계의 군대에 입대하기도 전에 이 세계의 깃발을 위해 싸웠으며 때로는 영웅적인 승리를 거두었다. 근본적인 문제로 보이는 것을 간단히 말하자면, 사람은 이 세계에 감탄하기 전에 이미 충성하고 있다.

지난 장에서는 이 세계가 낯설고도 매력적이라는 근본적인 느낌이 요정 이야기에 가장 잘 표현되어 있다고 이야기했다. 독자 여러분은 그다음 단계를 두고서, 한 소년의 역사에서 흔히 요정 이야기 다음에 오는 그 호전적이고 저돌적이기까지 한 문학 덕분이라 해도 무방할 터이다. 우리 모두는 건전한 도덕성의 대부분을 서푼짜리 통속 소설들에 빚지고 있다. 이유가 무엇이든, 내게는 삶을 향한 우리의 태도가 비판이나 인정보다는 일종의 군사적 충성이라는 맥락에서 더 잘 표현될 수 있어 보였고 여전히 그래 보인다. 내가 이 우주를 받아들인다고 해서 이를 낙관론이라 할 수는 없다. 그것은 애국심[1]에 더 가깝다. 기본적인 충정에 관한 사안이다. 상태가 안 좋은 브라이턴의 하숙집은 떠나면 그만이지만 세계란 그런 하숙집이 아니다. 세계는 그 탑 위에 가문의 깃발이 펄럭이고 있는, 우리 집안의 성채다. 이 세계가 형편없는 곳일수록 우리는 이 세계를 떠나지 말아야 한다. 요점은 이 세계가 사랑하기에는 너무나 슬픈 곳이라거나 사랑하지 않기에는 너무나 기쁜 곳이라는 게 아니다. 요점은, 바로 무언가를 정말로 사랑할 때 느끼는 기쁨은 당연히 그것을 사랑하는 이유가 되며, 슬픔은 그것을 더욱 사랑하는 이유가 된다는 것이다. 잉글랜드에 관한 낙관론과 비관론은 모두 똑같이 잉글랜드를 사랑하는 애국심의 이유가 된

---

1   보통 애국심이라고 번역되는 'patriotism'은 아버지를 나타내는 그리스어 'patér'에서 유래한 말로, 국가에 대한 충성만을 의미하는 것이 아니라 자신이 태어나고 자란 고장이나 환경은 물론 그 안에서 함께 살아가는 사람들에 대한 애정을 뜻하기도 한다. 체스터턴은 이러한 맥락에서 이 단어를 사용하고 있다.

다. 마찬가지로 낙관론과 비관론은 모두 똑같이 우주를 사랑하는 애국심을 뒷받침하는 근거다.

우리가 아주 가망 없는 어떤 것, 이를테면 핌리코²와 마주한 상황이라고 가정해 보자. 핌리코에 정말로 가장 좋은 게 무언지를 생각한다면 그 생각의 가닥이 권좌에 이르거나, 혹은 신비와 자의 恣意로 이어지는 것을 발견할 것이다. 한 사람이 핌리코를 못마땅 해하는 것으로는 충분치 않다. 그 사람은 그저 제 목을 베거나 첼 시로 이사 가면 그만이니까. 한 사람이 핌리코를 괜찮다고 생각하 는 정도로도 충분치 않다. 그러면 그는 핌리코에 남을 것이고 그 건 끔찍한 일이 될 테니까. 여기서 벗어나는 유일한 방법은 누군 가 핌리코를 사랑하는 것이다. 초월적인 유대를 가지고 어떠한 세 속적인 이유도 없이 그저 사랑하는 것. 핌리코를 사랑하는 사람 이 생긴다면, 핌리코는 상아탑과 황금탑으로 솟아오를 것이다. 사 랑받는 여인이 그러하듯이 핌리코 또한 옷을 잘 차려입을 것이다. 단장이란 끔찍한 것을 감추기 위한 일이 아니라 이미 사랑스러운 것을 꾸미기 위한 일이다. 어머니가 아이에게 푸른 리본을 달아 주는 까닭은 리본을 달지 않으면 아이가 보기 싫기 때문이 아니 다. 남자가 사랑하는 여인에게 목걸이를 걸어 주는 까닭은 여인의 목을 가리기 위해서가 아니다. 어머니가 아이를 사랑하듯이 사람 들이 자신들의 것이기에 핌리코를 자의적으로 사랑한다면, 핌리 코는 한두 해 만에 피렌체보다도 더 아름다워질 것이다. 어떤 독

2   핌리코Pimlico는 런던 중심부의 한 구역으로, 19세기 초반까지 습지였다가 주택 지구로 개발되었다. 초기에는 중산층의 주거 지역으로 각광받았으나 19세기 말 에 이미 슬럼화가 상당히 진행된 상태였다.

자들은 이것이 그저 환상일 뿐이라고 말할 것이다. 그렇다면 나는 이것이 실제 인류의 역사라고 답하겠다. 이것은 여러 도시가 어떻게 위대해졌는지를 보여 주는 실제 사실이다. 문명의 가장 어두운 뿌리로 돌아가 보라. 그러면 그 뿌리들이 어떤 성스러운 돌에 매여 있거나 어떤 신성한 우물을 둘러싸고 있음을 발견할 것이다. 사람들은 우선 한 장소에 경의를 표했고, 그다음에 그 장소를 위해 영광을 획득했다. 로마가 위대했기에 사람들이 로마를 사랑한 것이 아니다. 사람들이 로마를 사랑했기에 로마는 위대해졌다.

18세기의 사회계약론들은 우리 시대의 어설픈 비판을 많이 받아 왔다. 역사적인 모든 정부의 배후에 취지와 협력이라는 관념이 자리한다는 뜻이었다면, 그 이론들은 명백히 옳았다. 그러나 사람들이 이해관계의 의식적인 교환을 통해 직접적으로 질서나 윤리를 목적으로 삼았음을 암시했다면, 그 이론들은 정말로 틀렸다. 도덕은 한 사람이 다른 사람에게 "네가 나를 때리지 않는다면 나도 너를 때리지 않겠다"라고 말함으로써 시작되지 않았다. 그러한 거래의 흔적은 어디에도 없다. 다만 쌍방이 "우리는 이 거룩한 장소에서 서로를 때려서는 안 된다"라고 말한 흔적만이 있다. 사람들은 종교를 수호함으로써 도덕을 얻었다. 처음부터 용기를 함양한 게 아니었다. 사원을 위해 싸웠고, 그런 다음에야 자신이 용감해졌음을 알게 되었다. 청결을 함양한 게 아니었다. 제단을 위해 자신을 정화했고, 그런 다음에야 자기가 깨끗해졌음을 알게 되었다. 유대인들의 역사가 잉글랜드인들이 대체로 잘 아는 유일한 초기 문서에 담겨 있으니, 그 역사를 통해 이 사실들을 충분히 판단해 볼 수 있겠다. 전 인류에게서 공통으로 발견되는 십계명은 순전히 군사 명령이었다. 특정한 사막을 가로지르며 특정한 궤를 보호하기 위해 공표된 연대^{聯隊}의 명령을 모아 놓은 법전이었다. 무정부 상태가 악^惡인 까닭은 그것이 신성함을 위험에 빠뜨렸기 때문이다. 그리고 사람들은 하나님을 위한 거룩한 날holy day을 만들고서야 스스로 인간을 위한 휴일holiday을 만들었음을 깨닫게 되었다.

어떤 장소나 사물에 대한 이런 기본적인 신심이 창조 에너지의 원천임을 인정한다면, 우리는 매우 특별한 한 가지 사실로 넘어갈 수 있다. 오직 올바른 낙관론만이 일종의 우주적 애국심이라는 점을 잠시 되풀이해서 이야기해 보자. 비관론자들에게는 무슨 문제가 있는 걸까? 내 생각에, 비관론자란 우주적 반^反애국자라고 말함으로써 그 문제를 명확히 제시할 수 있을 것 같다. 그럼 반애국자에게는 무슨 문제가 있는 걸까? 내 생각에, 반애국자란 솔직한 친구라고 말하면 지나치게 신랄해지지 않고도 그 문제를 명확히 제시할 수 있을 것 같다. 그렇다면 솔직한 친구에게는 무슨 문제가 있는 걸까? 바로 이 지점에서, 우리는 현실의 삶과 불변의 인간 본성이라는 바위에 부닥치게 된다.

감히 말하건대 솔직한 친구의 나쁜 점은 그저 그가 솔직하지 않다는 것뿐이다. 솔직한 친구는 무언가를 계속 숨기고 있는데 그건 불쾌한 말을 하는 데서 얻는 음울한 기쁨이다. 그에게는 단지 도움을 주지 않을 뿐 아니라 타인에게 상처를 입히려는 은밀한 욕망이 있다. 바로 이 욕망이야말로, 내가 생각하기에 건강한 시민들을 짜증 나게 하는 일종의 반애국자를 만들어 내는 게 확실하다. 과열된 증권 중개인들과 감정을 마구 쏟아내는 여배우들을 짜증 나게 할 뿐인 반$_{反}$애국심을 이야기하려는 건 (물론) 아니다. 분명히 말해, 그것은 애국심일 뿐이다. 애국자라면 종전 때까지 보어 전쟁을 비판해서는 안 된다고 말하는 사람이 있는데, 그런 사람에게는 지적으로 응대할 가치가 없다. 그런 사람은 효자라면 어머니가 벼랑에서 떨어질 때까지 위험을 경고해서는 안 된다고 하는 것이나 마찬가지다. 그러나 정직하게 정직한 사람들을 화나도록 만드는 반애국자가 있는데, 그에 대한 설명은 내가 제시했던 그대로다. 그는 솔직하지 못한 솔직한 친구라는 것이다. "미안하지만 우리는 망했어"라고 말하면서 미안해하지 않는 사람. 그런 사람은 말 그대로 반역자라고 할 수 있다. 그는 군대를 강화하도록 그에게 허락된 그 추한 지식을 이용하여 입대를 단념하도록 사람들의 의욕을 꺾어 놓기 때문이다. 그는 군사 고문으로서 비관론자가 되도록 허용받았기에 모병 하사관으로서도 비관론자가 되어 있는 것이다. 이와 똑같은 방식으로, (우주적 반애국자인) 비관론자는 삶이 인생 상담가에게 허용한 자유를 이용해 삶의 깃발에서 멀어지도록 사람들을 유혹한다. 설사 그가 사실만을 기술한다고 하더라도 그의 감정이 무엇이고 그의 동기가 무엇인지를 아는 일은 여전히 본질적으로 중요하다. 토트넘에서 1,200명이 천연두에 감염되었다는 말이 사실일 수도 있다. 그런데 우리는 이 말이 신들을 저주하길 원하는 어떤 위대한 철학자에게서 나온 것인지, 아니면 사람들을 돕길 원하는 어떤 평범한 성직자에게서 나온 것인지 알기를 원한다.

그렇다면 비관론자의 악$_{惡}$은 그가 신들과 인간들을 책망한다는 게 아니라 자신이 책망하는 것을 사랑하지 않는다는 것이다.

그에게는 사물을 향한 이 기본적이며 초자연적인 충정이 없다. 그렇다면 흔히 낙관론자라 불리는 사람의 악은 무엇일까? 분명하게도 낙관론자에게선 이 세상의 명예를 옹호하길 바라는 마음에서 옹호할 수 없는 것을 옹호하려 한다는 게 느껴진다. 그는 우주의 강경론자다. 그는 이렇게 말할 것이다. "옳든지 그르든지, 나의 우주는 나의 우주다." 그는 사물의 개혁에는 마음이 덜 기울겠으나 모든 공격에 대응하며 확언으로 모두를 안심시키는 정면석[3]의 공식 답변에는 마음이 더 기울 것이다. 그는 세상을 깨끗이 씻어 내기보다는 하얗게 칠해 버릴 것이다. (한 유형의 낙관론자에게 해당하는) 이 모든 사실은 실로 흥미로운 심리학의 한 가지 요점으로 우리를 이끄는데, 이는 그것 없이 설명될 수가 없다.

우리는 삶에 대한 원초적 충정이 있어야 한다고 말한다. 유일한 문제는 그것이 자연적인 충정이어야 하는가, 아니면 초자연적인 충정이어야 하는가다. 독자 여러분이 원한다면 그것이 합리적이어야 하는가, 아니면 불합리적이어야 하는가라고 말할 수도 있겠다. 예사롭지 않은 점이 하나 있다면, 나쁜 낙관론(하얗게 칠해 버리기, 모든 것에 대한 빈약한 옹호)이 합리적인 낙관론과 함께 들어온다는 것이다. 이성적 낙관론은 정체停滯로 이어진다. 개혁으로 이어지는 건 비이성적인 낙관론이다. 애국심과의 유사성을 다시 한번 활용해서 설명해 보겠다. 자신이 사랑하는 장소를 망칠 가능성이 가장 많은 사람은 바로 어떤 이유에서 그곳을 사랑하는

---

3 여야 의원들이 서로 마주 앉게 되어 있는 영국 하원의 정면석front-bench에는 여당의 행정부 장관들과 야당의 간부들이 각기 양쪽에 자리하여 공식 질의와 답변을 주고받는다.

사람이다.[4] 그 장소를 개선할 사람은 아무 이유 없이 그곳을 사랑하는 사람이다. 핌리코의 어떤 특징을 좋아하는 사람이라면 (그럴 가능성이 희박해 보이긴 하지만) 핌리코 자체에 맞서 그 특성을 옹호하려 할 것이다. 그러나 단순히 핌리코 자체를 사랑하는 사람이라면, 그곳을 초토화한 다음에 새 예루살렘으로 탈바꿈시키려 할 것이다. 나는 개혁이 과도해질 수 있음을 부인하지 않는다. 다만 개혁하는 자는 신비적 애국자라는 점을 말할 뿐이다. 순전한 강경론자의 자기만족은 자신의 애국심에 세세한 이유를 내세우는 사람들 사이에서 가장 흔하게 찾아볼 수 있다. 최악의 강경론자는 잉글랜드가 아니라 잉글랜드에 관한 이론을 사랑한다. 잉글랜드가 제국이라서 잉글랜드를 사랑한다면, 우리는 힌두교도들을 통치하게 된 성공을 과대평가하게 될지도 모른다. 그러나 잉글랜드가 그저 우리의 나라라서 사랑한다면, 우리는 어떤 사건이든 전부 정면으로 마주할 수 있다. 힌두교도들이 우리를 통치한다 해도 잉글랜드는 여전히 우리의 나라일 것이기 때문이다. 마찬가지로 역사에 의존하는 애국심을 지닌 자들만이 애국심에 따라 역사를 위조하는 일을 용인할 따름이다. 잉글랜드가 잉글랜드라서 사랑하는 사람은 잉글랜드가 어떻게 생겨났는지 개의치 않을 것이다. 그러나 잉글랜드가 앵글로색슨족의 나라라서 사랑하는 사람은 자신의 공상에 들어맞지 않는 모든 사실에 맞설 것이다. 그는 결국에 (칼라일[5]과 프리먼[6]처럼) 노르만족의 잉글랜드 정복을 색슨족의 잉글랜드 정복으로 주장하게 될 것이다. 그에게는 이성적인 이

---

4   여기서는 'reason'이라는 영어 단어에 '이성'과 '이유'라는 뜻이 있음을 주지할 필
     요가 있다.

유가 있기에 오히려 순전한 비非이성에 이르고 말 것이다. 프랑스가 군사 대국이라서 프랑스를 사랑하는 사람은 1870년의 군대를 변호할 것이다.[7] 하지만 프랑스가 프랑스라서 사랑하는 사람은 1870년의 군대를 개선할 것이다. 이것이 바로 프랑스인들이 실제로 행한 일이며, 이 점에서 프랑스는 실제로 작동하는 역설의 좋은 사례다. 애국심이 이보다 더 순수하게 추상적이고 자의적인 곳은 어디에도 없다. 개혁이 이보다 더 과감하고 전면적인 곳은 어디에도 없다. 당신의 애국심이 초월적인 애국심일수록 당신의 정치는 더욱더 현실적인 정치가 된다.

이 사실을 보여 주는 가장 일상적인 사례는 아마도 여성들에게서, 그러니까 여성들의 낯설고도 강력한 충정에서 찾아볼 수 있다. 어떤 어리석은 사람들이 여성들은 눈이 멀어 아무것도 보지 못한다는 생각을 개진했다. 여성들이 아주 명백하게 모든 것을 통해서 자기편을 지지하기 때문이라는 것이다. 그런 사람들은 틀림없이 어떤 여성과도 알고 지내지 못했을 것이다. 좋을 때나 좋지

---

5   토머스 칼라일Thomas Carlyle, 1795-1881은 19세기 영국 사상계에 큰 영향을 미친 스코틀랜드 출신의 수학자, 철학자, 역사가, 평론가다. 역사서 『프랑스 혁명』The French Revolution: A History, 1837, 역사비평서 『영웅숭배론』On Heroes, Hero-Worship, & the Heroic in History, 1841을 집필했다.

6   에드워드 어거스터스 프리먼Edward Augustus Freeman, 1823-1892은 잉글랜드의 역사학자로 수많은 저술을 남겼는데, 『노르만족의 잉글랜드 정복사』The History of the Norman Conquest of England, 1867-1879라는 대작이 특히 잘 알려져 있다.

7   1870년 7월 프랑스는 프로이센에 먼저 선전포고를 하고 전쟁을 벌였지만, 전투에 잇따라 패배하여 결국 프랑스 군대가 괴멸했다. 이 때문에 이듬해 프랑스에서는 나폴레옹 3세의 제2제국이 무너지고 정치적 혼란이 이어진 반면에, 프로이센은 독일 통일을 완수하고 빌헬름 1세가 제1제국을 열었다.

않을 때나 기꺼이 자기 남자를 옹호할 준비가 되어 있는 바로 그 여성들이 (남자와의 개인적인 교제에서는) 남자의 빈약한 변명이나 우둔한 머리에 대해서는 거의 병적일 정도로 또렷이 파악한다. 한 남자의 친구는 그를 좋아하지만 있는 그대로 놓아 둔다. 한 남자의 부인은 그를 사랑해서 늘 다른 누군가로 바꾸려고 애를 쓴다. 자신의 신조에 관해서는 순전한 신비가인 여성들이 자신의 비판에 관해서는 순전한 냉소가가 된다. 새커리는 펜데니스의 어머니라는 인물을 만들어 내서 이를 잘 표현했는데[8], 펜데니스의 어머니는 아들을 신처럼 떠받들면서도 아들이 한 인간으로서 잘못된 길을 가리라고 생각한다. 그녀는 아들의 가치를 과대평가하면서도 아들의 미덕은 과소평가했다. 추종자는 완전히 자유로이 비판할 수 있고, 광신도는 안전하게 회의론자가 될 수 있다. 사랑은 맹목적이지 않다. 맹목적인 것이야말로 사랑과는 가장 거리가 멀다. 사랑은 속박되어 있다. 사랑은 더 많이 속박될수록 덜 맹목적이다.

이렇게 해서 낙관론과 비관론, 그리고 개선이라 불리는 모든 것에 관한 나의 입장을 밝혀 보았다. 우주적인 개혁 행동에 앞서, 우리는 우주적인 충절을 맹세해야 한다. 사람은 삶에 관심을 기울여야 한다. 그러면 삶에 대한 자신의 견해에는 무심해질 수 있다. "내 아들아, 네 마음을 내게 다오."[9] 마음은 옳은 데 고정되어

8   윌리엄 메이크피스 새커리William Makepeace Thackeray, 1811-1863는 19세기 영국인의 허영과 속물근성을 풍자한 소설들을 발표했다. 그의 대표작 『펜데니스』The History of Pendennis, 1848-1850는 시골 출신의 주인공 아서 펜데니스가 아버지를 여의고 런던으로 이사하여 자리를 잡으려고 애쓰는 과정에서 벌어지는 일들을 그린 장편소설이다.

9   잠언 23장 26절 참조.

야 한다. 마음이 고정되는 순간, 손은 자유로워진다. 나는 잠시 멈추어서 뻔한 비판을 예견하고 대비해야 한다. 이성적인 사람이라면 적절한 만족이나 적절한 인내와 함께 선과 악이 뒤섞인 그대로 세상을 수용한다고들 말할 것이다. 하지만 이것이야말로 내가 결함이 있다고 주장하는 바로 그런 태도다. 내가 알기로, 이런 태도는 이 시대에 매우 흔하다. 그것은 쇼펜하우어의 비명보다 더 날카롭게 불경스러운 매슈 아널드[10]의 고요한 시행詩行 속에 완벽하게 표현되어 있다.

> 그런대로 우리는 살아간다, 비록 삶이
> 큰 성과는 너무도 흔치 않고
> 비록 견딜 만은 하지만, 이 장려한 세상이나 고통스러운 탄생만큼
> 가치는 거의 없어 보일지라도.[11]

나는 이러한 느낌이 우리 시대에 만연해 있음을 잘 알고 있으며, 이 느낌이 우리 시대를 얼어붙게 한다고 생각한다. 신앙과 혁명이라는 우리 시대의 거대한 목적을 이루는 길에 필요한 것은 하나의 타협안으로서 세상에 대한 차가운 수용이 아니라, 우리가 세상을 마음껏 증오할 수 있고 마음껏 사랑할 수 있는 어떤 방식

10　매슈 아널드Matthew Arnold, 1822-1888는 영국의 시인, 평론가다. 고독과 애수 짙은 작품들을 남겼으며 근대 영국의 물질주의와 속물근성을 비판하고 고전 정신에 기초한 교양을 강조하면서 인본주의 문화론을 주장했다.

11　『길 잃은 난봉꾼과 여타 시인들』The Strayed Reveller, and Other Poems, 1849에 수록된 매슈 아널드의 장시 「체념, 파우스타에게」Resignation. To Fausta 마지막 연의 첫 부분이다.

이다. 우리는 기쁨과 분노가 서로를 중화시켜 부루퉁한 만족을 산출하길 원치 않는다. 우리는 더 맹렬한 기쁨과 더 맹렬한 불만을 원한다. 우리는 이 우주를 폭풍이 몰아치는 거인의 성城이자 저녁이면 돌아갈 수 있는 우리의 오두막이라 느껴야 한다.

평범한 사람이 이 세계와 불화하지 않고 잘 지낼 수 있다는 건 누구도 의심하지 않는다. 하지만 우리는 이 세계와 잘 지내는 데 충분한 힘을 요구하는 것이 아니라 세상이 잘 돌아가게 하기에 충분한 힘을 요구한다. 평범한 사람이 세상을 변화시킬 만큼 세상을 증오하면서, 변화시킬 만한 가치가 있다고 생각할 만큼 세상을 사랑할 수 있을까? 평범한 사람이 세상의 그 거대한 선善을 바라보면서 한 번도 묵종默從의 감정을 느끼지 않을 수 있을까? 그 거대한 악惡을 바라보면서 한 번도 절망의 감정을 느끼지 않을 수 있을까? 요컨대 평범한 사람이 비관론자이면서 낙관론자일 뿐 아니라 광적인 비관론자이면서 광적인 낙관론자일 수 있을까? 세상을 위해 죽을 만큼 충분히 이교도이면서 세상에 대해 죽을 만큼 충분히 그리스도인일 수 있을까? 이러한 조합에서 합리적인 낙관론자는 실패하고 비합리적인 낙관론자는 성공한다고, 나는 주장한다. 비합리적인 낙관론자는 온 우주를 위해서 온 우주를 박살낼 준비가 되어 있다.

나는 이 이야기들을 그 완전한 논리적 순서가 아니라 떠오르는 순서대로 나열했다. 그리고 이러한 견해는 당시의 한 사건에 의해 명료해지고 예리해졌다. 점점 길어지는 입센[12]의 그림자 아래서, 자신을 살해하는 것이 매우 멋진 일이 아닌가 하는 주장이 일었다.[13] 진중한 현대인들은 우리에게 자기 머리를 날려 버린 사람을 두고 '불쌍한 녀석'이라는 말조차 해서는 안 된다고 말했다. 그는 사람들이 부러워할 만한 사람이며, 제 머리를 날려 버린 까닭은 예외적인 탁월함 때문이었다는 것이다. 윌리엄 아처[14]는 황금시대가 오면 사람들이 1페니만으로 자신을 죽일 수 있는 기계가 나올 거라고 암시하기까지 했다. 이 모든 것들을 대면하면서, 나는 자칭 자유주의자라거나 인도주의자라 하는 뭇 인물들에 대해 완전히 적대적인 입장이 되었다. 자살은 하나의 죄일 뿐 아니라 유일한 죄다. 자살은 존재 자체에 관심을 기울이길 거부하는 것, 삶에 대한 충성의 맹세를 거부하는 것이니 절대적인 궁극의 악이다. 한 사람을 죽이는 사람은 한 사람을 죽일 뿐이지만, 자신을 죽이는 사람은 모든 사람을 죽인다. 그 자신에 관한 한 세상을 말살하는 것이다. 그의 행위는 (상징적으로 보자면) 강간이나 폭탄 테러보다도 더 나쁘다. 자살은 모든 건물을 파괴하고, 모든 여성을 모욕한다. 도둑은 다이아몬드를 손에 넣고서 흡족해하지만, 자살자는 그렇지도 않다. 그것이 바로 그의 범죄다. 자살자는 천국

12 헨리크 입센Henrik Ibsen, 1828-1906은 노르웨이의 극작가, 시인이다. 현대극의 아버지라고 불릴 만큼 그의 사회극은 현대 연극사에 오래도록 큰 영향을 끼쳤다. 『인형의 집』Et dukkehjem, 1879, 『유령』Gengangere, 1881, 『민중의 적』En folkefiende, 1882 등이 대표작이다.

13 입센은 젊은 시절 어려운 시기를 보내며 자살을 시도한 적이 있으며, 그의 작품에도 자살하는 인물들이 등장한다. 사회 현실보다 인간 내면을 주로 다루기 시작한 후기의 주요 작품인 『헤다 가블레르』Hedda Gabler, 1890와 『로스메르스홀름』 Rosmersholm, 1894에서는 문제 상황에 봉착한 주요 인물들이 자살을 선택한다.

14 윌리엄 아처William Archer, 1856-1924는 스코틀랜드 출신의 평론가다. 논쟁적인 입센의 작품들을 지지하고 영국에 소개하는 데 주도적인 역할을 했다. 버나드 쇼의 오랜 친구이자 지지자이기도 했다.

의 타오르는 보석들을 가지고도 매수할 수 없다. 도둑은 훔친 물건의 주인을 찬양하지는 않더라도 그 물건은 찬양한다. 그러나 자살자는 아무것도 훔치지 않음으로써 지상의 모든 것을 모욕한다. 자살자는 꽃을 위해 살기를 거부함으로써 모든 꽃을 욕되게 한다. 그의 죽음은 우주에 있는 미소한 피조물 하나까지도 모조리 비웃는 행위다. 나무에 목을 매달면 나뭇잎들은 분노하며 떨어지고, 새들은 격노하며 날아가 버릴 것이다. 나무도 새도 제각기 인격적인 모욕을 당했기 때문이다. 물론 그 행위을 애처롭게 감정적으로 변명도 할 수도 있을 것이다. 하지만 강간에 대해서도 또 폭탄 테러에 대해서도 그런 변명은 늘 따라붙는다. 그러나 사물에 관한 명료한 관념과 지적인 의미에 관해서라면, 윌리엄 아처의 자동 자살 기계보다는 사거리에 만든 매장지와 몸에 박힌 말뚝에 훨씬 더 합리적이고 철학적인 진리가 담겨 있다. 자살한 이를 외따로 묻는 데에는 어떤 의미가 있다. 그의 범죄는 여타 범죄들과 다르다. 범죄조차 불가능하게 만드는 범죄이기 때문이다.

거의 같은 시기에, 나는 한 자유사상가의 엄숙하면서도 경박한 글 한 편을 읽었다. 그는 자살자가 단지 순교자와 같을 뿐이라고 했다. 이 말의 공공연한 오류가 문제를 명확히 하는 데 일조했다. 분명히 자살은 순교와 정반대다. 순교자는 자기 외부에 있는 무언가를 무척이나 사랑한 나머지 제 삶마저 잊는다. 자살자는 자기 외부에 있는 어떤 것도 사랑하지 않아서 모든 것의 끝을 보기 원한다. 순교자는 무언가가 시작되기를 원하고, 자살자는 모든 것이 끝나기를 원한다. 다시 말해 순교자가 고귀한 까닭은 (아무리 그가 세상을 단념하거나 모든 인류를 미워한다 해도) 삶과의 궁극적인 연결고리를 고백하기 때문이다. 그는 심장을 자기 바깥에 내어 두고, 무언가를 살게 하려고 죽는다. 자살자가 비열한 까닭은 존재와의 연결고리를 가지지 않기 때문이다. 그는 파괴자일 뿐이다. 그는 영적으로 우주를 파괴한다. 그리하여 나는 앞서 말한 말뚝과 교차로를 다시 떠올렸고, 그리스도교가 자살자에 대해 이토록 기이할 만큼 엄격한 태도를 보였다는 기묘한 사실을 기억해 냈다. 그리스도교는 열렬하게 순교를 고무했었기 때문이다. 이유가 전혀 없진 않으나, 역사적으로 그리스도교는 순교와 금욕을 적막하고 비관적인 지점까지 몰고 갔다고 비난받았다. 초기 그리스도교 순교자들은 소름 끼치도록 행복하게 죽음을 이야기했다. 그들은 육체의 아름다운 의무들을 모독했다. 그들은 들판의 꽃향기를 맡듯이 저 멀리 떨어진 무덤의 냄새를 맡았다. 이 모든 것이 많은 이들에겐 비관론을 노래한 시처럼 보였다. 그러나 비관론자에 대한 그리스도교의 생각을 보여 주는 것은 교차로에 박힌 그 말뚝이다.

이것은 그리스도교에 관련된 논의로 들어서는 길에 길게 이어진 수수께끼들 가운데 첫 번째 수수께끼였다. 거기에는 어떤 특이성이 함께했는데, 이 특이성은 내가 그리스도교의 모든 개념에 관한 하나의 주석으로서 더욱 뚜렷이 이야기해야 할 부분이기도 하지만, 분명한 점은 이 특이성이 바로 첫 번째 수수께끼에서 시작되었다는 것이다. 순교자와 자살자에 대한 그리스도교의 태도는 현대 도덕에서 자주 긍정하는 그런 태도는 아니었다. 그것은 정도의 문제가 아니었다. 어딘가에 선이 그어져 있어서, 고양된 행복 속에 자살하는 자는 그 선의 안쪽으로 쓰러지고 슬픔 속에서 자살하는 자는 그 선 너머로 쓰러진다는 식이 아니었다. 자살에 대한 그리스도교의 느낌은 그저 순교를 너무 멀리까지 밀고 나간 것이라는 게 분명 아니었다. 그리스도교는 순교를 맹렬히 찬성했지만, 자살은 맹렬히 반대했다. 이 둘은 매우 비슷해 보일지 몰라도 천국과 지옥만큼이나 정반대다. 순교자는 자신의 삶을 던졌다. 그는 너무도 선했기에 그의 마른 뼈는 역병이 도는 도시를 치유할 수 있다. 자살자도 자신의 삶을 던졌다. 하지만 그는 너무도 악했기에 그의 뼈는 형제들의 뼈를 더럽힌다. 나는 지금 이런 맹렬함이 옳았다고 말하는 게 아니다. 하지만 그것은 왜 그토록 맹렬했던 것일까?

바로 여기에서 나는, 방황하는 나의 두 발이 이미 밟아 다져진 길 위에 놓여 있음을 처음으로 알게 되었다. 그리스도교 또한 이렇게 순교와 자살이 정반대라고 느꼈었다. 그렇다면 나와 똑같은 이유에서 그렇게 느꼈던 것일까? 그리스도교는 내가 느꼈던 것을 느꼈지만, 우선은 만물에 대한 충정이, 다음에는 만물의 파괴적 개혁이 필요하다는 점을 표현할 수는 없었던 (그리고 없는) 것일까? 그때 나는, 내가 결합하고자 몹시도 애쓰던 이 둘을 그리스도교가 결합했다는 사실이 그리스도교를 비난하는 이유가 되었음을 기억했다. 그리스도교는 우주에 대해 지나치게 낙관적이고 세계에 대해 지나치게 비관적이라는 이유로 동시에 한꺼번에 비난받았다. 이 우연의 일치는 나를 갑자기 멈추어 서게 했다.

이러이러한 신조가 한 시대에는 유효하지만 다른 시대에는 유효하지 않다고 말하는 현대의 논쟁에서 한 가지 어리석은 관습이 생겨났다. 우리는 어떤 교의가 12세기에는 믿을 만한 것이었지만 20세기에는 그렇지 못하다는 이야기를 듣곤 한다. 그러니 어떤 철학이 월요일에는 믿을 만한 것이었는데 화요일에는 그렇지 못하다고 말하는 것도 무리는 아니다. 우주에 대한 어떤 관점이 3시 30분에는 적절한 것이었는데 4시 30분에는 그렇지 못하다고 말할 수도 있다. 한 사람이 무엇을 믿을 수 있느냐는 그의 철학에 달려 있다. 시계나 세기世紀에 좌우되는 것이 아니다. 어떤 사람이 불변의 자연법칙을 믿는다면, 그는 어떠한 시대에 어떠한 기적도 믿을 수 없다. 어떤 사람이 법칙 너머에 있는 의지를 믿는다면, 그는 어떠한 시대에 어떠한 기적도 믿을 수 있다. 논의를 계속하기 위해, 우리가 마술적 치유의 사례를 다룬다고 가정해 보자. 12세기의 유물론자는 20세기의 유물론자만큼이나 기적을 믿을 수 없을 것이다. 그러나 20세기의 그리스도인 과학자는 12세기의 그리스도인만큼이나 기적을 믿을 수 있다. 그것은 단순히 사물에 대해 한 사람이 갖는 이론의 문제일 뿐이다. 그러므로 어떠한 역사적 해답을 다루더라도 핵심은 그것이 우리 시대에 주어졌느냐가 아니라 우리의 질문에 대한 해답으로 주어졌느냐다. 그리스도교가 언제 어떻게 이 세상에 들어왔는가를 더 많이 생각하면 생각할수록, 나는 그리스도교가 정말로 이 질문에 대한 해답을 주기 위해 들어왔다고 느끼게 되었다.

그리스도교에 대해 옹호할 수 없는 찬사를 바치는 이들은 대체로 교의에 얽매이지 않는 느슨한 그리스도인들이다. 그들은 마치 그리스도교가 들어오기 전에는 어떠한 경건이나 연민도 없었다는 듯 말하는데, 중세 사람이 그들을 본다면 몹시도 바로잡아 주고 싶었을 것이다. 그들은 그리스도교의 놀라운 점은 처음으로 순박함이나 자기절제나 내면성을 신실함과 함께 설파했다는 사실이라고 단언한다. 그래서 내가 그리스도교의 놀라운 점이란 처음으로 그리스도교를 설파한 사실이라고 말한다면, 그들은 나를 매우 편협하다고 (그게 무슨 의미든) 생각할 것이다. 그리스도교의 특이성은 그리스도교가 그 자체로 특이하다는 것이었다. 순박함과 신실함은 특이하지 않다. 이 둘은 모든 인류의 자명한 이상이다. 그리스도교는 긴 대화 끝에 표명되는 명백한 최후의 진리가 아니라 하나의 수수께끼에 대한 해답이었다. 지난번에 나는 청교도식 논조를 띤 훌륭한 주간지에서 (뼈의 갑옷까지 모두 벗겨진 한 인간에 대해 말해야 하는 사람처럼) 그리스도교에 관해 언급한 글을 보았는데, 모든 교의의 갑옷을 벗겨 내고 나면 그리스도교란 그저 퀘이커 교도의 내적인 빛이라는 교의[15]에 지나지 않는 것으로 드러나리라는 것이었다. 내가 만약 그리스도교는 특별히 내적인 빛이라는 교의를 파괴하기 위해 이 세상에 생겨났다고 말한다면, 그건 과도한 표현이겠지만 진실에는 훨씬 더 가까울 것이다. 마르쿠스 아우렐리우스[16] 같은 마지막 스토아 철학자들은 내적인 빛을 믿었던 사람들이다. 그들의 품위, 그들의 피로, 타인을 향한 애처로운 외면적 보살핌, 스스로를 향한 치유 불가능한 내면적 보살핌은 모두 내적인 빛에 기인했으며 오직 그 음울한 조명에 의해서만 존재했다. 마르쿠스 아우렐리우스가 내향적인 자기반성의 도

---

15 퀘이커 교도는 어떠한 계시나 성경보다 앞서는 내적인 빛Inner Light(그리스도와 일치하게 하는 하나님의 현존과 작용)이 모두의 내면에 있으며, 그 빛에 주목하고 그 빛이 이끄는 대로 살아가는 것이 무엇보다 중요하다고 믿는다.

16 마르쿠스 아우렐리우스Marcus Aurelius, 121-180는 로마제국 제16대 황제재위161-180다. 제국의 전성기를 이끈 오현제 중 가장 마지막 황제이자 뛰어난 스토아 철학자로서 철학적 사색을 담은『명상록』을 집필했다.

덕가들이 늘 그러하듯이 사소한 일들을 하거나 하지 말아야 한다고 주장한다는 사실에 주목해 보자. 그건 그에게 도덕 혁명을 일으킬 만큼 충분한 증오나 사랑이 없기 때문이다. 그는 검소한 생활을 하는 우리 시대의 귀족들이 그러하듯이 아침 일찍 일어난다. 그건 그런 이타주의가 원형경기장에서 벌어지는 경기를 멈추거나 잉글랜드 사람들에게 땅을 돌려주는 것보다 훨씬 더 쉽기 때문이다. 마르쿠스 아우렐리우스는 모든 유형의 인간 중에서 가장 참을 수 없는 유형의 인간이다. 그는 사심 없는 이기주의자다. 사심 없는 이기주의자란 열정이라는 구실 없이 자만하는 자다. 머리에 떠올릴 수 있는 온갖 형태의 계몽 중에서도 최악의 계몽은 이런 인간들이 내적인 빛이라고 부르는 것이다. 모든 끔찍한 종교 중에서도 가장 끔찍한 종교는 자기 안에 있는 신을 숭배하는 것이다. 이들 중 누구라도 아는 사람은 누구나 그것이 어떻게 작동할지를 안다. 신⁑사고운동본부[17]에서 온 누구라도 알고 있는 사람은 누구나 그것이 어떻게 작동하는지를 알고 있다. '존스는 자기 안에 있는 신을 숭배해야 한다'라는 말은 궁극적으로 존스가 존스를 숭배해야 한다는 의미라는 게 드러난다. 존스가 해든 달이든, 내적인 빛이 아닌 어떤 것이든 숭배하게 하라. 존스가 자기가 사는 동네에서 무엇이라도 찾을 수 있다면, 고양이든 악어든 내면의 신이 아닌 어떤 것을 숭배하게 하라. 그리스도교가 세상에 생

17   신사고운동The New Thought movement은 19세기 미국에서 시작된 유사 종교 운동이다. 고등사고운동The Higher Thought movement이라고도 하는데, 사람은 누구나 내면에 큰 힘을 지니고 있으며 부정적인 생각을 떨치고 긍정적인 생각을 통해 이 힘을 끌어올려 사용할 수 있다고 주장한다.

겨난 까닭은 무엇보다도 사람이 자기 안을 들여다보기만 해서는 안 되고 밖을 내다봐야 한다고, 경이와 열정을 품고 신적인 동반자와 신적인 지도자를 바라봐야 한다고 강력하게 주장하기 위해서다. 그리스도인이 되는 일의 유일한 재미는 한 사람이 내적인 빛만 가지고 홀로 남겨지는 것이 아니라, 해처럼 환하고 달처럼 깨끗하며 깃발을 든 군대처럼 무시무시한 외적인 빛을 확실하게 인식한다는 점이었다.

그럼에도 존스는 해와 달을 숭배하지 않는 편이 나을 것이다. 그가 해와 달을 숭배한다면, 해와 달을 따라 하는 경향이 생기기 마련이다. 이를테면 해가 벌레들을 산 채로 죽이니까 그 역시 벌레들을 산 채로 태워 죽일 것이다. 태양이 사람들을 일사병에 걸리게 하니까 그 역시 이웃들을 홍역에 걸리게 할 것이다. 달이 사람들을 미치게 한다고들 하니까 그 역시 자기 부인을 미치게 할 것이다. 외적인 낙관론의 추한 면은 고대 세계에서도 드러났다. 스토아학파의 이상주의가 비관론의 약점을 드러내기 시작했을 무렵에 고대인들의 오랜 자연 숭배는 낙관론의 엄청난 약점을 드러내기 시작했었다. 자연 숭배는 사회가 아직 미숙한 시기에는 매우 자연스러운 현상이다. 달리 말하자면, 범신론은 그것이 판을 숭배하는 것인 한 괜찮다는 말이다.[18] 그러나 자연에는 경험과 죄가 더디지 않게 찾아낼 수 있는 또 다른 측면이 있으며, 판이 갈라

18   체스터턴은 일종의 언어유희를 펼치고 있다. 범신론을 나타내는 영어 단어 'pantheism'에서 '전全-'이나 '범凡-'을 나타내는 접두사 'pan'은 그리스 신화의 목양신 판Pan과 발음, 철자가 같다. 목양신 판은 보통 염소의 모습을 하고, 술과 음악과 춤을 즐기고 성적으로 방탕한 것으로 묘사된다.

진 발굽을 곧 드러냈다고[19] 말하는 것도 전혀 경박한 처사가 아니다. 자연 종교에 반대하는 유일한 이유는 어떻게든 그것이 늘 부자연스러워진다는 데 있다. 아침에 자연의 순수함과 자연스러움 때문에 자연을 사랑하는 사람이라면, 밤이 되어도 여전히 자연을 사랑하긴 하나 자연의 어두움과 잔인함 때문에 자연을 사랑한다. 그런 사람은 스토아학파의 현자가 그러했듯이 새벽 여명에는 맑은 물로 몸을 씻는다. 하지만 하루가 저물고 어둠이 내리면 배교자 율리아누스[20]가 그러했듯이 뜨거운 황소의 피로 목욕한다. 건강만을 추구하면 언제나 건강하지 못한 데로 이어진다. 물리적인 자연이 직접적인 복종의 대상이 되어서는 안 된다. 자연은 즐기는 대상이지 숭배하는 대상이 되어서는 안 된다. 별과 산을 심각하게 여겨서는 안 된다. 만약 그리한다면 우리 역시 이교의 자연 숭배가 맞이한 결말에 이를 것이다. 땅이 자애롭기에, 우리는 땅의 잔인함을 전부 모방할 수 있다. 성此이 건전하기에, 우리 모두는 성에 미쳐 버릴 수 있다. 순전한 낙관론은 그에 알맞은 미쳐 버린 결말에 이르렀다. 모든 것이 좋다고 하는 그 이론이 나쁜 모든 것의 난잡한 주연酒宴이 되고 말았다.

19 서양에서는 악마가 염소의 모습으로 묘사되는 경우가 많아서 '갈라진 발굽을 보여 준다'show the cloven hoof는 말은 누군가가 악마적 본성을 드러낸다는 의미로도 사용된다. 여기서는 판이 본래 염소의 모습이기에 축자적인 의미와 함축적인 의미를 모두 의도했다고 추정할 수 있다.

20 360년에 집권한 로마 황제 율리아누스Flavius Claudius Iulianus, 331-363는 362년에 모든 종교의 자유를 인정하면서 밀라노 칙령 이후 다시 한번 그리스도교를 공인했다. 하지만 어린 시절부터 그리스 철학에 심취했던 그는 그리스도교의 세력 확장이 로마의 몰락 원인이라 여겨 교회를 약화시키려는 정책을 펼쳤다.

다른 한편으로, 우리의 이상주의적 비관론자들을 대변한 것은 스토아학파의 오랜 잔재였다. 마르쿠스 아우렐리우스와 그 친구들은 정말로 우주에 있는 어떠한 신에 대한 관념이든 죄다 포기하고서 오직 내면의 신만을 바라보았다. 그들은 자연의 어떠한 미덕에도 희망을 품지 않았으며, 사회의 어떠한 미덕에도 희망을 품지 않았다. 그들은 세상을 파괴하거나 혁명할 만큼 바깥세상에 충분한 관심을 기울이지 않았다. 그들은 도시에 불을 지를 만큼 충분히 도시를 사랑하지 않았다. 그러므로 고대 세계는 정확히 오늘날 우리가 지닌 적막한 딜레마 속에 자리했던 것이다. 정말로 이 세계를 즐긴 사람들만이 세계를 깨부수느라 바빴고, 덕이 높은 사람들은 그들을 때려눕힐 정도로 그들에게 관심을 보이지는 않았다. (우리의 딜레마와 똑같은) 이런 딜레마 속에 갑작스레 그리스도교가 들어와 단 하나의 답을 내놓았고, 세상은 마침내 그것을 유일한 답으로 받아들였다. 그때는 그것이 바로 그 답이었고, 나는 지금도 그것이 바로 그 답이라고 생각한다.

이 답은 마치 칼로 크게 베는 듯했다. 이 답은 힘껏 갈라놓았다. 결코 감상적으로 합치지 않았다. 요컨대 이 답은 우주로부터 하나님을 분리했다. 이제는 어떤 그리스도인들이 그리스도교에서 제거하길 원하는 신성神性의 초월성과 구별성이야말로 정말로 누구나 그리스도인이 되길 원했던 유일한 이유였다. 그것은 불행한 비관론자와 훨씬 더 불행한 낙관론자에 대해 그리스도교가 내놓은 답의 핵심이었다. 나는 여기서 단지 낙관론자와 비관론자의 특정한 문제만을 다루고 있으므로, 위대한 형이상학적 제언을 간단하게만 내비치겠다. 사물 안에 있는 원리를 창조하거나 유지하는 일에 대한 묘사는 언어를 통한 것이기에 은유적일 수밖에 없다. 그러므로 범신론자는 만물 안에 존재하는 하나님을 이야기할 때 마치 하나님이 상자 안에 들어 있는 것처럼 말할 수밖에 없다. 마찬가지로 진화론자는 그 이름 그대로 마치 진화가 양탄자처럼 펼쳐진다는 관념을 가지고 있다. 종교의 용어와 비종교의 용어는 모두 이러한 비판에 열려 있다. 유일한 문제는 모든 용어가 쓸모없는 것인가, 아니면 한 용어가 그러한 어구와 함께 쓰여서 사물의 기원에 관한 별개의 관념을 표현할 수 있는가 하는 점이다. 나는 그렇게 할 수 있다고 생각한다. 진화론자도 그렇게 생각하는 게 분명하다. 그렇게 생각하지 않는다면 진화에 대해 이야기하려 들지 않을 것이다. 모든 그리스도교 유신론有神論을 위한 근본 어구는 이것이다. 하나님은 예술가가 작품을 창조하듯이 세상을 창조하셨다. 시인은 자신의 시에 대하여 자기가 '내던진' 하찮은 물건인 양 이야기할 정도로 분리되어 있다. 심지어 시를 발표할 때도 시인은 내팽개치듯이 했다. 모든 창조와 출산을 가리켜 분리라고 일컫는 이 원리는 모든 성장이 분기分岐라고 일컫는 진화론의 원리만큼이나 온 우주에 일관되게 적용된다. 여자는 아이를 갖게 될 때조차 아이를 잃는 셈이다. 모든 창조는 분리다. 출생은 죽음만큼 엄숙한 이별이다.

그리스도교의 철학적 기본 공리는 신의 창조 행위에서 (시인으로부터 시를, 어머니로부터 아이를 갈라놓듯이) 일어나는 이러한 분리야말로 절대적 에너지가 세상을 만든 그 행동에 관한 참된 묘사라는 것이다. 대다수 철학자에 따르면, 하나님은 세상을 만들고 세상을 노예로 삼았다. 그리스도교에 따르면, 하나님은 세상을 만들고 세상을 자유롭게 하셨다. 하나님은 시를 쓰셨다기보다는 희곡을 쓰셨다. 하나님은 완벽한 희곡을 계획해 놓으셨지만, 그 희곡은 필연적으로 인간 배우들과 무대 감독들에게 맡겨졌고 인간들은 작품을 엉망으로 만들어 놓았다. 이 정리定理에 대해서는 나중에 더 논의하도록 하겠다. 일단 여기서는 그것이 이번 장에서 논의해 온 딜레마를 놀랄 만큼 부드럽게 통과했다는 점을 지적해야겠다. 적어도 이런 식이라면, 사람은 자신을 비하하여 비관론자나 낙관론자가 되지 않고도 행복한 동시에 분노할 수도 있을 것이다. 이런 체계 위에서라면 사람은 실존의 깃발을 버리지 않고도 실존하는 모든 세력에 맞서 싸울 수도 있을 것이다. 우주와 평화로이 지내면서도 세상과는 전쟁 중일 수도 있을 것이다. 성 게오르기우스[21]는 이 우주에서 용이 아무리 커진다 해도, 강력한 도성이나 영원한 언덕보다 더 커진다 해도, 용과 맞붙어 싸울 수 있다. 용은 이 세상만큼 크다고 해도 세상의 이름으로 죽임을 당할 수 있다. 성 게오르기우스는 만물의 크기에 따른 명백한 확률이나 비율이 아니라 만물의 본래 계획에 담긴 비밀만을 생각해야 했다. 성 게오르기우스는 용을 향해 칼을 휘두를 수 있다. 설사 용이 모든 것이라 해도, 머리 위로 펼쳐진 텅 빈 하늘이 용의 크게 벌린 입이 그려 낸 거대한 아치일 뿐이라고 해도.

그다음엔 묘사하기 불가능한 경험이 뒤따랐다. 내가 마치 태어난 이후로 줄곧 다룰 수 없는 두 개의 거대한 기계 장치를 가지고 어쩔 줄 몰라 하고 있었던 것만 같았다. 그 두 기계 장치란 서로 형태도 다르고 분명한 관련성도 없는 그리스도교 전통과 세상이었다. 나는 세상에서 이런 구멍을 찾아냈다. 어떻게든 사람은 세상을 신뢰하지 않으면서 세상을 사랑할 방법을 찾아내야 한다는 것, 어떻게든 사람은 세속적으로 되지 않으면서 세상을 사랑해야 한다는 것. 나는 일종의 단단한 대못처럼 돌출된 그리스도교 신학의 특징을 발견했다. 그것은 하나님이 인격적이며 세상을 자신으로부터 분리되도록 만드셨다는 교의적 주장이다. 이 교의의 대못은 세상에 난 그 구멍에 정확히 들어맞았다. 거기에 딱 맞아들어가게끔 되어 있었던 게 분명했다. 그런데 그다음에 이상한 일이 시작되었다. 이렇게 두 기계 장치의 두 부분이 함께 만나자, 다른 부분들도 하나하나 기이할 정도로 서로 정확히 들어맞았다. 나는 기계 장치 전체를 둘러싸고 각각의 볼트가 찰칵찰칵 제자리에 맞춰지는 소리를 들을 수 있었다. 한 부분이 옳게 맞춰지자 다른 모든 부분도 같은 과정을 반복하며 옳게 맞춰지는 것이, 마치 하나의 시계가 정오를 알리자 다른 시계들도 차례대로 정오를 알리는 것 같았다. 본능 하나에 교의 하나가 응답하고 나면 또 다른 본능 하나에 또 다른 교의 하나가 응답했다. 비유를 달리하여 말하자면, 나는 높은 성채를 차지하려고 적국 안으로 들어간 사람 같았다. 그 성채가 함락되자 온 나라가 항복하고 단결하여 나를 지지했다. 나의 어린 시절 첫 들판으로 돌아간 듯 온 땅에 불이 밝혀졌다. 제4장에서 내가 어둠 위에 남겨진 그 자취를 따라가려 헛

142

되이 애쓰던 소년기의 눈먼 공상들이 모두 갑작스레 투명하고 분별 있는 것이 되었다. 장미가 붉은 것은 일종의 선택에 의해서라는 느낌이 들었고, 이런 내 느낌은 옳았다. 그것은 신의 선택이었다. 잔디는 필연적으로 그 색깔이 되었음에 틀림없다고 말하기보다 잔디는 잘못된 색깔이라고 말해야겠다는 느낌이 들었고, 이런 내 느낌은 옳았다. 그러니까 잔디의 색깔은 참으로 다른 어떤 색일 수도 있었을 것이다. 행복이 미친 실오라기 같은 한 가지 조건에 매달려 있다는 나의 지각은 결국 정말로 무언가를 의미했다. 그러니까 그것은 인류의 타락에 관한 교의 전체를 의미했다. 내가 묘사할 수 없었고 더구나 옹호할 수도 없었던 그 개념들이라는 희미하고 형체도 없는 괴물들조차 그 신조를 떠받치는 거대한 여인상 기둥들처럼 조용히 제자리로 들어갔다. 우주는 광대하고 공허한 공간이 아니라 오히려 작고 아늑한 곳이라고 하는 공상은 이제 그 의의를 성취했는데, 예술 작품은 어떠한 것이든 그것을 창조한 예술가의 눈에는 틀림없이 작아 보일 것이기 때문이다. 하나님에게는 하늘의 별들이 다이아몬드처럼 작고 소중할 것이다. 그리고 재화란 단지 사용해야 할 도구가 아니라 로빈슨 크루소의 배에서 나온 재화처럼 지켜야 할 유물이라는 직감이 내게서 떠나지 않고 맴돌았는데, 그러한 직감조차도 본래부터 지혜로운 무언가의 거친 속삭임이었던 것이다. 그리스도교에 따르면, 우리는 정말로 세상의 시초 이전에 가라앉은 난파선의 생존자, 황금 배의 선원이었다.

그러나 중요한 문제는 이것이었다. 그런 생각이 낙관론의 이유를 완전히 뒤집어 놓았다는 것이다. 이런 반전이 일어난 그 순간에, 마치 탈구된 뼈가 제자리로 돌아갈 때와 같은 갑작스러운 편안함이 느껴졌다. 이전에 나는 종종 나 자신을 낙관론자라고 부르곤 했는데, 그건 비관론의 너무나 명백한 불경스러움을 피하려는 것이었다. 그러나 이러한 이유로 당대의 낙관론은 모두 거짓이었고 사람들을 낙담케 했으며, 우리가 이 세상에 잘 들어맞는다는 것을 증명하고자 늘 애를 썼던 것이다. 그리스도교의 낙관론은 우리가 이 세상에 들어맞지 않는다는 사실에 기초하고 있다. 나는 사람이란 하나님에게서 먹을거리를 찾는 여느 동물과 같을 뿐이라고 되뇌면서 행복해지려고 노력했었다. 하지만 이제 나는 정말로 행복해졌는데, 사람이란 괴물임을 알게 되었기 때문이다. 모든 것이 기이하다고 느꼈다는 점에서, 나는 옳았었다. 나 자신이 만물보다 더 나쁘면서 더 좋기도 했으니 말이다. 낙관론자의 즐거움은 모든 것의 자연스러움에 머물렀으니 산문적이었다. 그리스도교의 즐거움은 모든 것의 부자연스러움에 머물렀으니 시적이었다. 현대 철학자는 내가 옳은 자리에 있다고 거듭 말해 주었었고, 나는 잠자코 묵종하면서도 여전히 우울한 기분을 느꼈었다. 하지만 나는 내가 그릇된 자리에 있다는 말을 들었고, 나의 영혼은 봄날의 새처럼 기쁨으로 노래하기 시작했다. 이러한 앎은 유년기의 어두운 집 안에서 잊힌 방들을 찾아내 불을 밝혔다. 왜 내 눈엔 잔디가 거인의 푸른 수염처럼 늘 기묘해 보이는지, 왜 내가 집에서도 집을 그리워할 수 있는지, 이제 나는 알게 되었다.

06

그리스도교의
역설

우리가 사는 이 세상의 진짜 문제는 이곳이 불합리하다는 것도, 합리적이라는 것도 아니다. 가장 흔한 종류의 골칫거리는 세상이 거의 합리적이지만 완전히 합리적이지는 않다는 것이다. 삶이 비非논리는 아니지만, 논리학자들에게는 삶이 함정이다. 삶은 실제로 그러한 것보다 좀 더 수학적이고 규칙적으로 보인다. 삶의 정확성은 명백하지만, 삶의 부정확성은 감추어져 있다. 삶의 야생성은 잠복 상태다. 내가 말하려는 바에 대해서 거칠게나마 한 가지 예를 들어 보겠다. 달에서 온 어떤 수학적 생명체가 인체를 평가한다고 생각해 보자. 그는 인체가 좌우 한 쌍을 이룬다는 근본 사실을 금세 알아챌 것이다. 한 사람은 곧 두 사람이다. 오른쪽의 그는 왼쪽의 그와 꼭 닮았다. 오른쪽에 팔이 하나, 왼쪽에 팔이 하나 있으며 오른쪽에 다리가 하나, 왼쪽에도 다리가 하나 있다. 이 점을 파악하고는 계속해서 좌우에 각각 같은 개수의 손가락과 발가락이 있고, 똑같은 눈이 좌우 하나씩, 똑같은 귀가 좌우 하나씩, 똑같은 콧구멍이 좌우 하나씩, 뇌 역시 쌍생의 좌뇌와 우뇌가 있다는 걸 발견할 것이다. 그리고 마침내 이를 법칙으로 여기고는 한쪽으로 치우친 심장을 보고서 다른 쪽에 심장 하나가 더 있으리라고 추론할 것이다. 그는 자신이 가장 옳다고 느끼는 지점에서 틀릴 것이다.

모든 것에 있는 기묘한 요소란 이렇게 정확성에서 소리 없이 벗어난 한 치의 차이에서 비롯한다. 그건 우주에 있는 일종의 비밀스런 반역처럼 보인다. 사과나 오렌지는 둥글다 할 만큼 충분히 둥글지만 완전히 둥글지는 않다. 지구는 단순한 천문학자가 구₩라고 부르고픈 마음이 들 만큼 오렌지처럼 생겼다. 풀잎의 날은 한 끝으로 날카롭게 모이기에 칼날을 본떠 그 이름을 붙였지만 실제로는 날이 아니다. 사물의 모든 부분에는 드러나지 않고 헤아릴 수 없는 이런 요소가 있다. 합리주의자들은 이러한 요소를 놓치는데, 마지막 순간이 되어서야 놓쳐 버린다. 우리 지구가 커다란 곡선을 이룬다는 사실로부터, 지표면의 짧은 직선도 실은 곡선이라는 점을 쉽게 추론할 수 있다. 사람이 좌우 양쪽에 두뇌를 지녔으니 심장도 좌우 양쪽에 있으리라고 추론하는 것은 합리적으로 보일 것이다. 그런데 과학자들이 북극을 찾기 위한 원정대를 꾸리는 까닭은 평평한 지역을 무척이나 좋아하기 때문이다. 또한 과학자들은 사람의 심장을 찾기 위한 원정대도 꾸리고 있다. 심장을 찾고자 하면서 대체로 잘못된 쪽을 뒤져 본다.

실제의 통찰이나 영감은 이 숨겨진 기형이나 경이를 가늠할 수 있느냐 없느냐로 가장 확실하게 검증할 수 있다. 달에서 온 수학적 생명체가 우리 신체 양쪽에 있는 두 팔과 두 귀를 본다면, 두 어깨와 두 부분으로 된 뇌를 추론해 낼 것이다. 그런데 그가 사람 심장의 올바른 위치를 가늠한다면, 나는 그를 수학자 이상의 무엇이라 불러야 할 것이다. 자, 이것이 바로 내가 그리스도교를 향해 제기하게 된 주장이다. 단지 이 주장이 논리적 진리만을 추론하는 것은 아니다. 말하자면 이 주장이 갑자기 비논리적으로 될 때는 비논리적 진리를 찾아낸 것이다. 이 주장이 사물에 관해 옳기만 한 것도 아니다. (이렇게 말할 수 있다면) 사물이 잘못된 바로 그 지점에서는 이 주장도 잘못된 것이다. 이 주장의 구상은 비밀스러운 변칙들에 잘 들어맞고 예상치 못한 것들을 예상한다. 단순한 진리에 대해서는 단순하지만, 미묘한 진리에 대해서는 완강하다. 사람에게 두 손이 있음을 인정하지만, (모든 현대주의자들이 울부짖더라도) 사람에게 심장이 둘 있으리라는 자명해 보이는 추론은 인정하지 않는다. 이번 장에서는 이 점을 분명히 밝히려는 것이 나의 유일한 목적이다. 즉, 그리스도교 신학에 기이한 무언가가 있음을 느낄 때면 언제나 대체로 우리는 진리 자체에 기이한 무언가가 있음을 알아차리게 된다.

나는 우리 시대에 이러저러한 신조를 믿을 수 없다는 취지의 무의미한 구절에 대해 언급한 바 있다. 물론 어떤 시대에나 어떤 것이든 믿을 수는 있다. 그러나 정말 이상하게도, 실로 어떤 의미에서는 사람들이 하나의 신조를 믿을 경우에 단순한 사회보다는 복잡한 사회에서 더 확고히 믿게 된다. 어떤 사람이 버밍엄에서 그리스도교를 참이라 여기게 되었다면, 머시아[1]에서 그랬을 경우보다 실로 더 명확한 신앙의 이유들을 가진 것이다. 우연의 일치는 복잡해 보일수록 우연의 일치일 가능성이 적다. 이를테면 눈송이가 미들로디언의 하트[2] 모양으로 내린다면, 그건 우연한 사건일 수 있다. 그런데 눈송이가 햄프턴 코트[3]의 미로 모양으로 내린다면, 그건 기적이라 할 수 있다. 내가 그리스도교 철학에서 느끼게 된 것이 바로 그런 기적에 대한 느낌이다. 현대 세계의 복잡한 문제는 신앙의 시대의 어떤 평이한 문제보다도 더 완벽하게 그리스도교 신조의 진리를 입증한다. 내가 그리스도교가 참되다는 것을 느끼기 시작한 곳은 바로 노팅 힐과 배터시[4]였다. 이것이 바로 그리스도교를 믿지는 않지만 동경하는 이들을 그토록 괴롭히는 정교한 교의들과 세부 사항들이 신앙에 있는 까닭이다. 신조를 믿는 사람은 과학자들이 과학의 복잡성을 자랑스러워하듯이 신조의 복잡성을 자랑스러워한다. 이러한 사실은 그 안에 발견할 것들이 얼마나 풍부하게 들어 있는지를 알려 준다. 일단 신조가 옳다면, 신조가 정교하게 옳다고 말하는 것은 찬사다. 우연히 어떤 막대기가 구멍에 딱 맞을 수도 있고, 어떤 돌멩이가 움푹 팬 곳에 딱 맞을 수도 있다. 그런데 열쇠와 자물쇠는 둘 다 복잡하다. 따라서

1   머시아Mercia는 앵글로색슨 7왕국 가운데 하나다. 5세기 말 잉글랜드 중부에 건
국되어 8세기에 전성기를 누리다 9세기 초반에 이웃의 웨섹스 왕국에 패망했다.
2   미들로디언의 하트Heart of Midlothian란 에든버러의 구시가지 도로에 모자이크 형
태로 새겨진 하트 문양을 말하며, 미들로디언은 그곳의 옛 지역구 이름이다. 교도
소가 철거된 다음 죄수를 처형하던 장소를 표시한 것이라고 한다.
3   햄프턴 코트Hampton Court는 런던 서부 템스 강변에 위치한 왕궁이다.
4   노팅 힐Notting Hill과 배터시Battersea는 모두 런던의 구역 이름이다. 19세기 말에서
20세기 초, 노팅 힐은 대표적인 서민 주거지였으며, 배터시는 템스강을 따라 산
업시설이 늘어선 지역이었다.

어떤 열쇠가 자물쇠에 딱 맞는다면, 그게 바로 옳은 열쇠다.

그러나 대상의 복잡한 정확성은 내가 지금 해야 하는 일, 다시 말해 이러한 진리의 축적을 묘사하는 작업을 매우 곤란하게 만든다. 무엇이든 자신이 전적으로 확신하는 것을 옹호하기란 매우 힘든 법이다. 단지 부분적으로 확신할 때라면 오히려 상대적으로 쉽다. 부분적으로 확신하는 까닭은 이런 증거나 저런 증거를 찾았기 때문이다. 그런데 무언가가 어떤 철학 이론을 증명한다는 걸 알 때는 그 이론을 정말로 확신하지 못한다. 모든 것이 그 이론을 증명한다는 점을 알 때라야 정말로 확신한다. 만약 이 확신을 향해 수렴되는 논거를 모두 종합하라고 갑자기 요청받는다면 그런 논거를 더 많이 발견할수록 더 어리둥절해진다. 마찬가지로 평범한 지식인에게 "야만보다 문명을 선호하는 이유는 무엇입니까?"라고 불쑥 묻는다면, 그 지식인은 주변 사물을 하나씩 대충 훑어보고서는 모호하게 "음, 저기 책장이 있고, 석탄 통에 석탄이 있고, 그리고 피아노가 있고, 경찰이 있어요"라고 답할 것이다. 문명을 지지하는 근거가 복잡하다는 사실이 바로 문명을 지지하는 완전한 근거다. 문명은 아주 많은 것을 이루었다. 그러나 증거가 아주 많으면 반박 불가능한 압도적인 답변을 할 수 있을 것 같지만, 오히려 답변을 할 수 없게 된다.

그러므로 모든 완전한 확신에는 일종의 거대한 무력감이 있다. 믿음이 너무 커서 행동으로 옮기는 데 오랜 시간이 걸린다. 그런데 무척 이상하긴 하지만, 이런 망설임은 주로 어디에서 시작해야 할지에 대한 무관심에서 비롯한다. 모든 길은 로마로 통한다. 그런데 이것이야말로 많은 이가 결코 로마에 이르지 못하는 한 가지 이유다. 그리스도교의 신념에 대한 이 옹호론에 관하여 말하자면, 고백하건대 나는 한 가지 논거를 가지고 논의를 시작하자마자 또 하나의 논거를 가지고 논의할 것이다. 순무나 택시를 가지고 논의를 시작해 보려는 것이다. 그러나 내가 말하려는 바를 주의를 기울여 명료하게 하려면, 지난 장에서 하던 논의를 계속 이어가는 편이 더 현명할 터이다. 지난 장에서는 이 신비로운 우연의 일치들을, 아니 더 정확히는 승인된 사실들을 역설하려 했다. 그때까지 내가 그리스도교 신학에 대해 들었던 모든 것은 오히려 나를 그리스도교에서 멀어지게 했다. 열두 살의 나는 이교도였으며, 열여섯 살의 나는 완전한 불가지론자였다. 나로서는 그토록 단순한 질문 하나를 스스로 묻지 않고 열일곱 살을 넘기는 사람을 전혀 이해할 수 없다. 정말로 나는 우주적 신을 향한 흐릿한 경외심을 품었으며 그리스도교의 창설자에 대한 역사적 관심이 컸다. 하지만 확실히 그를 한 명의 사람으로 보았을 따름이다. 아마도 나는 바로 그런 점에서도 그에게는 그를 비판하는 몇 명의 현대 비평가들보다 유리한 점이 있다고 생각했던 것 같다. 나는 내가 살아온 시대의 과학적이면서 회의적인 저술들을 읽었다. 영어로 쓰였고 여기저기 널린 것이면 몽땅 읽었다. 하지만 그 밖에 다른 것은 하나도 읽지 않았다. 철학에 관한 것은 전혀 읽지 않았다는 말이다. 나는 싸구려 통속 소설들도 읽었는데, 그 소설들이야말로 실로 그리스도교의 건강하고 영웅적인 전통 안에 있었다. 하지만 그때는 이런 사실을 알지 못했다. 나는 그리스도교 호교론은 단 한 줄도 읽지 않았다. 지금도 그리스도교 호교론은 가능한 한 거의 읽지 않는다. 나를 정통 신학으로 다시 불러들인 이들은 헉슬리와 허버트 스펜서와 브래들로[5]였다. 그들은 처음으로 내 정신에 의심에 대한 맹렬한 의심을 심어 놓았다. 톰 페인[6]과 자유 사상가들이 정신을 뒤흔들어 놓았다고 한 우리 할머니들의 말씀은 정말 옳았다. 그들은 정말로 그러했다. 그들은 나의 정신을 끔찍이도 뒤흔들어 놓았다. 합리주의자는 이성이 과연 쓸모가 있기는 한 것인지 묻게 만들었다. 허버트 스펜서를 끝냈을 때, 나는 진화가 일어나기는 했었는지 (처음으로) 의심하는 데까지 나아갔다. 잉거솔 대령[7]의 무신론 강의 마지막 장을 내려놓자 무시무시한 생각이 내 정신을 깨치며 떠올랐다. "그대는 거의 나를 설득하여 그리스도인이 되게 하는군요."[8] 나는 절체절명의 상황에 놓였다.

위대한 불가지론자들은 그들이 제기한 의심보다 그들 자신이 더 깊은 의심을 불러일으키는데, 이 기이한 효과는 여러 방식으로 설명할 수 있다. 다만 나는 그 가운데 한 가지 방식을 택하겠다. 내가 헉슬리에서 브래들로에 이르기까지 신앙에 관한 비非그

5   찰스 브래들로Charles Bradlaugh, 1833-1891는 영국의 무신론자 정치인이다. 1866년 전국세속주의협회National Secular Society(NSS)를 창립했으며, 1880년 자유당의 국회 의원으로 당선된 뒤 국회에서 종교와 표현의 자유를 쟁취하고자 노력했다.

6   토머스 페인Thomas Paine, 1737-1809은 잉글랜드 태생의 미국 정치 운동가, 철학자다. 미국 독립혁명과 프랑스 혁명에 직접적인 영향을 끼쳤으며, 『인간의 권리』 Rights of Men, 1791, 『이성의 시대』The Age of Reason, 1794-1796 등을 집필하여 기성 권력과 종교의 억압에 맞서 보편적 인권과 이성을 주창하여 커다란 논쟁을 불러일으켰다.

7   로버트 그린 잉거솔Robert Green Ingersoll, 1833-1899은 미국의 대표적 자유사상가다. 남북 전쟁 당시 북군 대령으로 복무한 탓에 흔히 잉거솔 대령으로 불린다. 불가지론을 설파한 저술가이자 연설가로 명성을 얻었다.

8   킹제임스성경 사도행전 26장 28절 참조. "Then Agrippa said unto Paul, Almost thou persuadest me to be a Christian."

리스도교적 설명과 반ᴿ그리스도교적 설명을 모두 읽고 또 읽는 가운데, 더디지만 굉장한 인상이 그림처럼 생생하게 떠올라 차츰 자라났다. 그건 그리스도교가 아주 범상치 않은 것임에 틀림없다는 인상이었다. (내가 이해하기로) 그리스도교는 가장 지독한 악덕들을 지니고 있을 뿐 아니라, 보아하니 서로 부합하지 않는 악덕들을 결합하는 신비로운 재능을 지녔다. 그리스도교는 모든 측면에서 온갖 모순된 이유로 공격을 받았다. 어떤 합리주의자가 그리스도교는 동쪽으로 너무 멀리 갔음을 입증하자마자 또 다른 합리주의자가 그리스도교는 서쪽으로 너무 멀리 갔음을 똑같이 명료하게 입증했다. 그리스도교의 모나고 공격적인 모습에 대한 나의 분개가 잦아들자마자 나는 다시금 그리스도교의 무기력하고 감각적인 둥근 모습을 알아채고 비난해야 했다. 몇몇 독자가 내 말뜻을 이해하지 못할 경우를 대비해, 그 회의론적 공격의 사례들을 기억나는 대로 두서없이 들어 보려 한다. 그런 사례는 쉰 개도 더 되지만 그중 네다섯 개만 제시하겠다.

이를테면 나는 그리스도교를 비인간적으로 우울한 것이라고 하는 유창한 공격에 크게 마음이 움직였다. 나는 성실한 비관론을 용서받지 못할 죄라고 생각했(고 여전히 그렇게 생각한)다. 불성실한 비관론은 사회적 성취물인데, 불쾌하기보다는 오히려 기분 좋은 성취물이다. 그리고 다행히도 거의 모든 비관론은 불성실하다. 그러나 사람들이 말하듯 그리스도교가 순수하게 비관적이고 삶에 반ᴿ하는 것이었다면, 나는 이미 세인트 폴 대성당[9]을 폭

9   세인트 폴 대성당Saint Paul's Cathedral은 런던에 있는 성공회 주교좌성당이다. 런던
     시내의 가장 높은 언덕 위에 세워졌으며 영국 성공회 교회만이 아니라 영국 전체

정통 Orthodoxy

파해 날려 버릴 각오가 되어 있었다. 놀라운 점은 바로 이것이다. 이 책의 제1장에 썼듯이, 사람들은 그리스도교가 지나치게 비관적이지 않다는 것을 (흡족할 정도로) 내게 증명해 보였다. 그리고 제2장에 썼듯이, 사람들은 그리스도교가 지나치게 낙관적이라는 것을 내게 증명하기 시작했다. 그리스도교에 대한 비난 가운데 하나는 그리스도교가 병적인 눈물과 공포를 통해 사람들이 자연의 품 안에서 기쁨과 자유를 구하지 못하게 막는다는 것이었다. 그러나 다른 한편에서는 그리스도교가 허구의 섭리를 가지고 사람들을 위로하고 온통 분홍과 하양으로 칠해진 유아원에 집어넣는다고 비난했다. 어떤 훌륭한 불가지론자는 자연이 왜 별로 아름답지 않은지, 그리고 자유롭게 되기란 왜 그리 어려운지를 물었다. 다른 훌륭한 불가지론자는 '경건한 손으로 짠 가장假裝의 의복' 같은 그리스도교의 낙관론이 자연은 추하며 자유롭게 되기란 불가능하다는 사실을 우리에게 숨겼다며 항의했다. 한 명의 합리주의자가 그리스도교를 악몽이라 부르자마자 또 한 명의 합리주의자가 바보의 낙원이라 부르기 시작했다. 이 점이 나를 어리둥절하게 했다. 이 비난들은 일관성이 없어 보였기 때문이다. 그리스도교가 하얀 세계를 덮은 검은 가면인 동시에 검은 세상을 덮은 하얀 가면일 수는 없다. 그리스도인의 상태라는 게 집착하면 비겁한 일이 될 만큼 편안한 동시에 견뎌 내면 바보 짓이 될 만큼 불편한 것일 수는 없다. 그리스도교가 인간의 비전을 거짓으로 왜곡한다면 이거든 저거든 어느 한 방식으로 왜곡해야 한다. 초록색 안경과 붉

를 대표하는 건물로 그 상징성이 크다.

153

은색 안경을 동시에 쓸 수는 없는 법이다. 나는 스윈번[10]이 신조의 음울함에 대해 쏟아 놓은 조롱을, 당시 여느 젊은이처럼 무척이나 즐거워하며 혀 위에 굴려 보았다.

> 창백한 갈릴리 사람이여,
> 그대가 승리하였으니 세상은 그대 숨결에 잿빛이 되었다.[11]

그러나 같은 시인이 쓴 이교에 대한 설명을 읽고 나서, 나는 (『아탈란테』[12]에서 보듯이) 그 갈릴리 사람이 숨결을 불어넣은 이후의 세상보다 그 이전의 세상이 더욱 잿빛이었음을 알게 되었다. 실제로 시인은 삶 자체가 칠흑같이 어두운 것이라고 추상적으로 주장했다. 하지만 어쨌든 그리스도교는 이전에 세상을 이미 어둡게 만들어 놓았다고 했다. 그리스도교를 비관론이라고 맹렬히 비난했던 그 사람이 바로 비관론자였다. 나는 뭔가 틀림없이 잘못됐

---

10 앨저넌 찰스 스윈번Algernon Charles Swinburne, 1837-1909은 데카당파로 알려진 영국의 시인, 평론가다. 식인食人, 동성애, 가학성애, 반反유신론 등 당대에 금기로 여겨진 주제들을 가지고 이교적이고 관능적인 여러 편의 작품을 남겼다.

11 스윈번의 시 「프로세피나 찬가」Hymn to Proserpine, 1866에 나오는 구절이다. 그리스 신화 속 제우스의 딸이자 저승의 여왕인 프로세피나 여신에게 바치는 찬가의 형식 속에 그리스도교의 승리를 애통해하는 내용을 담고 있다. "갈릴리 사람이여, 그대가 승리하였도다"Vicisti Galilaee는 로마제국에서 그리스도교의 공인을 번복하려 했던 율리아누스 황제가 죽으며 남긴 말이라고 전해 온다.

12 스윈번의 시극詩劇 『칼리돈의 아탈란테』Atalanta in Calydon, 1865를 가리킨다. 아르테미스 여신을 등한시한 칼리돈의 왕 오이네우스와 그 가족들은 아르테미스 여신이 복수를 위해 보낸 멧돼지를 사냥하는 과정에서 여자 사냥꾼 아탈란테와 얽히며 결국 서로 죽이고 죽는 비극적 결말에 이르는데, 이 그리스 신화를 극적으로 표현한 작품이다.

다고 생각했다. 그들이 종교와 행복의 관련성을 판단할 수 있는 최고의 재판관은 아닌 것 같다는 생각이, 격렬한 한순간에 머리를 스치고 지나갔다. 그들 자신의 설명을 보아도 그들에겐 종교도, 행복도 없었다.

하지만 독자들은 내가 그리스도교에 대한 비판들이 거짓이라거나 그 비판자들이 바보라고 서둘러 결론 내리지 않았음을 반드시 이해해야 한다. 나는 오히려 그리스도교가 그들이 이해했던 것보다 훨씬 기묘하고 사악한 것임에 틀림없다고 추론했다. 한 사물이 정반대인 두 가지 악덕을 동시에 지닐 수는 있다. 하지만 정말 그렇다면, 그건 뭔가 기이한 사물이다. 어떤 사람이 한 장소에서는 너무 뚱뚱하지만 또 다른 장소에서는 너무 말랐을 수도 있다. 하지만 그렇다면, 그 사람은 정말 기이한 체형이다. 이 지점에서 내 생각은 오직 그리스도교라는 종교의 기이한 형태에 관한 것뿐이다. 나는 합리주의자의 정신이 지닌 기이한 형태는 전혀 제론하지도 않았다.

여기에 같은 종류의 또 다른 사례가 있다. 나는 '그리스도인'이라 불리는 모든 사람에게는, 특히 저항과 싸움에 대한 그 태도에서 소심하고 수도자 같고 남자답지 못한 무언가가 있다는 비난 속에 그리스도교에 반反하는 강력한 사례가 있다고 느꼈다. 19세기의 위대한 회의론자들은 대체로 남성적 기력이 넘쳤다. 브래들로는 대범한 면에서, 헉슬리는 과묵한 면에서 확실히 남자였다. 이에 비해 그리스도교의 권고에는 나약하고 지나치게 인내하는 무언가가 있다는 말이 그럴듯하게 들렸다. 한쪽 뺨을 맞으면 다른 쪽 뺨을 대라는 복음의 역설이나 사제들은 절대로 싸우지 않

았다는 사실 등 그리스도교가 사람을 너무나 양처럼 만들려 한다
는 비난에 대한 타당한 근거가 백 가지는 있다. 나는 그런 비난을
읽고 그렇게 믿었으며, 다른 것을 전혀 읽지 않았더라면 계속해
서 그렇게 믿었을 것이다. 하지만 나는 그와는 전혀 다른 비난들
도 읽었다. 나는 내 불가지론 매뉴얼의 다음 페이지를 넘겼다. 그
러자 내 머리는 아래위가 뒤집히고 말았다. 이제 나는 너무 적게
싸운다는 이유가 아니라 너무 많이 싸운다는 이유로 그리스도교
를 미워해야 한다는 걸 깨달았다. 그리스도교는 전쟁의 어머니인
듯했다. 그리스도교는 세계를 피의 홍수로 몰아쳤다. 나는 그리스
도인이 절대 화를 내지 않기에 그리스도인에게 정말 화가 났었다.
그런데 이제는 그리스도인의 분노가 인류사에서 가장 크고 끔찍
한 것이었으니 그리스도인에게 분노해야 한다는 말을 듣게 되었
다. 사람들은 그리스도인의 분노가 땅을 흠뻑 적시고 태양을 향해
연기를 내뿜었다고 했다. 수도원이 유순하기만 할 뿐 저항하지 않
는다는 이유로 그리스도교를 책망했던 바로 그 사람들이, 이제는
십자군의 폭력과 용맹을 이유로 그리스도교를 책망했다. 참회왕
에드워드[13]가 싸우지 않았던 것과 사자왕 리처드[14]가 싸웠던 것

---

13 참회왕 에드워드Edward the Confessor, 재위 1042-1066는 잉글랜드 앵글로색슨 왕조의
    마지막 왕이다. 깊은 신앙을 지녔고 웨스트민스터 사원을 건설한 것으로 유명하
    다. 덴마크가 침공했을 때 노르망디로 망명했다가 선왕이 죽은 후에야 왕위에 추
    대되었다.

14 사자왕 리처드Richard the Lionheart, 재위 1189-1199는 플란태저넷 왕가를 연 헨리 2세
    의 셋째 아들로 형제들의 반란을 진압하고 왕위를 계승했다. 제3차 십자군 전쟁
    을 주도하여 팔레스타인 원정을 이끌면서 수많은 모험과 전투의 일화들을 남겼
    고 중세 영웅의 전형으로 동경의 대상이 되었다.

모두가 (어쨌거나) 그리스도교의 잘못이었다. (듣기로는) 퀘이커 교도만이 유일한 전형적인 그리스도인들이라고도 했다. 하지만 크롬웰과 알바[15]가 일으킨 대학살은 전형적인 그리스도교적 범죄였다. 이 모두가 의미하는 바는 무엇일까? 항상 전쟁을 금지하면서, 또 항상 전쟁을 초래하는 이 그리스도교란 대체 무엇일까? 싸우려 하지 않는다는 이유로 욕을 먹고, 그다음엔 늘 싸운다는 이유로 욕을 듣는 이 그리스도교의 본질은 과연 무엇일까? 이 기괴한 흉포함과 이 기괴한 유순함은 어떤 수수께끼의 세상에서 나왔을까? 그리스도교의 모습은 매 순간 더욱더 괴이해져만 갔다.

　　이제 그리스도교에 반대하는 세 번째 사례를 살피려고 하는데, 이 주장은 신앙에 대한 진짜 반론을 수반하기에 모든 주장 가운데 가장 강력한 것이다. 그리스도교에 대한 진짜 반론은 그것이 하나의 종교에 불과하다는 것이다. 세상은 아주 다양한 사람들로 가득 찬 커다란 장소다. 그리고 그리스도교는 한 종류의 사람들에게만 한정된 하나의 대상일 뿐이(라고 합리적으로 말할 수도 있)다. 그리스도교는 팔레스타인에서 시작되었고 사실상 유럽에서 멈췄다. 이러한 주장은 당연히 젊은 시절의 나에게 깊은 인상을 남겼고, 나는 여러 윤리협회들[16]에서 자주 설파하던 교의에 크

15　알바 대공작Gran Duque de Alba, 1507-1582은 신성로마제국의 황제 카를 5세의 고문이자 당대 최고의 장군이었다. 종교개혁의 결과로 벌어진 슈말칼덴 전쟁에서 독일 지역 루터교 제후들을 진압하는 데 성공했고, 네덜란드 총독으로서 네덜란드 독립전쟁 초기에 독립군을 격파하고 대학살을 벌인 것으로 유명하다.

16　19세기 후반에 진행된 윤리 운동Ethical Movement의 흐름 속에 유럽과 미국 도처에서 여러 윤리협회들Ethical Societies이 설립되었다. 이들은 종교와 신학으로부터 독립된 윤리를 정초하고 이를 바탕으로 인류의 진보를 추구했다.

게 이끌렸다. 인간 양심의 편재성遍在性에 기초한, 모든 인류가 공유하는 위대한 무의식적 교회가 있다고 하는 교의 말이다. 그들은 여러 가지 신조들이 사람들을 분열시키지만 적어도 도덕은 사람들을 하나로 통합한다고 했다. 영혼은 가장 낯설고 머나먼 땅들과 시대를 모색하여 본질적인 윤리 상식을 찾아낼 것이다. 영혼이 동양의 나무 아래서 공자를 찾아내면, 공자는 '도둑질하지 말라'라고 쓰고 있을 것이다. 가장 오래된 태고의 사막에서 가장 어두운 상형문자를 해독해 내면, '어린아이들은 진실을 말해야 한다'라는 뜻일 것이다. 나는 도덕 감정[17]을 지녔다는 점에서 모든 사람이 형제라는 교의를 믿었고 여전히 믿는데, 다른 것들도 함께 믿는다. 나는 인류의 모든 시대와 제국 전체가 (내가 추정한 대로) 이 정의와 이성의 빛을 회피했다고 말하는 그리스도교에 완전히 짜증이 났다. 그런데 바로 그때, 나는 한 가지 놀라운 사실을 발견했다. 플라톤에서 에머슨[18]에 이르기까지 인류가 하나의 교회라고 말하는 바로 그 사람들이, 도덕은 모두 변했으며 한 시대에 옳은 일이 다른 시대에는 그릇된 일이라고 말하는 이들과 같은 사람들임을 발견한 것이다. 내가 제대祭臺를 요청하면, 그들은 우리에 겐 제대가 전혀 필요 없다고 한다. 우리 형제들이 보편적 관습과

17 도덕 감정moral sense이란 인간의 윤리가 지성이나 의지가 아니라 감정에 기초해 있음을 나타내는 철학 개념이다. 데이비드 흄David Hume을 비롯한 일련의 철학자들은 기존 서구 철학의 주지주의적 윤리학을 뒤집고, 이를테면 동정심과 같은 도덕 감정이 인간의 도덕 행위를 유발한다고 주장했다.

18 랠프 월도 에머슨Ralph Waldo Emerson, 1803-1882은 미국의 시인, 사상가다. 독실한 목사 집안에서 태어났으나 자연과 신과 인간은 궁극적으로 하나라는 범신론적 초월주의를 견지했다.

이상理想에 담긴 명백한 신탁들과 단 하나의 신조를 우리에게 주기 때문이라는 것이었다. 하지만 내가 제대가 있는 게 보편적 관습 가운데 하나임을 부드럽게 지적하면, 나의 불가지론자 교사들은 홱 일변하여 인간이란 늘 어둠 속에, 야만의 미신 속에 있었다고 말했다. 그들이 날마다 그리스도교를 조롱하면서, 그리스도교는 한 민족의 빛이었으나 다른 민족은 모두 어둠 속에서 죽게 내버려두었다며 조롱한다는 걸 알게 되었다. 하지만 나는 또한 그들이 스스로 한 민족은 과학과 진보를 발견했으나 다른 민족은 모두 어둠 속에서 죽었다며 특별히 자랑하는 것을 알게 되었다. 그들이 그리스도교를 모욕하는 주된 이유는 실로 그들이 자화자찬하는 주된 이유였고, 두 가지 대상에 대한 그들의 상대적인 주장은 이상할 만큼 불공정해 보였다. 우리는 어떤 이교도나 불가지론자에 대해 생각할 때, 모든 사람이 하나의 종교를 가지고 있음을 기억해야 했다. 하지만 어떤 신비가나 유심론자에 대해 생각할 때는, 어떤 이들이 얼마나 터무니없는 종교들을 가지고 있었는지만 생각해야 했다. 우리는 에픽테토스[19]의 윤리를 신뢰할 수 있는데, 그건 윤리가 전혀 변하지 않았기 때문이다. 하지만 우리는 보쉬에[20]의 윤리를 신뢰해서는 안 되는데, 그건 윤리가 변했기 때문이다. 그러니까 윤리는 2백 년 동안 변했으면서 2천 년 동안 변하지 않은 것이었다.

이 지점에서 우려스러워지기 시작했다. 그리스도교가 어떤

19   에픽테토스Epiktetos, 55?-135?는 고대 그리스의 스토아학파 철학자다.
20   자크베니뉴 보쉬에Jacques-Bénigne Bossuet, 1627-1704는 프랑스의 가톨릭 신학자, 철학자로서 절대왕권을 옹호했고 프랑스 교회의 자유와 독립을 도모했다.

악덕이라도 포용할 만큼 나쁜 게 아니라 어떤 막대기라도 그리스도교를 치기에 좋아 보였기 때문이다. 사람들이 그저 반박하는 데만 혈안이 된 나머지 남을 반박하면서 동시에 자기 자신을 반박하게 되는 것조차 개의치 않아 한다는 사실, 이보다 놀라운 일이 또 있을까? 이런 경향이 보이지 않는 곳이 없었다. 이 실상을 자세히 논의할 만큼 지면을 할애할 수는 없다. 다만 내가 부수적인 세 가지 사례를 불공정하게 선정했다고 생각하는 사람이 없도록 몇 가지 다른 사례들을 빠르게 살펴보겠다. 어떤 회의론자들은 그리스도교가 가정을 공격하는 커다란 범죄를 저질렀다고 썼다. 그리스도교가 여성들을 가정과 자녀로부터 끌어내 수녀원의 고독과 관상觀想 속으로 밀어 넣었다는 것이었다. 하지만 그다음에, 또다른 (살짝 더 진보한) 회의론자들은 그리스도교가 가정과 결혼을 우리에게 강요하는 커다란 범죄를 저질렀다고 말했다. 여성들에게 가정과 자녀를 돌보아야 하는 숙명을 지우고 고독과 관상을 금지시켰다는 것이다. 그야말로 정반대의 비난이었다. 또한 반反그리스도인들은 사도들의 서간이나 결혼식에 쓰인 어떤 구절들이 여성의 지성에 대한 멸시를 드러낸다고 말했다. 하지만 나는 반그리스도인들이야말로 여성의 지성을 멸시한다는 것을 알게 되었다. 그들은 대륙의 교회[21]에는 '여자들만' 다닌다면서 크게 비웃었다. 또한 그리스도교는 그 헐벗고 굶주리는 관습 때문에, 그 베옷과 말린 콩 때문에 책망을 들었다. 하지만 바로 그다음에는 그화려함과 예식 때문에, 반암玭玵으로 지은 사원과 금실로 지은 예

정통 Orthodoxy

---

21   대륙의 교회Church on the Continent란 섬나라 영국 입장에서 본 로마가톨릭교회를
      가리킨다.

복 때문에 책망을 들었다. 너무 수수하다고도 욕을 먹고 너무 화려하다고도 욕을 먹은 것이다. 또한 그리스도교는 성性을 지나치게 억누른다고 늘 비난을 받았다. 하지만 맬서스주의자 브래들로는 그리스도교가 성을 너무 조금 억압한다고 여겼다. 많은 경우에 그리스도교는 점잖은 체통과 종교적 사치 때문에 동시에 비난받는다. 나는 무신론 팸플릿에서 "이 사람은 이렇게 생각하고, 저 사람은 저렇게 생각한다"라고 신앙의 불일치를 힐난하는 동시에, "세상이 개판이 되지 않도록 막아 주는 것은 바로 의견의 차이"라며 신앙의 일치를 힐난하는 걸 보았다. 내 친구인 어떤 자유사상가는 같은 대화에서 유대인들을 멸시한다는 이유로 그리스도교를 비난하고는 유대적이라는 이유로 그리스도교를 멸시했다.

나는 내가 그때도 더없이 공정하기를 바랐고 지금도 더없이 공정하기를 바란다. 나는 그리스도교에 대한 공격이 모두 틀렸다고 결론 내리지 않았다. 다만 그리스도교가 틀렸다면 아주 단단히 틀렸을 거라고 결론 내렸을 뿐이다. 그러한 적대적인 혐오들이 결합하여 하나를 이룰 수도 있겠지만, 그렇다면 그것은 매우 이상하고 외딴 것임에 틀림없다. 구두쇠이면서 돈을 낭비하는 사람들이 있긴 하지만, 드물다. 관능적이면서 금욕적인 사람들이 있긴 하지만, 드물다. 그러나 근엄하면서 잔혹하고, 너무 화려하면서 너무 초라하고, 금욕적이면서 가당찮게 눈의 욕정을 채워 주고, 여성들의 원수이면서 여성들의 바보 같은 피난처이고, 엄숙한 비관론자이면서 어리숙한 낙관론자인, 정신 나간 모순이 이렇게 많이 존재한다면, 정말 이러한 악이 존재한다면, 그 안에는 무척이나 탁월하고 독특한 무언가가 있을 것이다. 이토록 예외적인 타락에 관한 설명을, 나는 나의 합리주의자 교사들에게서 구하지 못했다. 그들의 눈에 그리스도교란 (이론적으로 말하자면) 필멸할 존재들의 평범한 신화와 오류 가운데 하나일 뿐이었다. 그들은 내게 이 뒤틀리고 부자연스러운 악을 열 수 있는 열쇠를 주지 않았다. 그러한 악의 역설은 초자연적인 수준에까지 올랐다. 정말이지 거의 교황의 무류성無謬性만큼 초자연적인 것이 되었다. 결코 옳지 않았던 역사적인 기관이 있다는 것은 절대 틀릴 수 없는 기관이 있는 것만큼이나 기적에 가깝다. 내게 즉각 떠오른 유일한 설명이란 그리스도교가 천국이 아니라 지옥에서 나왔다는 것이었다. 실로 나사렛의 예수가 그리스도가 아니었다면, 그는 틀림없이 적敵그리스도였다.

그러고서 어느 잠잠한 시간에 한 가지 이상한 생각이 고요한 벼락처럼 나를 덮쳤다. 갑작스레 내 머릿속에 또 다른 설명이 떠올랐던 것이다. 가령 우리가 알지 못하는 사람에 대해 많은 이들이 말하는 걸 들었다고 해보자. 어떤 사람들은 그가 너무 크다고 말하고 또 어떤 사람들은 너무 작다고 말하는 것을 듣고 어리둥절해진 상황이라고 상상해 보자. 어떤 사람들은 그가 뚱뚱하다며 싫어했고 어떤 이들은 너무 말랐다고 안타까워했다. 어떤 이들은 그의 살결이 너무 까맣다고 생각했고 어떤 이들은 너무 하얗다고 생각했다. (이미 인정했듯이) 이러한 사태에 대한 설명 한 가지는 그가 정말 기이하게 생겼으리라는 것이다. 그러나 또 다른 설명도 가능하다. 그가 제대로 생겼을 수도 있다. 다만 엄청나게 큰 사람들은 그가 작다고 느낄 테고, 아주 작은 사람들은 그가 크다고 느낄 테다. 살이 찌고 있는 옛 친구들은 그의 배가 아직 덜 찼다고 여길 수 있고, 말라가는 옛 멋쟁이들은 그의 몸이 불어나 우아함의 좁은 경계선을 벗어났다고 느낄 수 있다. (머리색이 아주 옅은) 스웨덴 사람들은 그의 머리색이 어둡다고 하겠지만, 흑인들은 뚜렷한 금발이라고 할 것이다. (요컨대) 어쩌면 범상치 않은 것이야말로 진짜 평범한 것이다. 적어도 정상적인 것이며, 중심이다. 어쩌면 결국 제정신인 것은 그리스도교이고, 다양한 방식으로 미친 것은 그 비판자들일지 모른다. 나는 이런 생각을 시험하고자 그리스도교를 비판하는 이들에게 어떤 병적인 것이 있는지를 자문해보았다. 그러고서 이 열쇠가 자물쇠에 딱 들어맞는 것을 보고 깜짝 놀랐다. 이를테면 현대 세계가 육체적인 금욕과 예술적인 사치를 이유로 들어 동시에 그리스도교를 비난한다는 건 확실히 이상했다. 하지만 현대 세계 자체가 극단적인 육체적 호사에 예술적 사치의 극단적인 부재를 결합했다는 점도 무척이나 기이했다. 현대인은 베켓[22]의 제의祭衣는 너무도 풍성하나 그의 밥상은 너무 빈약하다고 생각했다. 그러나 현대인이야말로 역사상 정말로 예외적이었다. 현대인 이전에 그토록 추한 옷을 입고 그토록 공들인 정찬을 먹는 사람은 아무도 없었다. 현대인은 현대 생활이 너무나 복잡한 데 비해 교회는 너무나 단순하다고 생각했고, 현대 생활이 너무나 초라한 데 비해 교회는 너무나 화려하다고 생각했다. 단조로운 단식斷食과 잔치를 모두 싫어하는 사람이 전채 요리는 미친 듯이 좋아했다. 제의를 싫어하는 사람이 터무니없는 바지를 입었

22   토머스 베켓Thomas Becket, 1118-1170은 캔터베리의 대주교였다. 1066년 성직자를 세속 법정에서도 재판할 수 있게 한 헨리 2세의 클라렌던 칙령을 거부하여 프랑스로 추방되었다가 복귀했으나 1170년에 살해되어 순교자로 선포되었다.

다. 이런 문제에 정신이상이 조금이라도 관련되었다면, 그건 그저 길게 드리우는 제의가 아니라 그 터무니없는 바지에 관련된 게 분명했다. 정신이상이 조금이라도 관련되었다면, 빵과 포도주가 아니라 사치스러운 전채 요리에 관련됐다.

나는 모든 사례를 검토했고, 이제까지는 이 열쇠가 잘 들어맞 았다. 스윈번에게는 그리스도인의 불행도 거슬렸지만, 그리스도 인의 행복이 더 거슬렸다는 사실은 쉽게 설명되었다. 그렇다면 그 건 더 이상 그리스도교의 합병증 때문이 아니라 스윈번의 합병증 때문일 터였다. 그리스도인의 제약들이 스윈번을 슬프게 한 까닭 은 단순히 그가 건강한 사람이 그러해야 하는 것보다 더 쾌락주 의자였기 때문이다. 그리스도인의 신앙이 스윈번을 화나게 한 까 닭은 그가 건강한 사람이 그러해야 하는 것보다 더 비관론자였기 때문이었다. 마찬가지로 맬서스주의자들이 본능적으로 그리스도 교를 공격한 까닭은 그리스도교에 특별히 반反맬서스주의적인 것 이 있어서가 아니라 맬서스주의에 반反인간적인 것이 있기 때문 이다.

그럼에도 나는, 그리스도교가 분별과 중용을 갖추었다는 게 완전히 참일 수는 없다고 느꼈다. 그리스도교 안에는 세속주의자 들의 피상적인 비판을 정당화하는 역점과 심지어 광란의 요소 하 나가 있었다. 아마 그리스도교는 현명할 것이다. 나는 점점 더 그 리스도교가 현명하다고 생각하게 되었지만, 그리스도교는 단지 세속적으로 현명하지만은 않았다. 게다가 그리스도교는 단지 온 화하고 점잖지만도 않았다. 그리스도교의 사나운 십자군 병사들 과 온유한 성인聖人들은 서로 균형을 이룰 터였다. 다만 십자군 병사들은 무척 사나웠고, 성인들은 모든 품위를 넘어설 만큼 온유했다. 사고가 여기에 이르자 순교와 자살에 관한 생각들이 다시금 떠올랐다. 아무튼 이 문제에는 온전한 정신에 가까우면서 거의 제정신이 아닌 두 가지 입장 사이의 조합이 이루어져 있었다. 이것은 또 하나의 모순이었으나, 나는 이것이 참임을 이미 알아차렸다. 실로 이것은 회의론자들이 그리스도교의 신조를 틀렸다고 여기게 된 역설들 가운데 하나였다. 그런데 나는 이 점에서 그것이 옳다는 것을 깨달았다. 그리스도인들이 미친 듯이 순교를 사랑하거나 자살을 증오하더라도, 그리스도교를 꿈꾸기 오래전에 내가 느꼈던 것보다 더 미친 듯이 이 열정을 느낀 것은 아니다. 그때 정신적 과정의 가장 어렵고 흥미로운 부분이 열렸고, 나는 우리 신학의 모든 거대한 사상들을 통하여 이 생각을 희미하게 추적하기 시작했다. 이 생각이란 내가 낙관론자와 비관론자를 다루면서 개괄했던 것이었다. 그러니까 우리가 원하는 것은 혼합물이나 타협안이 아니라 활활 타오르는 사랑과 진노 둘 다인 것이다. 여기에서 나는 다만 윤리에 한정하여 그 생각을 추적할 것이다. 독자에게 이 조합에 관한 생각이 정통 신학에서 중심을 이룬다는 점을 상기시킬 필요는 없다. 정통 신학에서는 특별히 그리스도가 마치 요정처럼 하나님과 인간으로부터 동떨어진 존재도 아니고 켄타우로스처럼 반만 인간인 존재도 아니지만, 동시에 전적으로 두 가지 모두임을, 완전한 인간이자 완전한 신임을 주장해 왔기 때문이다. 이제 나는 내가 깨달은 대로 이런 생각을 따라가 보려고 한다.

정신이 온전한 사람은 온전한 정신이라는 게 일종의 평형상태임을 이해할 수 있다. 사람이 미치면 너무 많이 먹기도 하고 너

무 적게 먹기도 한다. 어떤 현대인들은 아리스토텔레스의 중용을 파괴하려는 진보나 진화라는 모호한 견해들을 내세우며 등장했다. 그들은 우리가 점차 굶주리게 되거나, 아니면 영원히 계속해서 매일 아침 식사를 더 많이 먹게끔 되어 있다고 말하는 것만 같다. 그러나 중용이라는 자명한 이치는 생각 있는 모든 이들을 위해 그대로 유지되었고, 이 사람들은 그들 자신의 균형을 제외하고는 어떠한 균형도 깨뜨리지 못했다. 그런데 우리가 모두 균형을 유지해야 함을 인정한다고 해도, 진짜 관심사는 균형을 어떻게 유지할 수 있는가 하는 점이다. 바로 이것이 이교에서 해결하고자 했던 문제였으며, 내 생각에 그리스도교는 매우 낯선 방식으로 이 문제를 해결했다.

이교에서는 미덕이란 균형에 있다고 선언했다. 그리스도교에선 미덕이 충돌에 있다고 선언했다. 겉보기에 상반된 두 가지 열정의 충돌 말이다. 물론 두 열정이 정말로 모순되는 것은 아니다. 다만 둘을 동시에 지속하기는 어렵다. 잠시 순교와 자살이라는 실마리를 따라가 보자. 그리고 용기의 경우를 살펴보자. 이제껏 두뇌를 그토록 어지럽히고 지극히 이성적인 현자들이 내린 정의들을 그토록 헝클어 놓은 자질이란 용기뿐이었다. 용기는 그 자체로 거의 하나의 모순이다. 용기는 살고자 하는 강력한 욕구이지만 기꺼이 죽으려는 형태를 취한다. "제 목숨을 잃는 사람은 얻을 것이다"[23]라는 말은 성인聖人과 영웅을 위한 신비주의의 편린이 아니다. 그것은 선원이나 산악인을 위한 일상의 충고다. 등반 안

23   마태복음 16장 25절 참조.

내서나 훈련 교범에 인쇄되어 있을 법하다. 이 역설이야말로 용기의 원칙이며 심지어 매우 세속적이거나 매우 잔혹한 용기의 원칙이기도 하다. 바다에 에워싸인 사람은 절벽에서 죽을 위험을 감수해야 그 목숨을 구할 것이다.

그는 죽음과 한 치의 거리를 두고 계속 걸음을 내디뎌야만 죽음으로부터 멀어질 수 있다. 적들에게 포위된 병사가 길을 뚫고 나가려면 살고자 하는 강한 욕망을 품는 동시에 죽음을 개의치 말아야 한다. 단지 삶에만 매달려서는 안 된다. 그러면 겁쟁이가 되어 달아나지 못할 것이다. 단지 죽음을 기다리기만 해도 안 된다. 그러면 자살자가 되어 달아나지 못할 것이다. 그는 삶에 대해 격렬하게 무관심한 정신으로 삶을 추구해야 한다. 삶을 물처럼 갈망하되 죽음을 포도주처럼 마셔야 한다. 어떠한 철학자도 이 낭만적 수수께끼를 충분히 명확하게 표현한 적이 없으며, 물론 나 또한 그러지 못했다. 그러나 그리스도교는 그 이상의 일을 해냈다. 그리스도교는 자살자와 영웅의 끔찍한 무덤들에 그것의 한계를 표시하고는 살기 위해 죽은 자와 죽기 위해 죽은 자 사이의 거리를 보여 주었다. 그 이후로 그리스도교는 유럽의 기다란 창^槍 위로 기사도의 신비라는 깃발을 높이 들었다. 그것은 죽음을 업신여기는 그리스도인의 용기이지, 삶을 업신여기는 중국인의 용기가 아니다.

나는 이 이중의 열정이 모든 곳에서 윤리에 대한 그리스도교의 열쇠가 되었음을 깨닫기 시작했다. 어디서나 그리스도교의 신조는 두 가지 충동적인 감정이 일으키는 고요한 충돌에서 중용을 만들어 냈다. 겸양의 문제, 그러니까 순전한 자만과 순전한 굴종

사이 균형의 문제를 예로 들어 보자. 보통의 이교도는 보통의 불가지론자처럼, 자신은 자족하지만 오만한 자기만족에 빠진 것이 아니고, 더 나은 사람도 많고 더 못한 사람도 많으며, 자신의 광야는 제한되어 있으나 스스로 그 광야를 획득하고야 말겠다고 말할 것이다. 요컨대 고개를 쳐들고 걷되 반드시 코를 쳐들고 걷지는 않겠다는 말이다.[24] 이건 남자답고 합리적인 입장이지만 우리가 낙관론과 비관론의 타협안, 즉 매슈 아널드[25]의 '체념'에 반대하며 살펴보았던 반론에 직면할 여지가 있다. 타협안이란 두 가지를 섞은 것이므로 양쪽 모두가 희석되어 묽어진 상태다. 둘 중 어느 것도 완전한 힘을 발휘하거나 온전한 색깔을 내지 못한다. 이 적절한 자만은 나팔 소리처럼 마음의 기운을 북돋아 주지 못한다. 이런 자만을 위해 진홍색과 황금색으로 차려입을 수는 없다. 반면에 이 온건한 합리주의적 겸양은 영혼을 불로 정화하여 수정처럼 맑게 만들지 못한다. 이런 겸양은 (엄격하고 면밀한 겸손처럼) 사람을 풀밭 가장자리에 털썩 주저앉는 어린아이같이 만들지 못한다. 고개를 들어 경이로운 것들을 보게 하지 못한다. 앨리스가 이상한 나라의 앨리스가 되려면 반드시 작아져야 한다. 그러므로 이런 겸양은 자만의 시(詩)와 겸손의 시를 모두 잃는다. 그리스도교는 이 똑같은 이상한 방편을 통해 그 둘을 모두 지키고자 했다.

그리스도교는 두 관념을 분리한 다음에 이 둘을 모두 부풀렸다. 어떤 면에서 인간은 이전의 그 어느 때보다 오만해져야 했

24 '고개를 쳐들고'with his head in the air와 '코를 쳐들고'with his nose in the air는 모두 거드름을 피우거나 오만한 태도를 뜻하는 표현이다.

25 영국의 시인, 평론가다. 자세한 설명은 제5장 주10 참조.

다. 또 어떤 면에서 인간은 이전의 그 어느 때보다 겸손해져야 했다. 인간인 한, 나는 피조물의 우두머리다. 한 명의 사람인 한, 나는 죄인들의 우두머리다. 비관론을 의미했던 겸손, 자신의 운명 전체에 대해 모호하거나 인색한 견해를 취하는 인간을 의미했던 겸손은 모두 사라져야 하는 것이었다. 우리는 인류가 야수보다 나을 게 없다는 전도서의 통곡이나[26] 사람이 들의 모든 짐승 가운데 가장 슬픈 짐승일 뿐이라는 호메로스의 끔찍한 외침을 더 이상 들어서는 안 되었다. 인간은 동산을 거니시는 하나님의 형상이었다. 인간은 모든 짐승보다 뛰어났다. 사람이 슬픈 것은 그가 짐승이 아니라 망가진 신이기 때문이다. 그리스인들은 사람이 마치 땅에 들러붙은 듯이 기어다닌다고 말했었다. 이제 인간은 땅을 정복하려는 듯 밟고 다닐 수 있게 되었다. 그리스도교가 품은 사람의 존엄성에 관한 생각이란 오직 태양처럼 빛나며 공작새 깃털처럼 퍼져 나가는 왕관으로만 표현될 수 있었다. 그러나 동시에, 그리스도교는 오직 단식과 환상적인 순종, 성 도미니코[27]의 회색 재와 성 베르나르[28]의 하얀 눈으로만 표현될 수 있는 인간의 비참한 미소微小함에 관한 생각을 품을 수도 있었다. 사람이 자아를 떠올리면 거기엔 암울한 단념과 쓰디쓴 진실을 얼마든지 불러일으키는 전망과 공허가 도사리고 있었다. 거기에서 그 현실적인 신사는 자

---

26   전도서 3장 19절 참조.

27   성 도미니코St. Dominic, 1170-1221는 청빈한 삶과 복음의 진리에 대한 탐구를 강조한 스페인 출신의 성직자, 수도자로서 설교자들의 수도회라 불리는 도미니코 수도회를 창설했다.

28   성 베르나르St. Bernard, 1090-1153는 프랑스 출신의 수도자로, 처음에 베네딕토 수도회에 들어갔다가 보다 엄격한 수도 생활을 지향하는 시토회를 창설했다.

신을 놓아줄 수 있었다. 자기가 제 자신을 놓아주는 한에서 말이다. 거기엔 행복한 비관론자를 위한 열린 놀이터가 있었다. 자기 존재의 본래 목적을 모독하는 것 말고는, 그가 스스로에 대해 어떤 험담이든 말하게 내버려두자. 그가 자신을 바보라고 부르고 심지어 저주받은 바보라고 (그게 칼뱅주의식이기는 하다) 부르게 내버려두자. 다만 그는 바보들이 구원받을 가치가 없다고 말해서는 안 된다. 그는 사람이 사람으로서 무가치할 수 있다고 말해서는 안 된다. 이쯤에서 다시금 요약하자면, 그리스도교는 서로 맹렬히 반대되는 두 가지를 유지하되 둘 다 맹렬한 상태로 유지함으로써 결합의 어려움을 넘어섰다. 교회는 반대되는 이 두 가지를 모두 긍정했다. 사람은 자신의 자아를 너무 적게 생각할 수 없다. 사람은 자신의 영혼을 너무 많이 생각할 수 없다.

또 다른 사례로, 자비에 관한 복잡한 문제를 살펴보자. 매우 자비롭지 않은 어떤 이상주의자들은 자비의 문제를 무척 쉬운 것으로 생각하는 듯하다. 자비는 겸양과 용기처럼 하나의 역설이다. 대담하게 쓰자면, 자비란 용서할 수 없는 행동을 용서하는 것이거나 사랑할 수 없는 사람을 사랑하는 것, 둘 중 하나다. 그러나 분별 있는 이교도가 그러한 주제에 대해 무엇을 느낄지 (자만의 경우에 우리가 자문했듯이) 자문한다면, 그 밑바닥에서 시작해야 할 것이다. 분별 있는 이교도라면 용서받을 수 있는 사람도 있고, 용서받을 수 없는 사람도 있다고 말할 것이다. 포도주를 훔친 노예는 조롱거리가 될 수 있다. 주인을 배신한 종은 죽임을 당할 수 있고 죽은 후에도 저주받을 수 있다. 행위가 용서받을 수 있는 것인 한, 사람도 용서받을 수 있다. 이는 합리적이며 신선하기까지 하지만 희석된 말에 불과하다. 무죄한 자에게 있는 커다란 아름다움과 같은, 불의에 대한 순수한 공포가 들어설 여지를 남겨 두지 않는다. 자비로운 이들의 온전한 매력과 같은, 인간으로서의 인간을 위한 순전한 다정함이 들어설 여지도 남겨 두지 않는다. 이전과 같이 바로 여기에서 그리스도교가 들어섰다. 놀랍게도 칼을 들고 들어서서는 하나를 다른 하나로부터 갈라놓았다. 그리스도교는 범죄자로부터 범죄를 갈라놓았다. 우리는 범죄자를 일흔 번씩 일곱 번이라도 용서해야 한다. 다만 우리는 범죄를 절대 용서하지 말아야 한다. 포도주를 훔친 종들이 제각각 부분적인 분노와 부분적인 호의를 불러일으키는 것으로는 충분치가 않았다. 우리는 도둑질에 대해 이전보다 훨씬 더 화를 내야 하지만, 도둑에게는 이전보다 훨씬 더 너그러워야 한다. 말하자면 진노震怒와 사랑이 맘껏 펼쳐질 공간이 있었다. 그리스도교를 생각할수록, 나는 그리스도교가 규칙과 질서를 세웠으나 그 질서의 주된 목적은 좋은 것들이 맘껏 펼쳐질 공간을 마련하는 데 있었음을 더욱 깨닫게 되었다.

정신의 자유와 감정의 자유는 보이는 것처럼 그리 간단치가 않다. 사회적 자유와 정치적 자유만큼이나 이 둘 역시 법칙과 조건의 세심한 균형을 요구한다. 모든 것을 자유로이 느끼겠다고 나선 평범한 심미적 무정부주의자는 결국 느낌 자체를 막는 역설에 묶이게 된다. 그는 고향의 경계에서 벗어나 시詩를 추구한다. 그러나 고향의 경계가 느껴지지 않으면 『오디세이아』조차 느낄 수 없게 된다. 그는 민족적 편견으로부터 자유롭고 애국심에서 벗어나 있다. 그러나 애국심에서 벗어나 있기에 「헨리 5세」[29]로부터도 벗어나 있다. 그러한 문인은 모든 문학에서 벗어나 있는 것이다. 그는 어떤 편협한 사람보다도 더 죄수에 가깝다. 자신과 세계 사이에 벽이 있다면, 벽에 가로막혀 안에서 밖으로 나올 수 없다고 묘사하든 밖에서 안으로 들어갈 수 없다고 묘사하든 별 차이가 없다. 우리가 원하는 건 모든 정상적 정서 바깥에 있는 보편성이 아니다. 우리는 모든 정상적 정서 안에 있는 보편성을 원한다. 사람이 감옥으로부터 자유롭듯이 평범한 정서로부터 자유로운 것과, 사람이 도시에서 자유를 누리듯이 평범한 정서에서 자유로운 것 사이에는 큰 차이가 있다. 나는 원저성으로부터 자유롭지만 (그러니까 그곳에 감금된 상태는 아니지만) 절대 그 건물 안에서 자유를 누리지는 않는다. 사람이 어찌해야 고운 감정에서 대체로 자유로울 수 있을까? 어찌해야 빈 공간 안에서 미세한 감정들을 파손이나 오류 없이 맘껏 잘 다룰 수 있을까? 이것이 바로 평행한 열정들이라는 그리스도교의 역설이 이룬 성과였다. 신과 악마의 전쟁, 세상의 반란과 파멸이라는 기본 교의를 인정한다면, 그들의 낙관론과 비관론은 순수한 시[註]로서 폭포처럼 쏟아져 나올 것이다.

성 프란치스코[30]는 모든 선[善]을 찬양한다는 점에서 월트 휘트먼[31]보다 더 목청 좋은 낙관론자일 수 있었다. 성 히에로니무스[32]는 모든 악을 비난한다는 점에서 쇼펜하우어[33]보다 세상을 더 검게 칠할 수 있었다. 두 가지 열정이 자유로웠던 까닭은 둘 다 제자리에 유지되었기 때문이다. 낙관론자는 전쟁터에 나가면서도 신나는 행진곡, 황금빛 트럼펫, 보라색 깃발에 자신이 좋아하는 찬양을 온통 쏟아 놓을 수 있을 것이다. 하지만 그는 그 싸움이 필요

29 「헨리 5세」Henry V, 1599는 셰익스피어가 쓴 운문 희곡이다. 잉글랜드의 국왕 헨리 5세를 중심으로 백년전쟁 기간 중 아쟁쿠르 전투 전후에 일어난 사건들을 다룬다.

없는 것이라고 해서는 안 된다. 비관론자는 넌더리 나는 행진이나 피비린내 나는 상처를 얼마든지 어둡게 그려 낼 수 있다. 하지만 그는 그 싸움을 가망 없는 것이라 불러서는 안 된다. 긍지, 저항, 연민 등 다른 모든 도덕적 문제도 마찬가지다. 그 주된 교의를 정의함으로써 교회는 겉보기에 서로 부합하지 않는 것들을 나란히 유지했을 뿐 아니라, 그렇지 않은 경우엔 오직 무정부주의자들에게나 가능했을 일종의 예술적 폭력을 통해 그것들이 표출되는 것을 허용하기까지 했다. 온유는 광기보다 더욱 극적인 것이 되었다. 역사적 그리스도교는 높고 이상한, 도덕의 극적인 전환*coup de théâtre*이 되었다. 다시 말해 네로의 범죄가 악덕의 표본이듯 그리스도교는 미덕의 표본이 되었다. 분개의 영과 자비의 영은 끔찍한 형태와 매력적인 형태를 취했으며, 그 형태의 범위는 플랜태저넷

30   아시시의 성 프란치스코St. Francis of Assisi, 1181-1226는 이탈리아 출신의 수사로서 탁발 수도회인 프란치스코회를 창설했으며 중세 교회의 개혁을 위해 노력했다. 집안의 부를 버리고 수도자가 된 점이나, 십자군 전쟁을 평화로이 해결하고자 이집트의 술탄을 찾아가 대화를 나눈 일 등 여러 가지 유명한 일화가 전해진다. 특히 자연을 사랑하고 동물들과 교감을 나누었다고 알려져 있다.

31   월트 휘트먼Walt Whitman, 1819-1892은 남북전쟁 전후 시기에 활동한 미국의 시인이다. 자유시의 아버지라 불리며 미국적인 서사시를 추구했고 서민의 희망과 감회를 자유로운 형식에 담아 노래했다.

32   성 히에로니무스Hieronymus 혹은 성 예로니모St. Jerome, 347-420는 로마가톨릭교회의 4대 교부 가운데 하나로 꼽히는 주요 성인이다. 그리스도교로 개종한 후 한동안 은수자로 살면서 기도, 고행, 공부에만 전념했고, 기존 성경을 라틴어로 번역하여 이른바 '불가타 성경'을 정립한 것으로 특히 유명하다.

33   아르투어 쇼펜하우어Arthur Schopenhauer, 1788-1860는 독일의 철학자로 칸트 철학을 비판적으로 계승하고 동양 철학을 수용하여 독특한 자기만의 철학을 전개하는 한편, 세상과 인생에 대한 비관론을 펼친 것으로 유명하다.

왕가의 첫 번째 왕이자 가장 위대한 왕[34]을 개처럼 괴롭혔던 수도자의 맹렬함부터 처형대에서 잘려 나간 범죄자의 피 묻은 머리에 입 맞춘 성 카타리나[35]의 숭고한 연민에 이른다. 시詩는 지어질 뿐 아니라 실천될 수도 있다. 윤리에서 이토록 영웅적이고 기념비적인 기품은 초자연적인 종교와 함께 완전히 사라졌다. 그들은 겸손하면서도 스스로를 과시할 수 있었다. 하지만 우리는 너무 거만한 나머지 사람들의 이목을 끌 수 없다. 우리의 윤리 교사들은 교도소 개혁을 위해 합리적으로 글을 쓴다. 그러나 캐드베리[36] 같은 걸출한 자선가가 레딩 교도소에 가서 교수형 당한 자의 시신이 생석회에 던져지기 전에 껴안아 주는 일은 없을 것이다. 우리의 윤리 교사들은 백만장자들의 권력에 반대하는 글을 온건하게 쓴

---

34   플랜태저넷 왕가House of Plantagenet는 12세기부터 15세기까지 잉글랜드의 왕위를 이어간 가문이다. 이 가문 출신의 첫 번째 국왕 헨리 2세재위 1154-1189는 프랑스 국왕 루이 7세의 왕비였던 아키텐의 엘레오노르와 결혼하여 프랑스 내에 광대한 영토를 확보하고 찬란한 궁정 문화를 꽃피웠다. 하지만 교회에 대한 국왕의 지배권을 확보하려는 과정에서 캔터베리의 대주교 토머스 베켓과 크게 갈등했다. 베켓은 프랑스로 피신하여 루이 7세의 보호를 받으면서 헨리 2세를 압박하다가 다시 귀국했는데, 이후 국왕에게 과잉 충성한 기사들이 베켓을 살해하는 일이 벌어지자 헨리 2세에 대한 비난 여론이 들끓었다. 결국 가톨릭교회가 베켓을 순교자 성인으로 시성했고 헨리 2세는 그 무덤 앞에서 직접 참회해야 했다.

35   시에나의 성 카타리나St. Catherine of Siena, 1347-1380는 도미니코회의 수녀이며 로마 가톨릭교회의 신학자, 신비가다. 교황의 아비뇽 유수 종식과 로마 귀환을 주도한 것으로 유명하며 정치범으로 수감된 니콜로 디 툴도를 도와 회심하게 했는데, 그가 결국 참수되었을 때 잘려진 머리를 직접 받았다는 일화가 전해진다.

36   조지 캐드베리George Cadbury, 1839-1922는 영국의 유명한 캐드베리 초콜릿 회사의 창업주이자 자선가였다. 당시 정부의 제국주의 정책과 보어 전쟁에 반대하여 1901년 일간지 『데일리 뉴스』Daily News를 사들여 반전 캠페인을 벌이는 데 이용하기도 했다. 체스터턴은 이 신문의 주요 필자였다.

다. 그러나 록펠러[37] 같은 현대적 폭군이 웨스트민스터 사원[38]에서 공개적으로 채찍질 당하는 일은 없을 것이다.

그러므로 세속주의자들의 이중적인 비판은 그들 자신에게 어둠과 혼란만을 던져 주지만, 신앙에는 진정한 빛을 던져 준다. 역사적 교회가 독신獨身과 가정을 동시에 강조해 왔음은 사실이다. (이렇게 표현해도 괜찮다면) 교회는 자녀를 갖는 것을 열렬히 지지하는 동시에 자녀를 갖지 않는 것을 열렬히 지지해 왔다. 교회는 성 게오르기우스[39]의 방패에 칠해진 것처럼 두 가지 강렬한 색 곧 빨간색과 흰색을 나란히 유지해 왔다. 그러면서 분홍색에 대해서는 늘 건강한 혐오감을 품어 왔다. 교회는 철학자들의 미약한 방편인 두 색깔의 배합을 싫어한다. 검은색이 흰색으로 변하여 지저분한 회색이 되는 진화를 싫어한다. 실로 동정童貞에 관한 교회의 이론은, 흰색이란 색의 부재가 아니라 하나의 색이라는 말로 상징화될 수 있다. 내가 여기서 강하게 주장하는 것은, 이들 대부분

37 존 데이비슨 록펠러John Davison Rockefeller, 1839-1937는 스탠더드 오일을 창립한 미국의 사업가다. 석유 산업에서 독점적 지배구조를 확립하여 막대한 부를 축적함으로써 동경과 비판을 동시에 받았고, 은퇴 후에는 록펠러 재단을 설립하여 자선사업에 전념했다.

38 웨스트민스터 사원Westminster Abbey은 영국 국왕의 대관식이 열리는 영국 국교회의 대성당이다. 11세기 중반 참회왕 에드워드가 본래 있던 베네딕토 수도회의 기존 성당을 크게 개축했는데, 이 성당은 16세기까지 국왕의 주요 거처였던 (그리고 이후 정부 청사 기능을 하게 되는) 웨스트민스터 궁전과 인접하여 처음부터 정치적 상징성이 컸다. 16세기에 헨리 8세가 영국 교회를 로마가톨릭교회로부터 분리하는 종교개혁을 단행한 이후에는 국왕 직속의 성당이 되었다.

39 성 게오르기우스는 용을 물리쳤다는 중세 전설의 주인공으로서 주로 흰 바탕에 붉은 십자가가 그려진 방패나 깃발을 든 모습으로 묘사된다. 자세한 설명은 제5장 주21 참조.

175

의 사례에서 그리스도교는 두 가지 색이 공존하게끔 유지하되 순수한 상태로 보존하려 했다는 말로 표현될 수 있다. 그리스도교는 적갈색이나 보라색 같은 혼합물이 아니다. 그리스도교는 보는 각도에 따라 빛깔이 변하는 비단과 같다. 그런 비단은 직각으로 짜여 십자 패턴을 이룬다.

굴종과 학살에 관한 반反그리스도인들의 모순적인 비판들도 마찬가지다. 교회가 어떤 사람들에게는 싸우라고 말했고 또 어떤 이들에게는 싸우지 말라고 말했다는 것은 사실이다. 또 싸운 이들은 벼락같았고 싸우지 않은 이들은 석상 같았다는 것도 사실이다. 이 모두는 그저 교회가 교회의 초인超人들을 이용하기 좋아하고 교회의 톨스토이 추종자들[40]을 이용하기 좋아했음을 의미할 따름이다. 전투적인 삶에는 틀림없이 어떤 선善이 있을 것이다. 그토록 많은 선한 사람들이 즐겨 군인이 되었으니 말이다. 무저항에도 틀림없이 어떤 선이 있을 것이다. 그토록 많은 선한 사람들이 즐겨 퀘이커 교도가 된 듯하니 말이다. 교회는 두 가지 선 가운데 하나가 다른 하나를 몰아내지 못하도록 막았을 뿐이다. 그 둘은 나란히 존재했다. 톨스토이 추종자들은 수도자의 양심을 지닌 탓에 수도자가 되었을 뿐이다. 퀘이커 교도들은 종파를 이루는 대신 클럽을 결성했다. 수도자들은 톨스토이가 말하는 모든 것을 말했다. 그들은 전투의 잔인함과 복수의 공허함에 대한 명료한 비탄을 쏟

경통 Orthodoxy

---

40   러시아 작가 톨스토이의 신앙과 사상을 따라 그리스도의 가르침을 실천하고자 했던 그리스도인들을 말한다. 개인의 경건한 영성과 금욕 생활을 강조했고, 그리스도교적 비폭력·무저항 운동 혹은 그리스도교 평화주의나 그리스도교 아나키즘의 성격을 띤다.

아 놓았다. 그러나 톨스토이 추종자들이 온 세상을 경영할 수 있을 만큼 완전히 옳은 것은 아니다. 그리고 신앙의 시대에는 그들이 세상을 경영하는 것이 허용되지 않았다. 세상은 제임스 더글러스 경[41]의 최후 돌격이나 잔 다르크의 깃발을 잃지 않았다. 그리고 때로는 이 순수한 점잖음과 이 순수한 사나움이 만나서 그 둘의 접합을 정당화하기도 했다. 모든 예언자의 역설은 성취되었고 성 루이[42]의 영혼 속에는 사자와 어린양이 함께 누워 있었다. 다만 이 텍스트가 너무 가볍게 해석되었음을 기억해야 한다. 특히 우리의 톨스토이식 풍조에서는, 사자가 어린양과 함께 누울 땐 어린양처럼 되는 것이라고 거듭 확언한다. 하지만 그건 어린양에 의한 잔혹한 병합이고 제국주의다. 그건 사자가 양을 잡아먹는 대신 양이 사자를 흡수하는 것이다. 진짜 문제는 이러하다. 사자가 양과 함께 누워 있으면서도 여전히 왕다운 사나움을 유지할 수도 있지 않을까? 그것이 바로 교회가 해결하려던 문제이며, 교회가 이룬 기적이다.

그리고 이것이 바로 내가 삶의 숨겨진 괴벽怪癖을 추측하는 일이라고 불렀던 것이다. 이는 사람의 심장이 가운데 있지 않고 왼

---

41 제임스 더글러스James Douglas, 1286-1330는 스코틀랜드의 기사로, 스코틀랜드의 지도자 로버트 브루스와 연합하여 독립전쟁에서 혁혁한 성과를 이루었다. 자신의 심장을 그리스도의 성묘聖廟에 가져다 달라는 브루스의 유언을 실행하고자 예루살렘을 향해 여행하던 중에 원조를 얻으려고 들린 카스티야 왕국에서 알폰소 11세의 군대에 가담하여 그라나다의 무어인들과 싸우다가 전사했다.

42 성 루이St. Louis, 1214-1270는 열렬한 신앙으로 유명한 프랑스 카페 왕조의 루이 9세재위 1226-1270다. 심각한 병에 걸렸다가 기적적으로 치유된 뒤 제7차와 제8차 십자군 전쟁에 적극 가담하여 활동했다.

쪽으로 치우쳐 있음을 아는 것이다. 이는 지구가 둥글다는 것만이 아니라 땅은 평평하다는 것도 아는 것이다. 그리스도교 교의는 삶의 기행奇行들을 탐지했다. 그리스도교가 자비를 발견했다고 말하는 이들은 그리스도교를 과소평하는 것이다. 자비는 누구나 발견할 수 있다. 실로 모두가 자비를 발견했다. 그러나 자비로운 동시에 엄격해지기 위한 계획을 발견하는 일, 그것은 인간 본성의 이상한 욕구를 예상하는 일이었다. 큰 죄를 작은 죄처럼 용서받으려는 사람은 아무도 없듯이 말이다. 우리가 더없이 비참해지거나 더없이 행복해져서는 안 된다는 말은 누구나 할 수 있다. 하지만 사람이 더없이 행복해지는 것을 불가능하게 만들지 않으면서도 얼마나 더없이 비참해질 수 있는지를 알아내는 것, 그것이 바로 심리학에서 이루어진 발견이었다. "뻐기지도 말고 굽실거리지도 말아라"는 말은 누구나 할 수 있다. 이 말은 하나의 제약이었을 것이다. 그러나 "넌 여기에서 뻐길 수 있고 저기에서 굽실거릴 수 있다"라고 말하는 것, 그것은 하나의 해방이었다.

이는 그리스도교 윤리에 관한 중대한 사실 곧 새로운 균형의 발견이었다. 이교는 대칭으로 비율을 맞추었기에 똑바로 선 대리석 기둥 같았다. 그리스도교는 울퉁불퉁하고 낭만적인 거대한 바위 같아서 한 번 건드리면 받침대 위에서 흔들거리지만, 튀어나온 혹들이 정확히 서로 균형을 이루어 그곳에서 천 년 동안이나 왕좌를 지키고 있다. 한 고딕 성당에서 모든 기둥은 서로 다르지만, 그 모든 기둥이 반드시 거기 있어야 했다. 모든 지주支柱는 우발적이고 환상적인 지주로 보였고, 모든 부벽扶壁은 공중부벽이었다. 그리스도교 세계에서는 우발적으로 보이는 것들이 그렇게 균형을 이루었다. 베켓은 황금색과 심홍색 주교복 아래 거친 헤어 셔츠[43]를 입었는데, 이 조합에 대해서는 이야기할 것이 많다. 베 켓은 헤어 셔츠의 혜택을 누렸고, 거리의 사람들은 심홍색과 황금 색 주교복의 혜택을 누렸다. 이는 다른 사람들을 위해 겉으로는 검정색과 갈색 옷을 입고 자기 심장 곁에는 황금을 달고 있는 오 늘날 백만장자의 몸가짐보다 낫다. 하지만 베켓의 경우처럼 늘 한 사람의 몸에서만 균형이 이루어지는 건 아니었다. 그리스도교 세 계의 몸 전체에서 균형이 분산되어 이루어지는 경우도 많았다. 한 사람이 북방의 눈 위에서 기도하고 금식했기에, 남방 도시들의 축 제에서 꽃을 퍼부을 수 있었다. 광신도들이 시리아의 사막에서 물 을 마셨기에, 잉글랜드의 과수원에서 사과주를 마실 수 있었다. 이러한 점이 이교 제국보다 그리스도교 세계를 훨씬 더 어지러우 면서도 훨씬 더 흥미로운 곳으로 만든다. 아미앵 대성당[44]이 파르 테논 신전보다 더 낫지는 않아도 더 흥미롭듯이 말이다. 누군가가 이 모두에 대한 현대적 증거를 원한다면, 그리스도교 아래 유럽이 (여전히 하나이면서도) 각각의 나라들로 쪼개졌다는 흥미로운 사 실을 떠올리게 하면 된다. 애국심이야말로 하나의 강조점이 또 하 나의 강조점과 대치되어 이루어 낸, 신중하게 의도된 균형의 완 벽한 본보기다. 이교 제국에서는 본능적으로 이렇게 말했을 것이

---

43 헤어 셔츠hair shirt는 면사에 거친 말의 꼬리털을 섞어 만든 옷옷이다. 주로 수도자 들이 참회와 고행을 위해 맨살 위에 입었다.

44 아미앵 대성당Cathédrale Notre-Dame d'Amiens은 프랑스에서 가장 크고 높은 성당으 로 중세 고딕 양식을 대표하는 건축물이다. 중세 성당들은 좌우 대칭으로 건축되 는 것이 기본이지만, 40년 가까운 시간 차이를 두고 완성된 아미앵 대성당의 전 면부 두 탑은 건축 양식과 높이가 서로 다르다.

다. "너희들은 로마 시민이 되어 서로 비슷해져야 할 것이다. 독일인은 덜 느리고 덜 공손해야 한다. 프랑스인은 덜 빠르고 덜 실험적이어야 한다." 그러나 그리스도교의 유럽은 본능적으로 이렇게 말한다. "독일인은 느리고 공손하게 남아 있어야 한다. 프랑스인은 더욱 확실하게 신속하고 실험적이어야 한다. 우리는 이 두 극단으로부터 평형을 이룰 것이다. 독일이라 불리는 부조리가 프랑스라 불리는 정신이상을 바로잡을 것이다."

마지막이자 가장 중요한 점은, 바로 이것이 오늘날 그리스도교의 역사를 비판하는 모든 이들에게 설명 불가능한 것을 설명한다는 사실이다. 내가 말하려는 건 신학의 소소한 논점들을 두고 벌어지는 가공할 전쟁들, 하나의 몸짓이나 말 때문에 일어나는 감정의 지진들이다. 그건 단지 한치의 문제일 뿐이다. 하지만 균형을 이루고자 할 때는 한 치의 문제가 모든 걸 좌우한다. 불규칙한 평형상태에 관한 위대하고 대담한 실험을 계속하려면, 어떤 것들에 대해선 교회가 머리카락 한 올의 두께만큼 방향을 틀 여력도 없었다. 일단 한 사상이 힘을 잃으면 다른 사상이 지나치게 힘을 얻게 될 것이다. 그리스도인 목자가 이끌었던 건 양 떼가 아니라 황소와 호랑이 떼, 끔찍한 이상理想과 격렬한 교의의 무리였고 각각의 이상과 교의는 거짓 종교로 변하여 세상을 황폐하게 할 수 있을 만큼 강력했다. 교회가 위험한 사상들에 열중했다는 사실을 기억해야 한다. 교회는 사자 조련사였다. 성령을 통한 잉태, 신적 존재의 죽음, 죄의 용서, 예언의 성취라는 관념이란 알다시피 한 번 건드리는 것만으로도 불경하거나 흉포한 관념으로 변할 수 있다. 지중해의 장인들이 가장 작은 연결고리를 떨구자 저 북방의 잊힌 숲속에 있던 조상 전래의 비관론이라는 사자가 사슬을 끊어 버렸다. 이 신학적 평형에 대해서는 나중에 이야기해야겠다. 여기 선 교의에서 어떤 작은 실수가 생기면 인간 행복에 거대한 실책 들이 발생할 것임을 언급하는 것으로 충분하다. 상징주의의 본질 에 관해 잘못 작성된 한 줄의 문장이 유럽의 가장 훌륭한 조각상 들을 모두 부술 수도 있었다. 갖가지 정의定義에 있는 작은 실수 하 나가 모든 춤을 멈추거나 모든 크리스마스트리를 시들게 하거나 모든 부활절 달걀을 깨뜨릴 수 있다. 사람이 일반적인 인간의 자 유를 누리기 위해서라도, 교의는 엄격한 한계 안에서 정의되어야 했다. 세상이 신경 쓰지 않을지라도, 교회는 신경을 써야 했다.

이것이 바로 가슴 뛰게 하는 정통의 낭만이다. 사람들은 정통 에 대해 무언가 무겁고 지루하고 안전한 것처럼 말하는 어리석은 습관에 빠졌다. 정통만큼 위험하거나 흥분되는 것은 단연코 없었 다. 정통은 온전한 정신 상태였다. 그리고 정신이 온전하다는 것 은 미치는 것보다 더 극적이다. 그것은 미친 듯이 달리는 말 뒤에 있는 사람의 평형상태와 같아서 이쪽으로 구부리고 저쪽으로 흔 들리는 듯하지만, 모든 태도에 조각의 우아함과 산술의 정확함을 갖추고 있다. 초기의 교회는 어떠한 군마軍馬와 함께하든 사납고 빨랐다. 그러나 교회가 저속한 광신처럼 한 가지 사상에 미쳤을 뿐이라는 건 역사적 사실과 어긋나는 말이다. 교회는 정확히 좌우 로 몸을 틀어 거대한 장애물들을 피했다. 그리스도교를 지나치게 세속적으로 만들려는 모든 세속 권력의 지지를 받은 아리우스주 의[45]라는 거대한 덩어리를 한쪽으로 피했다. 그다음 순간에는 교 회를 너무나 세상에서 멀어지게 했을 동방주의orientalism를 피하려고 방향을 틀었다. 정통 교회는 절대 얌전한 길을 택하거나 인습을 수용하지 않았다. 정통 교회는 절대 점잖지만은 않았다. 아리우스파의 지상 권력을 받아들였더라면 차라리 더 쉬웠을 것이다. 칼뱅주의가 휩쓴 17세기에 예정설의 밑도 끝도 없는 구덩이 속으로 떨어졌더라면 오히려 더 쉬웠을 것이다. 광인이 되기란 쉽다. 이단이 되기도 쉽다. 시대가 이끄는 대로 내버려두기란 늘 쉽다. 어려운 건 자신을 지키는 것이다. 현대주의자가 되기란 늘 쉽다. 아는 체하는 속물이 되기도 쉽다. 그리스도교 세계의 역사적 경로를 따라 이어지는 시류와 종파가 설정한 오류와 과장의 열린 함정들 가운데 어떤 것에라도 빠졌더라면 정말 간단했을 것이다. 넘어지는 건 늘 간단하다. 사람이 넘어지는 각도는 무한히 많지만, 사람이 똑바로 서는 각도는 하나뿐이다. 영지주의[46]에서 크리스천 사이언스[47]에 이르는 유행들 가운데 어느 하나에라도 빠졌더

45   아리우스주의Arianism는 알렉산드리아의 사제 아리우스Arius, 250-336가 주장했으며 그리스도의 신성과 삼위일체를 부인한 사상이다. 성자聖子는 다른 피조물과 같이 무에서 유로 창조된 존재일 뿐이며, 덕을 갖춘 뛰어난 반신반인半神半人으로서 세상의 구원을 위해 성부에 의해 양자로 선택받았다고 주장했다.

46   영지주의Gnosticism는 주로 그리스도교가 태동하던 시기에 그리스도교와 밀접한 관계 속에서 광범위하게 전개된 혼합주의 종교 운동이다. 오랜 세월에 걸쳐 여러 신화와 철학과 종교를 혼합하여 그 내용이 방대하고 갈래가 다양하나 정통 그리스도교와 비교하자면 다음과 같은 특징을 보인다. 영지주의자들은 세계를 영혼과 물질로 구분해서 인식했고, 물질로부터 영혼이 탈출하는 것을 구원이라 여겼으며, 이 구원은 그노시스gnosis라는 궁극적 앎을 통해 얻을 수 있다고 보았다. 영혼이 물질을 입어 다시 태어나는 윤회를 믿었으며, 예수 그리스도는 세상에 그노시스를 전달하기 위해 기꺼이 물질을 입어 탄생한 지고한 존재라고 여겼다.

47   크리스천 사이언스Christian Science는 1879년에 미국 보스턴에서 창설된 신흥 종교다. 메리 베이커 에디Mary Baker Eddy라는 여성이 성경에 등장하는 예수의 치유

라면 정말로 뻔하고 시시했을 것이다. 그러나 그 모두를 피하느라 소용돌이치는 모험을 해야 했다. 나의 환시 속에서는 천국의 전차戰車가 여러 시대를 가로질러 천둥소리를 내며 날아가고, 우둔한 이단들이 팔다리를 쭉 뻗고 배를 깔고 엎드려 있으며, 야성의 진리는 비틀거리면서도 올곧게 서 있다.

기적들에 주목하여 질병은 환영일 뿐이며 이 환영은 오직 기도로 치유될 수 있다고 주장하는 『과학과 건강』*Science and Health*, 1875을 집필한 데서 시작되었다.

07

영원한
혁명

다음과 같은 주장들이 제기돼 왔다. 첫째, 우리 삶을 개선하기 위해서라도 어떤 신앙은 반드시 필요하다. 둘째, 만족을 얻기 위해서라도 있는 그대로의 사물에 대한 어떤 불만족은 반드시 필요하다. 셋째, 이 필수적 만족과 필수적 불만을 갖는 것은 스토아학파의 온전한 평형상태[1]에 이르기 위한 충분조건이 아니다. 순전한 체념에는 대단히 경박한 쾌락도 굉장히 완고한 고통도 없으니 말이다. 그저 웃으며 견디라는 충고에는 치명적인 반론이 존재한다. 그저 견디기만 하면 웃지는 못한다는 게 그 반론이다. 그리스의 영웅들은 웃지 않는다. 하지만 가고일[2]들은 웃는다. 그리스도교

---

1   스토아학파에서 강조하는 아파테이아apatheia, 즉 어떠한 것에도 마음이 동요되지 않는 이상적인 무정념의 상태를 말한다. 스토아학파에 비판적인 체스터턴은 아파테이아를 소극적인 체념 상태라고 비판한다.

184

신자들이기 때문이다. 그리스도인은 기쁠 때면 (가장 정확한 의미에서) 소스라치게 기뻐한다. 그의 기쁨은 소스라치게 한다. 신경질적이고 점잖은 사람들(오늘날 손풍금에 반대하는 그런 사람들)이 예루살렘의 부랑자들이 외치는 소리에 반대했던 바로 그때, 그리스도는 고딕 건축 전체를 예언했다. 그리스도는 말씀하셨다. "이 사람들이 침묵하면 돌들이 소리 지르리라."[3] 그분 영의 충동을 받아 마치 떠들썩한 합창단처럼, 소리치는 얼굴과 크게 벌린 입으로 가득한 중세 성당의 파사드[4]가 생겨났다. 돌들이 소리 지르니, 예언은 그대로 성취되었다.

이런 점들을 감안한다면 단지 논쟁을 위한 것일지라도, 스코틀랜드 사람들이 (유감스러울 만큼 친근하게) '영감'The Old Man, 令監이라 부르는 자연인에 관한 생각의 타래를 우리가 그만두었던 지점에서 다시 이어가도 될 것이다. 우리는 눈앞에 놓인 그다음 질문을 던질 수 있다. 어떤 만족은 심지어 사물을 더 좋게 만드는 데도 필요하다. 그러나 우리가 사물을 더 좋게 만든다고 할 때 그 의미는 무엇일까? 이 문제에 관한 현대적 논의의 대부분은 우리가 이미 광기와 순전한 합리주의의 상징으로 삼았던, 원을 따라 맴도는 순환 논리에 불과하다. 진화는 선善을 산출한다는 조건에서만

2   가고일gargoyle은 주로 중세 고딕 성당에서 빗물 배수를 위해 건물 외벽에 설치한 홈통으로, 기괴한 괴물이 입을 벌린 모습의 석상으로 만들어졌다. 비가 내리면 흘러내리는 빗물 때문에 그르렁거리는 소리를 내어 가고일이라는 이름이 붙었다고 한다.

3   누가복음 19장 40절 참조.

4   파사드façade란 건물의 전면부를 말하는데 서쪽을 향하는 중세 성당의 전면부에는 출입구 주변과 윗부분에 각종 인물상이 배치되었다.

선하고, 선은 진화에 도움이 된다는 조건에서만 선하다. 코끼리는
거북이 위에 서 있고, 거북이는 코끼리 위에 서 있다는 말이다.

　자연의 원칙에서 우리의 이상理想을 취하는 것은 분명 소용없
는 짓이다. (어떤 인간론이나 신론神論을 제외하면) 자연에는 어떠한
원칙도 없다는 단순한 이유 때문이다. 예를 들어 오늘날의 저속한
반反민주주의자는 자연에 평등이 없다고 엄숙히 말할 것이다. 그
의 말이 옳지만, 그는 여기에 따라붙은 논리의 추가 조항을 보지
못한 것이다. 자연에는 평등이 없지만 불평등도 없다. 평등만큼이
나 불평등 역시 가치의 기준을 내포한다. 귀족정을 동물들의 무정
부 상태로 독해하는 것은 진정한 민주정을 그렇게 독해하는 것만
큼 감상적인 시도다. 귀족정과 민주정은 둘 다 인간의 이상이다.
민주정은 모든 이들이 소중하다고 말하고, 귀족정은 어떤 이들이
더 소중하다고 말한다. 그러나 자연은 고양이가 쥐보다 더 소중하
다고 말하지 않는다. 자연은 그런 주제에 대해서는 아무런 말도
하지 않는다. 고양이는 탐스러운 동물이라든가 생쥐는 불쌍한 동
물이라든가 하는 말도 하지 않는다. 우리는 고양이가 더 우월하다
고 생각하는데, 그건 우리가 (혹은 우리 중 대부분이) 삶이 죽음보
다 낫다는 취지의 특정한 철학을 지녔기 때문이다. 하지만 독일의
비관론자 생쥐라면, 고양이가 자기를 이겼다고 생각할 일은 없을
것이다. 그 생쥐는 아마도 무덤에 먼저 이름을 올림으로써 자신이
고양이를 이겼다고 생각할 것이다. 그렇지 않으면 고양이를 살려
둠으로써 고양이에게 무시무시한 형벌을 내렸다고 느낄 것이다.
미생물이 역병을 퍼뜨리는 것을 자랑스러워하듯이, 비관론자 생
쥐는 고양이 안에서 의식적 실존의 고통을 새로이 일으킨다면서

크게 기뻐할 것이다. 이 모두는 생쥐의 철학에 달려 있다. 무엇이 더 우월한가에 대한 어떤 교의를 갖고 있지 않다면 자연에 승리나 우위가 있다고 말할 수조차 없다. 점수 체계가 없다면 고양이가 점수를 딴다고 말할 수조차 없다. 이긴다는 개념이 없다면 고양이가 이긴다고 말할 수조차 없다.

그러니까 우리는 자연에서 이상을 얻을 수 없다. 여기서는 우선 자연적인 추론을 따를 것이므로, 하나님에게서 이상을 얻는다는 생각은 (지금 당장은) 배제할 것이다. 우리는 우리 자신의 비전을 가져야 한다. 그런데 자신의 비전을 표현하려는 대부분 현대인의 시도란 그저 모호할 따름이다.

어떤 이들은 단순히 시계에 의지한다. 그들은 마치 시간이 지나면 어떤 우월성이 생겨나는 듯이 말한다. 그래서 최고의 정신 역량을 지닌 사람조차도 인간의 도덕이란 절대로 시절에 딱 들어맞는 최신의 것이 될 수 없다는 구절들을 경솔히 사용한다. 하지만 어떻게 무언가가 시절에 딱 들어맞을 수 있겠는가? 시절이란 것 자체에는 아무런 특성도 없는데 말이다. 어떻게 성탄 축하 행사들이 어느 달의 25일에 딱 들어맞지 않는다고 말할 수 있겠는가? 물론 그 작가가 의미했던 건 그가 사랑하는 소수의 뒤나 앞에 다수가 있다는 것이었다. 다른 모호한 현대인들은 물질적 은유에서 피난처를 찾는다. 이것이야말로 모호한 현대인들의 주된 특징이다. 그들은 무엇이 선인지에 대한 자신의 교의를 대담하게 정의 내리지 못한 채 절제하거나 부끄러워하지도 않고 물리적인 비유들을 사용한다. 최악인 건 그들이 이 저속한 유비들이 절묘하게 영적이고 옛 도덕보다 우월하다고 생각하는 듯하다는 점이다. 마찬가지로 그들은 '높은' 것들을 이야기하는 것이 지적이라고 생각한다. 하지만 그건 적어도 지적인 것의 역逆이다. 첨탑이나 풍향계에서 나온 말일 뿐이다. "토미는 좋은 아이였다"라는 말은 플라톤이나 아퀴나스가 할 법한 순수한 철학적 진술이다. "토미는 더 고매한 삶을 살았다"라는 말은 3미터짜리 기다란 자에서 나온 어설픈 은유다.

덧붙여 말하자면, 이것이 바로 어떤 이들이 대담하고 강력한 사상가로 내세우는 니체의 거의 전적인 약점이라고 할 만한 것이다. 그가 시적詩的이고 도발적인 사상가였음을 부정할 사람은 없다. 하지만 그는 강력한 사상가와는 정반대였다. 그는 전혀 대담하지 않았다. 아리스토텔레스와 칼뱅, 심지어 카를 마르크스에 이르는 강하고 두려움 없는 사상가들과는 다르게, 니체는 자신이 의미하는 바를 단도직입의 추상적인 언어로 내놓지 않았다. 니체는 언제나 쾌활한 미성년 시인처럼 물리적 은유로 제기된 질문을 피해 빠져나갔다. 그가 "선과 악을 넘어서"라고 말한 까닭은 '선과 악보다 더 많은 선'이라든가 '선과 악보다 더 많은 악'이라고 말할 용기가 없었기 때문이다. 은유 없이 제 생각을 마주했더라면, 그는 그것이 무의미한 허튼소리라는 걸 깨달았을 터이다. 그는 자신의 영웅을 묘사하면서도 '더 순수한 사람'이라든가 '더 행복한 사람' 혹은 '더 슬픈 사람'이라고 말할 엄두조차 내지 못한다. 이 모든 것이 관념이며, 관념은 우려스럽기 때문이다. 대신에 그는 "위에 있는 사람" 혹은 "초인"超人[5]이라고 말하는데, 이는 곡예사들이

---

5   니체의 '초인'Übermensch 개념은 그리스도교적이고 형이상학적인 도덕관념을 넘
     어서서 자신이 창조한 새로운 가치를 따라 현실 속에서 가능성을 극한까지 실현

나 산악등반가들에게서 비롯한 물리적 은유인 것이다. 니체는 참으로 무척이나 소심한 사상가다. 그는 진화를 통해 어떤 종류의 사람이 산출되기를 자신이 원하는지도 전혀 알지 못한다. 그가 알지 못한다면 '더 고등한' 존재들에 대해 이야기하는 평범한 진화론자들 또한 알지 못하는 게 분명하다.

그런데 또 한편으로, 어떤 이들은 완전한 굴종과 가만히 앉아 있는 일에 의지한다. 언젠가는 자연이 무언가를 할 것이다. 다만 그것이 무엇일지, 그것이 언제일지 아는 사람은 아무도 없다. 우리에게는 행동해야 할 이유가 없으며 행동하지 말아야 할 이유도 없다. 무언가가 일어난다면, 그건 옳다. 무언가가 일어나지 못하게 막힌다면, 그건 그르다. 또 어떤 이들은 무언가를 행함으로써 혹은 무엇이든 행함으로써 자연을 예측하려고 노력한다. 우리에게 날개가 돋을지도 모르기에 그들은 제 다리를 자른다. 그들은 모르겠으나, 자연은 그들을 발이 백 개 달린 지네로 만들려고 할 수도 있다.

마지막으로 네 번째 부류의 사람들이 있다. 어쩌다 자신이 원하게 된 것이라면 무엇이든 취하여 그것이 진화의 궁극적 목적이라고 말하는 사람들이다. 이들이야말로 유일하게 분별 있는 자들이다. 자신이 원하는 것을 위해 일하고 그것을 진화라고 부르는 이 방식이야말로 진화라는 말을 가지고 할 수 있는 건강한 단 하

하는 인물을 가리킨다. 이 개념은 영어의 'over, above, beyond' 등의 뜻으로 쓰이는 'über'와 인간 'man'을 나타내는 'mensch'가 결합한 것으로, 체스터턴은 'über'가 본래 공간 개념에서 비롯되었음을 지적하면서 니체의 초인 개념 자체가 물리적 은유에 지나지 않음을 비판한다.

나의 방식이다. 진보나 전진이 사람들 사이에서 이해할 만한 단 하나의 의미를 지닐 수 있다면, 그건 우리가 확실한 비전을 지녔으며 온 세상을 그 비전과 같이 만들고자 한다는 것이다. 원한다면 교의의 본질을 이렇게 표현할 수도 있겠다. 우리 주위에 있는 것들은 우리가 창조해야 하는 무언가를 위한 수단과 준비물일 뿐이다. 이건 하나의 세상이 아니라 하나의 세상을 위한 재료다. 하나님은 우리에게 이미 그려진 그림의 물감을 주신 게 아니라 팔레트에 담긴 물감을 주셨다. 그러나 하나님은 우리에게 하나의 주제, 하나의 모델, 하나의 고정된 비전도 주셨다. 우리는 우리 자신이 무엇을 그리려고 하는지를 분명히 알아야 한다. 바로 이 점이 우리가 앞서 열거한 원칙들의 목록에 또 하나의 원칙을 더한다. 앞서 우리는 이 세상을 바꾸기 위해서라도 이 세상을 좋아해야 한다고 말했었다. 이제 여기에 덧붙여 말하자면, 세상을 무언가로 바꾸려 할 때 그 무언가를 지니기 위해서는 또 다른 (실제든 상상이든) 세상을 좋아해야만 한다.

우리가 진화나 진보 같은 말들을 두고 논쟁할 필요는 없다. 개인적으로 나는 이를 가리켜 개혁이라 부르기를 선호한다. 개혁reform이라는 말에는 형태form라는 말이 들어 있기 때문이다. 개혁이란 말은 우리가 이 세상을 어떤 특정한 형태로 만들려고 노력한다는 의미, 즉 우리가 이미 마음으로 바라보는 그 무엇으로 이 세상을 만든다는 의미를 담고 있다. 진화evolution란 그저 자동으로 펼쳐진다는 데서 나온 은유다. 진보progress는 단지 길을 따라 걸어간다는 데서 나온 은유다. 그런데 그 길은 매우 잘못된 길일 가능성이 농후하다. 반면에 개혁은 합리적이고 결연한 이들에 대한 은유다. 그건 어떤 것이 제 모습에서 벗어난 상태를 보고서 우리가 그 모습을 다시 바로잡아 주려 한다는 뜻이다. 우리는 그것이 어떤 모습이어야 하는지를 알고 있다.

이제 여기에서 우리 시대의 거대한 실책과 전적인 붕괴가 일어난다. 우리는 중요한 두 가지, 서로 정반대인 두 가지를 뒤섞어 버렸다. 진보란 모름지기 우리가 늘 비전에 맞게끔 세상을 바꾸어 간다는 의미여야 한다. 그런데 실제로는 (그러니까 지금은) 늘 비전을 바꾸어 간다는 의미가 되었다. 진보는 사람들 사이에 더 디나마 확실하게 정의와 자비를 가져온다는 의미여야 한다. 그런데 실제로는 우리가 쉽사리 정의와 자비가 바람직한지를 의심한다는 걸 의미한다. 프로이센의 여느 궤변가가 거칠게 쓴 글 한 편에 사람들은 의심에 빠진다. 진보는 우리가 늘 새 예루살렘을 향해 간다는 의미여야 한다. 그런데 실제로는 새 예루살렘이 늘 우리에게서 멀어져 가고 있음을 의미하고 있다. 우리는 이상에 맞게 현실을 바꾸는 게 아니라 이상을 바꾸고 있다. 그게 더 쉽기 때문이다.

어리석은 예시들은 언제나 더 단순하다. 어떤 사람이 특정한 종류의 세상, 이를테면 파란 세상을 원한다고 가정해 보자. 그는 자신의 과업이 하찮다거나 금방 해치울 수 있는 일이라고 불평할 이유가 전혀 없을 것이다. 어쩌면 세상의 변화를 도모하며 오랜 시간 고생할 수도 있다. 모든 게 파래질 때까지 (모든 면에서) 계속 열심히 일할 수도 있다. 그는 파란 호랑이에게 마지막 손질을 가하는 일 같은 영웅적인 모험을 할 수도 있다. 그는 파란 달이 뜬 새벽이라는 동화 같은 꿈을 꿀 수도 있다. 만약 이 고상한 개혁가가 열심히 일한다면 (그의 관점에서는) 이전보다 더 좋아지고 더 파래진 세상을 남겨 놓을 것이다. 만약 날마다 풀잎 하나를 자신이 좋아하는 색으로 바꾼다면 천천히 잘해 나갈 수 있을 것이다. 하지만 날마다 자신이 좋아하는 색을 이리저리 바꾼다면 전혀 잘해 나갈 수 없을 것이다. 참신한 철학자의 글을 읽고 난 뒤에 모든 것을 빨강이나 노랑으로 칠하기 시작한다면 이전에 한 일은 모조리 폐기될 것이다. 초기의 나쁜 태도를 보여 주는 견본으로서 파란 호랑이 몇 마리가 걸어 다니는 모습 말고는 아무것도 보여 줄 게 없을 것이다. 이것이 바로 평균적인 현대 사상가가 처한 상황이다. 이를 두고서 말도 안 되는 예시라고들 하겠지만, 문자 그대로 최근에 벌어지는 역사적 사실이 바로 이러하다. 우리의 정치 문명에 일어난 크고 무거운 변화들은 모두 19세기 후반이 아니라 전반에 속했다.[6] 그 변화들은 사람들이 토리즘[7], 개신교, 칼

6   영국에서 적극적인 개혁 운동이 일었던 1820년대 당시 급진적인 개혁가들은 선거 제도 개편, 자유무역 실시, 교육 개혁, 노동조건 개선, 빈민법 개정, 공중위생 개선 등 정치·경제·사회 전반의 변화를 촉구했고 소기의 목적을 달성했다. 이후로 보수당 집권이 이어지는 가운데, 완전한 보통선거를 요구하는 차티스트 운동이 1838년부터 10여 년 동안 노동 계층을 중심으로 강력하게 전개되었으나 외부의 탄압과 내부 분열을 겪으면서 1848년 이후 급격히 쇠퇴했다. 뒤이어 빅토리아 여왕 치세의 영국은 내부적으로 보수적인 도덕주의가 팽배했으며 외부적으로는 제국주의가 강화되었다.

7   토리즘Toryism은 영국 정치사에서 보수적인 토리당Tory Party의 사상과 원칙을 말한다. 17세기 청교도 혁명 당시 왕정을 옹호했던 귀족 모임에서 출발한 토리당은 18세기에서 19세기 초까지 영국 정치에서 왕권과 교회를 지지하고, 전통의 정치 구조를 보존하면서 의회 개혁을 막고자 했다. 토리당은 19세기 들어 선거 제도가 개혁되고 영국의 정계 개편이 이루어지면서 현대적인 정당 조직을 갖추었고 1834년 공식적으로 보수당Conservative Party이 되었다.

뱅주의, 개혁을 확고하게 믿고 드물지 않게 혁명을 믿었던 흑백의 시대에 속했다. 당시 사람들은 무엇을 믿든 각자 믿는 것을 의심하지 않고 꾸준히 단조鍛造해 나갔다. 영국 국교회가 무너질 것 같고 상원 의회가 와해될 뻔했던 때가 있었다. 그건 급진주의자들이 충분히 지혜로워서 늘 한결같고 일관될 수 있었기 때문이었고, 급진주의자들이 충분히 지혜로워서 보수주의자가 될 수 있었기 때문이었다. 그러나 요즘 같은 상황에선 급진주의에 시간과 전통이 충분하지 않은 탓에 그 무엇도 무너뜨릴 수 없다. 변화의 시대는 끝났으며 우리 시대는 보존과 휴식의 시대라는 휴 세실 경[8]의 (세련된 연설에서 제시된) 주장에는 많은 진실이 담겨 있다. 다만 우리 시대가 완전한 불신不信의 시대이기 때문에 보존의 시대라는 것(명백하게 진상인 것)을 깨닫는다면, 그는 고통스러워할 것이다. 제도가 변함없이 그대로 남아 있기를 바란다면 신념이 자꾸만 빠르게 퇴색하도록 내버려두라. 정신적 삶이 더욱 중심을 잃고 흐트러질수록 물질적 장치는 더욱 그대로 남을 것이다. 우리의 모든 정치적 주장에서 비롯한 최종 결과, 즉 집산주의, 톨스토이주의, 신新봉건주의, 공산주의, 무정부주의, 과학적 관료주의 등이 맺은 분명한 열매는 군주정과 상원 의회가 그대로 존속하리라는 것이다. 모든 새로운 종교에서 비롯한 최종 결과는 잉글랜드 국교회가 (얼마나 오래일지는 아무도 모르지만) 폐지되지 않으리라는 것이다. 그 사이에서 거인같이 거대한 등허리를 굽혀 캔터베리 대주교

8   휴 세실Hugh Cecil, 1869-1956은 영국 보수당의 정치인이다. 세속주의자들과 비국교회 신자들의 주장에 맞서 기존 잉글랜드 국교회의 정치 참여를 옹호하기 위해 적극적으로 활동했다.

의 주교좌를 지탱한 것은 카를 마르크스, 니체, 톨스토이, 커닝햄 그레이엄[9], 버나드 쇼, 오베론 허버트[10]였다.

대체로 말해, 자유사상이야말로 자유를 막는 최고의 안전장치라고 할 수 있겠다. 현대의 방식으로 다룬다면 노예의 정신을 해방하는 것이야말로 노예 해방을 막는 최고의 방책이다. 자신이 해방을 원하는지 염려하도록 노예에게 가르친다면, 노예는 스스로 해방하고자 하지 않을 것이다. 다시금 이러한 사례가 현실과 너무 동떨어지거나 극단적이라고 말할 수도 있겠다. 하지만 이건 우리 주변의 거리를 지나다니는 사람들에게 고스란히 적용되는 사실이다. 흑인 노예는 비천한 야만인이더라도 충성이라는 인간적 애정이나 자유를 향한 인간적 애착 가운데 하나를 지녔을 것이다. 하지만 그래드그라인드[11]의 공장에서 일하는 노동자나 그래드그라인드의 사무실에서 일하는 사무원처럼 우리가 날마다 보는 그런 사람은 정신적으로 지나치게 염려한 나머지 자유를 믿지 못한다. 혁명적 문학으로 그는 고요해진다. 이어지는 격렬한

9　커닝햄 그레이엄Cunninghame Graham, 1852-1936은 스코틀랜드의 작가, 모험가이며 자유당 정치인으로서 영국 의회 최초의 사회주의자 의원이었다.

10　오베론 허버트Auberon Herbert, 1838-1906는 영국의 철학자, 작가, 정치인이다. 고전 자유주의 철학을 촉진하고 허버트 스펜서의 사상을 발전시켰으며, 모든 사회적 결속은 자발적으로 이루어져야 한다는 주의주의Voluntaryism를 창안한 것으로 유명하다.

11　토머스 그래드그라인드Thomas Gradgrind는 찰스 디킨스의 소설 『어려운 시절』Hard Times, 1854에 등장하는 주요 인물이다. 철저한 공리주의의 이념을 따라 자녀들을 교육하고, 학생들을 기계처럼 다루는 기숙학교를 운영한다. 그의 이름은 사실과 숫자에만 관심이 있을 뿐 애정이나 상상력이 전혀 없는 인물을 가리키는 대명사처럼 쓰인다.

철학들로 그는 진정하고 제자리를 지킨다. 어느 날에는 마르크스주의자이고 다음 날은 니체 추종자이며 그다음 날은 (어쩌면) 초인인데, 매일매일은 노예다. 그 모든 철학이 지난 뒤에 남는 것은 오직 공장뿐이다. 그 모든 철학으로 이익을 얻는 사람은 그래드그라인드밖에 없다. 그로서는 상업적 노예들에게 회의적 문학을 계속 제공하는 데 품을 들일 가치가 있을 것이다. 그러고 보니, 그래드그라인드는 장서를 제공하는 것으로 유명하다. 그는 자신의 감각을 보여 준다. 현대의 모든 책은 그의 편이다. 천국의 비전이 늘 변하는 한, 지상의 비전은 언제나 똑같을 것이다. 어떠한 이상도 완전히 실현되거나 부분적으로나마 실현될 만큼 오래 남지 못할 것이다. 현대의 젊은이는 자신의 환경을 절대 바꾸지 못할 것이다. 언제나 자신의 생각을 바꿀 것이기 때문이다.

그러므로 진보가 지향하는 이상의 첫째 요건은 바로 이것이니, 이상은 고정되어 있어야 한다. 휘슬러[12]는 앉아 있는 모델을 빠르게 스케치한 작품을 많이 그리곤 했다. 그가 스무 장의 초상화를 찢어 버렸어도 문제일 건 없었다. 그러나 그가 초상화를 그리려고 스무 번을 올려다보았는데 그때마다 새로운 사람이 모델로 앉아 있는 걸 보았다면 문제가 되었을 것이다. 마찬가지로 인류가 자꾸만 이상을 본받는 데 실패하더라도 (상대적으로 말해) 문

---

12   제임스 휘슬러James Abbott McNeill Whistler, 1834-1903는 19세기 후반 영국 화단을 대표하는 미국인 화가다. 웨스트포인트 군사학교를 졸업한 뒤 화가가 되기로 결심하고 몇 년간 프랑스에서 활동하며 당대의 유명한 예술가들과 교류했다. 이후에는 주로 런던에 거주하면서 활동했고, '예술을 위한 예술'l'art pour l'art이라는 유미주의 사조를 주창한 대표적 예술가로서 다른 예술가들에게 많은 영향을 끼쳤다. 체스터턴은 『이단』에서 휘슬러를 비판적으로 다루었다.

제 될 게 없다. 오랜 실패는 모두 열매를 맺기 때문이다. 그러나 인류가 자꾸만 그 이상을 바꾼다면 그건 심각한 문제다. 그럴 경우, 오랜 실패들이 아무런 열매도 맺지 못하기 때문이다. 그러므로 이런 의문이 떠오른다. 어떻게 하면 우리는 화가가 자신의 그림에 만족하지 못하게 하면서도 자신의 예술에 치명적인 불만을 품지 못하게 막을 수 있을까? 어떻게 하면 우리는 사람이 자기 일에 늘 불만이면서도 일하는 것에는 늘 만족하게 할 수 있을까? 어떻게 하면 우리는 초상화가가 자연스럽고 더욱 인간적인 조치를 취해 모델을 창밖으로 내던지는 대신에 반드시 초상화를 창밖으로 내던지게 할 수 있을까?

엄격한 규율은 통치에만 필요한 것이 아니다. 반란에도 필요하다. 이 확고하고 친숙한 이상은 어떠한 혁명에도 반드시 필요하다. 사람은 때로 새로운 사상을 따라서는 천천히 행동하겠지만, 옛 사상을 따라서는 빠르게 행동할 것이다. 내가 그저 부유^{浮遊}하거나 쇠잔하거나 진화하게 된다면, 아마도 무언가 무정부적인 것을 향해서 그렇게 될 것이다. 그러나 내가 폭동을 일으킨다면, 틀림없이 무언가 존경할 만한 것을 위해 그렇게 할 것이다. 이것이 바로 진보와 도덕의 진화를 주장하는 어떤 학파들의 전적인 약점이다. 그들은 감지할 수 없는 윤리적 변화와 함께 도덕을 향한 느린 움직임이 매년 혹은 매 순간 있어 왔다고 말한다. 이 이론에는 한 가지 커다란 결점이 있다. 이 이론은 정의를 향한 느린 움직임을 이야기할 뿐 빠른 움직임을 허용하지는 않는다. 한 사람이 도약하여 어떤 상태는 본질적으로 용인될 수 없다고 선언하는 일 같은 건 허용되지 않는다. 문제를 분명히 하고자 구체적인 예를 하나 드는 것이 좋겠다. 솔트[13]와 같은 이상적 채식주의자들은 이제 고기를 먹지 말아야 할 때가 되었다고 말한다. 암묵적으로 그들은 과거엔 고기를 먹는 것이 옳았음을 상정하는 동시에, (인용할 만한 말로) 언젠가는 우유와 달걀을 먹는 것이 잘못된 일이 될 것임을 암시한다. 나는 여기서 무엇이 동물들에게 정의로운 것인가를 논하려는 게 아니다. 다만 정의란 게 무엇이든, 주어진 조건 아래에서 속히 실행되는 정의여야 한다고 말하려는 것뿐이다. 학대당하는 동물이 있다면, 우리가 급히 달려가서 구조할 수 있어야 한다. 하지만 우리가 우리 시대보다 앞서 있다면 어찌 급히 달려갈 수 있겠는가? 몇 세기 동안 도착하지 않을 기차를 어떻게 달려가 잡을 수 있겠는가? 어떤 사람은 고양이 가죽을 벗기는데, 내가 우유 한 잔을 마심으로써 그와 똑같은 인간이 될 가능성이 있다고 하면 어떻게 그를 비난할 수 있겠는가? 어떤 화려하고 정신 나간 러시아 종파에서는 이리저리 돌아다니며 수레에 묶인 소를 모두 풀어 주었다. 그런데 나의 진화 시계가 단지 조금 빠르거나 마부의 진화 시계가 조금 느리다는 것을 알지 못한다면, 내가 어찌 용기를 내어 마차에 묶인 말을 풀어 줄 수 있겠는가? 내가 노동 착취자를 향해 "노예제는 진화의 한 단계에 잘 들어맞았다"라고 말한다고 가정해 보자. 그리고 그 노동 착취자가 "그리고 노동 착취는 진화의 현 단계에 잘 들어맞는다"라고 답한다고 가정해 보자. 만약 영구적인 기준이 존재하지 않는다면, 내가 어찌 대꾸할 수 있을까? 노동 착취자들이 현행 도덕에 뒤처질 수 있다면, 자선

---

13   헨리 스티븐스 솔트Henry Stephens Salt, 1851-1939는 영국의 작가, 사회 개혁 운동가다. 특히 동물권을 옹호하고 채식주의를 실천한 것으로 유명하다.

가들이 현행 도덕에 앞서지 말아야 할 이유가 어디 있겠는가? 현행 도덕이란 것이 그 축자적 의미에서 늘 달아나는 도덕이 아니라면[14] 도대체 무엇이란 말인가?

그러므로 영구적인 이상이란 보수주의자에게 필요한 만큼 현실주의자에게도 필요하다고 할 수 있다. 우리가 단지 왕의 명령이 속히 집행되기를 바라든, 왕의 처형이 속히 집행되기를 바라든 간에 영구적 이상은 반드시 필요하다. 단두대에는 죄가 많지만, 공정히 말하자면 단두대에 진화와 관련된 것은 아무것도 없다. 진화에 관련된 주장 가운데 마음에 드는 주장은 최고의 해답을 도끼에서 찾는다. 진화론자가 "당신은 어디에 줄을 긋습니까?"라고 물으면 혁명론자는 "바로 여기에, 정확히 당신의 머리와 몸 사이에 긋습니다"라고 답한다. 일격을 가하려면 어느 순간이든 추상적인 옳고 그름이 있어야 한다. 무언가 갑작스러운 것이 있다면 틀림없이 영원한 무언가가 있어야 한다. 그러므로 이해 가능한 모든 인간적인 목적을 위해서는, 사물을 바꾸기 위해서든 있는 그대로 유지하기 위해서든, 중국에서처럼 영원한 체제를 세우기 위해서든 초기 프랑스 혁명에서처럼 달마다 체제를 바꾸기 위해서든, 어느 경우나 마찬가지로 반드시 고정된 비전이 있어야 한다. 이것이 바로 우리의 첫째 요건이다.

이 부분을 썼을 때, 나는 다시 한번 논의 속에 다른 무언가가 있다는 걸 느꼈다. 거리의 소음 위로 울리는 교회 종소리를 들을 때처럼 말이다. 무언가가 이렇게 말하는 것 같았다. "적어도 나의

---

14 '현행'이라는 뜻의 영어 단어 'current'는 '달리다', '달아나다'라는 뜻의 라틴어 동사 'curro'에서 나왔다.

이상은 고정되어 있다. 세상의 토대보다 먼저 고정되었기 때문이다. 장담하건대 완벽한 나의 비전은 결코 바뀔 수 없다. 그것은 에덴이라 불리기 때문이다. 당신이 어디로 가는지를 바꿀 수는 있겠지만, 당신이 어디에서 왔는지를 바꿀 수는 없다. 정통에는 늘 혁명을 위한 근거가 있어야 한다. 사람의 마음에서 하나님은 사탄보다 한 척 아래 놓여 있었기 때문이다. 위쪽 세상에선 지옥이 천국에 맞서 반란을 일으켰다. 하지만 이 세상에서는 천국이 지옥에 맞서 반란을 일으킨 적도 있다. 정통에는 언제나 혁명이 있을 수 있다. 혁명은 복원이기 때문이다. 어떠한 순간에도 당신은 아담 이후에 누구도 보지 못했던 완벽함을 향해 일격을 가할 수 있을 것이다. 불변하는 관습도, 변화하는 진화도 본래의 선善을 선이 아닌 어떤 것으로 만들지는 못한다. 소에게 뿔이 있던 것만큼이나 오랫동안 남자에겐 첩이 있었을 것이다. 하지만 첩이 죄스러운 것이라면, 첩은 남자에게 속한 것이 아니다. 물고기가 물 아래 있던 이래로 사람은 압제 아래 있었을 것이다. 하지만 압제가 죄스러운 것이라면, 사람이 압제 아래 있어서는 안 된다. 새에게는 깃털이, 여우에게는 토굴이 그러하듯 노예에게는 사슬이 자연스럽고 창부에게는 화장이 자연스러워 보일 것이다. 하지만 사슬과 화장이 죄스러운 것이라면, 그런 것들은 자연스럽지 않다. 나는 너의 모든 역사에 저항하고자 나의 선사 시대 전설을 들어 올린다. 너의 비전은 고정된 것일 뿐 아니라 하나의 사실이다." 나는 잠시 멈추어 그리스도교의 새로운 우연한 일치에 주목했지만, 곧 다음으로 넘어갔다.

나는 진보에 관한 어떠한 이상에도 반드시 있어야 할 그다음 필수 조건으로 넘어갔다. 어떤 이들은 (우리가 이미 말했듯이) 사물의 본성에서 자동적이고 비인격적인 진보가 일어난다고 믿는 듯하다. 그러나 진보란 자연스럽고 불가피한 것이라고 말해서는 어떠한 정치 활동도 촉진할 수 없다는 게 분명하다. 그건 적극적으로 활동하기 위한 이유가 아니라 게으름을 피우기 위한 이유다. 우리가 반드시 발전하게끔 정해져 있다면, 굳이 발전하고자 애쓸 필요가 없다. 진보의 순수한 교의는 진보적이지 않기 위한 모든 이유 가운데 가장 좋은 이유다. 그러나 내가 우선적으로 주의를 환기하려는 것은 이런 뻔한 논평이 아니다.

유일하게 주의를 끄는 논점은 이것이다. 발전이 자연적인 것이라 가정한다면 발전이란 상당히 단순한 것이어야 한다. 상상컨대 세상은 완성을 향해 나아가면서 작동하는지 모르지만, 여러 가지 속성들을 특정한 방식으로 정렬하는 방향으로 나아가지는 않을 것이다. 앞서 들었던 비유를 이용해서 다시 말하자면, 자연 그 자체는 더욱 파래지고 있을지 모른다. 이건 너무나 단순한 과정이어서 비인격적으로 느껴질 수도 있다. 하지만 자연이 인격적이지 않다면, 선택된 여러 가지 색깔로 정교하게 채색된 그림이 되어갈 리가 없다. 세계의 끝이 순전한 어둠이나 순전한 빛이라면, 그 끝은 황혼이나 여명처럼 피할 수 없이 천천히 다가올 것이다. 그러나 세계의 끝이 정교하고 예술적으로 명암의 대비를 이룬 작품이라면, 그 안에는 인간의 것이든 신의 것이든 어떤 도안이 있어야 한다. 세계는 시간의 흐름에 따라 오래된 그림처럼 검게 변할 수도 있고, 오래된 외투처럼 희게 변할 수도 있다. 하지만 검은색과 흰색으로 이루어진 특별한 그림으로 변한다면, 틀림없이 화가가 있어야 한다.

혹시라도 이런 구분이 명확하게 보이지 않는다면 평범한 예를 하나 들겠다. 우리의 귓가에는 현대 인도주의자들의 특별히 우주적인 신조가 부단히 들려온다. 나는 인도주의자라는 말을 평범한 의미에서 쓰고 있다. 인류의 권리에 의지하여 모든 피조물의 권리를 주창하는 사람이라는 뜻 말이다. 그들은 세월에 따라 우리가 더욱더 인도적으로 변해 왔다고 말한다. 말하자면 노예, 아이, 여성, 소 등 존재들의 집단이나 부문이 점차 자비나 정의를 누리도록 인정받아 왔다는 것이다. 그들은 우리가 한때 사람을 먹는 것을 옳은 일이라 생각했다고 (실제로는 그렇지 않았지만) 말한다. 여기서 내가 지극히 비역사적인 그들의 역사를 염두에 두고 있는 것은 아니다. 실로 식인 풍습이란 원시적인 것이 아니라 퇴폐적인 것임에 분명하다. 원시인이 무지하여 인육을 먹었을 가능성보다는 현대인이 허세로 인육을 먹을 가능성이 훨씬 더 많다. 나는 다만 그들이 주장하는 바의 윤곽을 따라갈 뿐인데, 그들은 인간이 진보하여 점점 더 관대해졌다고 주장한다. 처음에는 시민들에게, 다음에는 노예들, 동물들에게 점차 너그러워졌고 (짐작하건대) 식물에까지 너그러워졌다. 나는 사람이 사람 위에 앉는 게 잘못되었다고 생각하는데, 좀 있다가는 사람이 말 위에 앉는 것도 잘못되었다고 생각해야 할 지경이다. 그러다 마침내는 (추측하건대) 사람이 의자에 앉는 것마저 잘못되었다고 생각해야 할 것이다. 그들의 주장은 이런 식으로 사람을 몰아간다. 그리고 이런 주장을 위해서는 진화나 필연적인 진보라는 측면에서 그에 관해 이야기하는 게 가능하다고 말할 수 있겠다. 사람들은 점점 더 적은 사물과 관련되는 어떤 영속적 경향이란, 점점 더 자녀를 적게 낳는 어떤 종稙의 경향처럼 짐승 같은 무의식적 경향일 거라고 느낀다. 이런 추세야말로 어리석은 것이니, 그야말로 진화론에 어울리겠다.

다원주의는 두 가지 미친 도덕을 뒷받침하는 데 쓰일 수 있지만, 한 가지 건전한 도덕을 뒷받침하는 데는 쓰일 수 없다. 살아 있는 모든 피조물의 친족 관계와 경쟁 관계는 사람이 미친 듯이 잔인해지거나 감상적으로 되는 이유일 수 있지만, 사람이 동물을 사랑하는 이유일 수는 없다. 진화론에 근거해서 당신은 비인도적일 수도 있고 터무니없이 인도적일 수도 있지만, 인간이 될 수는 없다. 당신과 호랑이가 하나라는 사실은 호랑이를 다정하게 대하는 이유가 될 수 있다. 또는 당신이 호랑이만큼 잔인해지는 이유일 수도 있다. 그것은 당신이 호랑이를 훈련시켜 당신을 따라 하게 하는 하나의 길이지만, 당신이 호랑이를 따라 하게 되는 더 빠른 길이기도 하다. 그러나 둘 중 어느 경우에도 호랑이를 어떻게 합리적으로 다루어야 하는지, 즉 호랑이의 줄무늬에 감탄하면서도 어떻게 호랑이의 발톱은 피해야 하는지를 진화론이 말해 주지는 못한다.

당신이 호랑이를 합리적으로 다루길 원한다면 에덴동산으로 돌아가야 한다. 완강하게 계속해서 다시금 머리에 떠오르는 생각이 있으니, 오직 초자연적인 것만이 건전한 자연관을 취했다는 점이다. 모든 범신론, 진화론, 우주적 현대 종교의 본질이란 '자연이 우리의 어머니'라는 명제 속에 있다. 하지만 자연을 어머니로 여긴다면 자연이 계모라는 걸 발견할 뿐이다. 반면에 그리스도교의 주된 논점은 이것이다. 자연은 우리의 어머니가 아니라 자매

202

다. 우리에게는 똑같은 한 분 아버지가 계시니, 우리는 자연의 아름다움을 자랑스러워할 수 있다. 자연은 절대 우리에 대한 권한을 갖고 있지 않다. 우리는 자연을 보고 감탄해야 하지만 모방할 필요는 없다. 이는 지상에서 느끼는 전형적으로 그리스도교적인 기쁨에다 경박함에 가까운 가벼움을 더한다. 자연은 이시스와 키벨레[15]를 숭배하는 자들에게 엄숙한 어머니였다. 자연은 워즈워스[16]나 에머슨[17]에게 엄숙한 어머니였다. 하지만 아시시의 성 프란치스코나 조지 허버트[18]에게 자연은 엄숙한 어머니가 아니다. 성 프란치스코에게 자연은 누이다. 심지어 어린 누이동생이다. 사랑도 받고 놀림도 당하며 춤추는 어린 누이동생이다.

하지만 지금으로선 이것이 우리의 주된 논점은 아니다. 내가 이 이야기를 한 것은 단지 그 열쇠가 얼마나 부단히, 그리고 말하자면 우연히도 가장 작은 문들에조차 들어맞는지를 보이기 위해서였다. 여기서 우리의 주된 논점은 자연에 비인격적인 발전의 경향이 있다면, 짐작하건대 그건 어떤 단순한 승리를 향한 단순한 경향임이 분명하다는 것이다. 생물학의 어떤 자동적인 성향이 우리의 코를 점점 더 길어지게끔 작동한다고 상상해 볼 수 있다. 하지만 문제는, 우리가 점점 더 길어지는 코를 갖고 싶은가 하는 점

---

15 이시스Isis와 키벨레Cybele는 각기 고대 이집트와 아나톨리아 지방에서 숭배되던 어머니 여신이다.

16 윌리엄 워즈워스William Wordsworth, 1770-1850는 영국 낭만주의 시인이다. 자연의 미묘한 아름다움과 사랑의 감정을 노래한 서정시들을 발표했다.

17 미국의 시인이자 사상가인 랠프 월도 에머슨을 말한다. 자세한 설명은 제6장 주18 참조.

18 영국의 시인이자 사제인 조지 허버트를 말한다. 자세한 설명은 제2장 주14 참조.

이다. 나는 내키지 않는다. 내 생각에, 우리 대부분이 코에 대고 이렇게 말하기를 원한다. "이만큼 길면 됐으니 더 길어지면 안 돼. 네 자부심의 정상頂上은 여기서 그쳐야 할 거야." 확실히 매력적인 얼굴이 되려면 그 정도 길이의 코가 필요하다. 하지만 매력적인 얼굴을 만들어 내는 생물학적 경향이 있다고 상상할 수는 없다. 매력적인 얼굴이란 눈코입이 서로 아주 복잡한 관계를 이루며 특정한 방식으로 배열된 얼굴이기 때문이다. 비율이 어떤 동향일 수는 없다. 그건 우연한 사건이 아니면 의도된 도안이다. 인간적 도덕의 이상과 그것이 인도주의자 및 반反인도주의자와 맺는 관계 또한 그러하다. 우리가 점점 더 사물에 손을 대지 않는 방향으로 가고 있다고, 말을 몰지 않고 꽃을 꺾지 않는 방향으로 간다는 건 생각해 볼 수 있는 일이다. 하지만 그러다가는 결국 논쟁으로라도 한 사람의 정신을 방해해선 안 되고, 기침에 의해서라도 새들의 수면을 방해해선 안 되게끔 속박당할 수 있다. 속박이 극에 달하면 파리를 방해할까 봐 꿈쩍 못하고, 미생물에게 폐를 끼칠까 봐 먹지도 못한 채 그저 가만히 앉아 있어야 할 것이다. 어쩌면 우리는 그런 조잡한 완성을 향해 무의식적으로 떠내려가는지도 모른다. 그러나 우리가 그렇게 조잡한 완성을 원하는 걸까? 마찬가지로 우리는 무의식적으로 그 반대편을 따르거나 혹은 니체의 발전 노선을 따라 진화하는지도 모른다. 폭군의 탑 안에서 초인이 초인을 쳐부수다 결국 재미 삼아 우주를 박살 내는 방향으로 나아가는지도 모른다. 하지만 우리가 우주가 재미로 박살 나기를 원하는 걸까? 우리가 정말로 희망하는 것은 이 두 가지가, 즉 어느 만큼의 제약과 존중, 어느 만큼의 에너지와 장악력이 특별하게 계획되고 운영되는 것임이 분명하지 않은가? 우리 삶이 정말로 요정 이야기처럼 아름답다면, 우리는 요정 이야기의 아름다움이 모두 다음과 같은 사실 안에 있음을 기억해야 할 것이다. 그러니까 왕자에게는 어떤 놀라움이 있는데, 그 놀라움은 두려움이 되는 데까지 나아가지는 않는다. 왕자가 거인을 두려워한다면 왕자는 그로써 끝이다. 하지만 왕자가 거인을 보고도 놀라지 않는다면 요정 이야기가 그로써 끝이 난다. 여기서 요점은, 왕자가 거인을 보고 놀라워할 만큼 겸손한 동시에 거인에 맞서 싸울 만큼 자신만만해야 한다는 것이다. 그러므로 세상의 거인에 대한 우리의 태도는 그저 점점 더 민감해지거나 더욱더 경멸적이어서는 안 된다. 두 가지가 특정 비율로 균형을 이루어야 한다. 이것이야말로 틀림없이 옳다. 두려움을 느끼며 잔디를 밟을 만큼 우리 외부의 모든 것을 향한 경외심을 우리 안에 충분히 간직해야 한다. 또한 우리는 마땅한 때에 별을 향해 침을 뱉을 수 있을 만큼 우리 외부의 모든 것을 충분히 멸시할 줄도 알아야 한다. 그러나 (우리가 선해지려 하든 행복해지려 하든) 이 두 가지는 조합을 이루되 아무렇게나 이루는 것이 아니라 특정한 한 가지 조합을 이루어야 한다. 지상의 사람들이 누릴 완벽한 행복은 (혹여 실현된다면) 동물들의 만족처럼 단조롭고 견고하지는 않을 것이다. 그 행복은 필사적인 낭만이 이루는 균형처럼 정확하고 위태로운 균형일 것이다. 모험을 하려면 자신을 충분히 믿어야 하지만, 모험을 즐기려면 자신을 충분히 의심하기도 해야 한다.

이것이 바로 진보라는 이상을 위한 둘째 요건이다. 첫째는 고정돼 있어야 한다는 것이고, 둘째는 복합적이어야 한다는 것이다.

(우리의 영혼을 충족하려면) 사랑이나 긍지나 평화나 모험 중에 어떤 한 가지가 다른 모든 것을 삼켜 버리는 단순한 승리여서는 안 된다. 그것은 이러한 요소들이 최상의 비율과 관계로 구성된 분명한 그림이어야 한다. 지금으로서는 그토록 좋은 절정이 사물의 구성 방식에 따라 인류를 위해서만 예비되어 있으리라는 생각을 부정할 마음은 없다. 다만 이 복합적 행복이 우리를 향해 고정되어 있다면 틀림없이 어떤 정신에 의해 고정되었으리라는 점을 지적하려는 것이다. 오직 하나의 정신만이 복합적 행복의 정확한 비율을 맞출 수 있기 때문이다. 세계를 지복至福에 이르게 하는 것이 순전히 자연의 일이라면, 그건 세계를 얼려 버리거나 불태우는 것만큼 간단해야 한다. 하지만 세계를 지복에 이르게 하는 것이 자연의 일이 아니라 예술의 일이라면, 거기엔 예술가가 개입해야 한다. 여기서 다시금 나의 사색은 고대의 목소리에 의해 둘로 나뉜다. "내가 이 모든 것을 너희에게 오래전에 말해 줄 수도 있었다. 어떠한 진보라도 있다면, 그건 오직 내게 맞는 종류의 진보일 수밖에 없다. 그것은 공의와 평화가 어떻게든 서로 입을 맞추는, 미덕과 천사의 완전한 도시를 향한 진보다. 어떤 비인격적인 힘이 너희를 완벽하게 평평한 벌판이나 완벽하게 높은 산꼭대기로 이끌어갈지도 모른다. 그러나 오직 인격적인 하나님만이 길이 반듯하고 건축의 비율이 맞는 도시로 너희를 인도하실 수 있다. 여러 색깔로 된 요셉의 외투[19]에 너희 각자가 자기만의 색깔을 더할 수

정통 Orthodoxy

19   창세기 37장 3절 참조. 요셉의 채색옷은 그에 대한 아버지 야곱의 편애를 표시하며 신앙의 역사에서 요셉이 차지하는 특별한 지위를 나타낸다. '채색옷'에 해당하는 히브리어 표현(כְּתֹנֶת פַּסִּים)은 그리스어 번역 성경인 70인역 성경에서 '여러 색

있는 도시로 (여러분이 정말로 인도를 받는다면) 여러분을 인도하실 분은 오직 인격적인 하나님밖에 없다."

그러니까 두 번이나 그리스도교는 내가 요구한 정확한 답을 가지고 찾아왔다. 나는 "이상은 고정돼 있어야 한다"라고 말했고, 교회는 "나의 이상은 문자 그대로 고정되어 있으니, 다른 무엇보다 먼저 존재했기 때문이다"라고 답했다. 두 번째로, 나는 "이상은 하나의 그림과 같이 예술적으로 조합되어 있어야 한다"라고 말했고, 교회는 "나의 이상은 문자 그대로 그림이니, 누가 그것을 그렸는지 내가 알기 때문이다"라고 답했다. 그다음에 나는 세 번째 요건으로 넘어갔는데, 내게는 그것이 어떤 유토피아 혹은 진보의 최종 목적을 위해 필요해 보였다. 그런데 세 가지 가운데 이를 표현하기가 정말로 가장 어렵다. 어쩌면 이렇게 표현할 수 있겠다. 그셋째 요건이란, 에덴동산에서 떨려났듯이 유토피아에서도 떨려나지 않으려면 유토피아에서조차 우리는 경계할 필요가 있다는 것이다.

앞서 논의했듯이 우리가 진보적이어야 한다는 주장의 근거로 제시되는 한 가지 이유는 사물이 자연스레 더 좋아지는 경향이 있다는 것이었다. 그러나 우리가 진보적이어야 할 유일한 진짜 이유는 사물이 자연스레 더 나빠지는 경향이 있다는 것이다. 사물에서 일어나는 부패 현상이야말로 우리가 진보적이어야 하는 유

깔로 된 옷'으로 번역되었으나 본래 의미는 '소매가 긴 옷', '발까지 내려오는 옷', '장식된 옷' 등의 뜻으로도 옮길 수 있다. 우리나라 개신교의 개역성경 등에서 주로 '채색옷'이라 옮긴 반면에 가톨릭 성경에서 '채색옷'이 아니라 '긴 저고리'라고 번역했다.

일한 최선의 논거일 뿐 아니라 보수적이지 않기 위한 유일한 논거이기도 하다. 이 한 가지 사실이 없다면 보수 이론은 정말로 반박할 수 없는 포괄적이고 완전한 이론이 되었을 것이다. 모든 보수주의는 사물을 건드리지 않고 홀로 두는 것이 사물을 있는 그대로 유지하는 것이라는 생각에 기초한다. 하지만 절대 그렇지 않다. 사물을 홀로 내버려두는 일은 변화의 급류에 내맡기는 것이다. 하얀 기둥을 홀로 내버려두면 곧 검은 기둥으로 변한다. 특별히 그 기둥이 하얗게 유지되길 바란다면 흰색으로 계속 칠해 주어야 한다. 다시 말해 언제나 혁명을 일으켜야 한다. 요컨대 오래된 하얀 기둥을 원한다면 새로운 하얀 기둥을 가져야 한다. 무생물에도 적용되는 이 사실은 아주 특별하고도 지독한 의미에서 모든 인간적인 것들에도 적용된다. 인간의 제도는 무서우리만큼 빠르게 낡아 버리기에 시민들은 거의 부자연스러울 만큼 경계해야 한다. 덧없이 지나가는 오늘날의 소설과 언론에서는 옛 폭정 아래 시달린 사람들에 대해 이야기하는 것이 관례가 되었다. 그러나 사실 사람들은 거의 언제나 새로운 폭정 아래 시달려 왔다. 그 폭정은 20년 전만 해도 공공의 자유였다. 그래서 잉글랜드는 엘리자베스 여왕의 애국적 군주정에 미치도록 기뻐했다가, 그다음엔 (거의 곧바로) 찰스 1세의 폭정이라는 덫에 걸려 미치도록 분노했다. 마찬가지로 프랑스에서는 군주정이 용인된 직후만이 아니라 심지어 숭배된 직후에도 갑작스레 용인될 수 없는 것이 되었다. 깊이 사랑받던 루이의 아들은 '단두대에서 처형된 루이'가 되었다. 19세기의 잉글랜드에서도 같은 일이 벌어졌다. 급진적인 제조업자가 순전한 민주정의 대변자로서 신뢰를 듬뿍 받았지만, 그가 사람들을 빵처럼 먹어 치우는 폭군이라는 사회주의자의 외침이 어느 날 갑자기 들려왔다. 우리는 또한 거의 마지막 순간까지 여론의 기관으로서 신문을 신뢰했다. 그러나 최근에 우리 가운데 몇몇은 (서서히가 아니고 불현듯) 신문이 전혀 그러한 기관이 아님을 알게 되었다. 신문이란 본래부터 몇몇 부자들의 취미 활동이었다. 우리는 옛것에 맞서 저항할 필요가 전혀 없다. 우리는 새것에 맞서 저항해야 한다. 현대 세계를 정말로 떠받치는 것은 자본가나 편집자 같은 새로운 통치자들이다. 오늘날의 왕이 헌법을 무효로 만들까 봐 걱정할 필요는 없다. 오히려 그는 헌법을 무시하고 그 뒤에서 힘을 발휘하려고 할 가능성이 더 높다. 왕은 왕다운 권력을 이용하려 하지 않을 것이다. 오히려 왕다운 무력함 곧 세간의 관심과 비판에서 자유롭다는 사실을 이용하려 할 것이다. 왕은 우리 시대에 가장 사적인 인물이니 말이다. 어느 누구도 다시금 언론에 대한 검열 제안에 맞서 싸울 필요는 없을 것이다. 우리에게는 언론에 대한 검열이 필요 없다. 우리에겐 언론에 의한 검열이 있다.

　민중적 체제들이 이토록 놀라울 만큼 빠르게 강압적으로 변한다는 점이, 우리의 완벽한 진보 이론에서 감안하도록 요청해야 할 세 번째 사실이다. 특권이지만 남용되고 있는 것, 옳게 작동하고 있지만 잘못되어 가고 있는 것을 모두 찾아내기 위해 항상 경계해야 한다. 이 문제에서, 나는 전적으로 혁명가들의 편에 서 있다. 그들은 언제나 인간의 제도를 의심하니 정말로 옳다. 그들은 군주를 신뢰하지도 않고, 사람의 아들이라면 누구도 신뢰하지 않으니 옳다. 민중의 친구로 선택된 지도자가 민중의 적이 된다. 진실을 말하기 위해 시작된 신문이 이제는 진실이 이야기되는 걸 막기 위해 존재한다. 이 지점에서 나는 정말로 마침내 혁명의 편에 서 있다고 느꼈다. 그런 다음 다시금 한숨을 돌렸다. 내가 다시 한번 정통의 편에 서 있다는 사실을 기억해 냈으니 말이다.

그리스도교는 다시금 소리 내어 말했다. "나는 사람들이 자연스레 타락하기 마련이라고 늘 주장해 왔다. 인간의 미덕은 그 본성상 녹슬거나 썩는 경향이 있다. 나는 인간 존재란 그렇게 잘 못되어 간다고 늘 말해 왔다. 특히 행복한 인간들, 특히 자만하고 번창한 인간들이 그러하다. 이 영원한 혁명, 수세기에 걸쳐 유지된 이 의혹을 가리켜 (모호한 현대인인) 너희는 진보의 교의라 부른다. 너희가 철학자였다면 그걸 내가 일컫는 대로 원죄의 교의라 불렀을 것이다. 너희가 좋아하는 대로 그것을 우주적 전진이라 불러도 된다. 그러나 나는 그것을 있는 그대로 타락이라 부른다."

나는 정통에 대해 칼처럼 들어오는 것이라 말했다. 고백하건 대 정통은 전투용 도끼처럼 들어왔다. 실로 (내가 정통에 대해 생각하게 되었을 때) 그리스도교는 잘 길러진 이들 혹은 잘 태어난 이들의 권력에 의문을 제기할 진짜 권리를 가진 유일한 것이었으니 말이다. 나는 사회주의자들이나 심지어 민주주의자들조차도 가난한 이들의 물리적 조건이 필연적으로 그들을 정신적으로나 도덕적으로 타락하게끔 만든다고 말하는 것을 무척 자주 들었다. 나는 과학자들의 말도 들어 보았는데 (민주주의에 반대하지 않는 과학자들이 여전히 있긴 하다) 그들 역시 우리가 가난한 이들에게 더 건강한 조건을 제공한다면 악덕과 오류는 사라질 거라고 말했다. 나는 끔찍한 관심을 가지고 섬뜩하게 매료되어 그들의 말에 귀를 기울였다. 그건 마치 나무 위에서 자기가 앉아 있는 가지를 힘차게 톱으로 썰어대는 사람을 지켜보는 것과 같았다. 이 행복한 민주주의자들이 그들의 주장을 입증할 수 있다면 결국 민주주의를 쳐서 죽이고 말 것이다. 가난한 이들이 그렇게 해서 완전히 사기가 꺾인다면 그들을 일으켜 세우는 것은 현실적으로 타당한 일일 수도 있고 아닐 수도 있다. 다만 그들에게서 선거권을 빼앗는 것이 무척이나 현실적으로 타당한 일이라는 것만큼은 확실하다. 열악한 침실을 가진 사람이 제대로 투표할 수 없다면 이로부터 가장 먼저, 그리고 가장 빠르게 나오는 추론이란 그런 사람은 투표를 하지 말아야 한다는 것이다. 지배 계층이 이렇게 말하는 것도 불합리하지만은 않을 터이다. "우리가 그 사람의 침실을 개선하는 데는 시간이 좀 걸릴 것 같다. 그런데 그 사람이 너희가 말하는 그런 짐승이라면 삽시간에 우리나라를 망하게 할 것이다. 그러므로 우리는 너희가 귀띔해 준 조언을 받아들여 그에게는 기회를 주지 않겠다." 정직한 사회주의자가 가난한 이들은 나라를 통치하기에는 부적합하다고 차분히 설명하면서 귀족정의 토대를 열심히 쌓아 가는 모습을 지켜보자니 무섭도록 재미있다. 그건 마치 저녁 파티에서 어떤 사람이 야회복을 입지 않았다고 사과하면서 자신은 막 술에 취했고 길에서 옷을 벗는 버릇이 있으며, 더욱이 죄수복을 입고 있다가 좀 전에야 갈아입었다고 설명하는 걸 듣는 것과 마찬가지다. 그 정도로 형편없는 사람에게는 굳이 파티에 올 필요가 없노라고 파티 주최자가 말해 줘도 된다고 사람들은 생각한다. 평범한 사회주의자가 그 빛나는 얼굴로, 참담한 경험을 한 가난한 이들은 신뢰할 만한 사람들이 아님을 입증할 때도 그러하다. 부유한 이들은 어느 때고 "좋아. 그러면 우리는 그들을 신뢰하지 않겠어"라면서 면전에서 문을 쾅 닫아 버려도 된다. 유전과 환경에 관한 블래치포드의 견해에 근거하여 보면, 귀족정을 지지하는 주장은 정말 압도적이다. 깨끗한 집과 깨끗한 공기가 깨끗한 영혼을 만든다면 왜 (어쨌든 현재로서는) 의심할 바 없이 깨끗한 공기를 가진 자들에게 권력을 내어 주지 않는가? 더 나은 조건이 가난한 이들을 자치에 더 적합하게 만들 거라면 왜 이미 더 나은 조건이 부유한 이들을 자치에 더 적합하게 만들지 않겠는가? 평범한 환경 논쟁에서 문제는 상당히 명확하다. 풍족한 계층은 그저 유토피아에서나 우리의 선도자가 되어야 한다.

가장 좋은 기회를 가졌던 이들이 우리를 위한 가장 좋은 인도자가 되리라는 명제에 그 어떠한 해답이라도 있는가? 깨끗한 공기를 호흡해 온 이들이 더러운 공기를 호흡해 온 이들을 위해 결정하는 게 더 나으리라는 주장에 대한 어떠한 해답이라도 있는가? 내가 아는 한, 단 하나의 해답이 있을 뿐이며 그 해답은 바로 그리스도교다. 오직 그리스도교의 교회만이 부자들에 대한 완전한 신뢰에 합리적인 반론을 제시할 수 있다. 교회는 처음부터 사람의 환경이 아니라 사람 자체에 위험이 있음을 주장해 왔다. 더욱이 우리가 위험한 환경에 대해 논한다면, 교회는 가장 위험한 환경이란 편리한 환경이라고 주장해 왔으니 말이다. 내가 알기로 가장 현대적인 제조업에선 비정상적으로 커다란 바늘을 생산하기 위한 노력에 정말로 몰두해 왔다. 내가 알기로 최신의 생물학자들은 아주 작은 낙타를 발견하기를 주로 열망해 왔다. 그러나 우리가 낙타를 할 수 있는 한 가장 작게 줄이거나 바늘구멍을 할 수 있는 한 가장 크게 키운다 해도, 요컨대 그리스도의 말씀[20] 이 할 수 있는 한 가장 적은 의미만을 갖는다고 가정한다고 해도 그분의 말씀은 적어도 이러한 의미를 가질 수밖에 없으니, 부자들 은 도덕적으로 신뢰할 만한 사람일 가능성이 별로 없다는 것이다. 그리스도교는 흐려지고 약해지더라도 모든 현대 사회를 삶아서 누더기로 만들어 놓을 만큼 뜨겁다. 최소한의 교회마저도 세상을 향한 치명적인 최후통첩이 될 것이다. 현대 세계 전체는 부자들 이 꼭 필요한 사람들이라는 (타당한) 가정이 아니라 부자들이 믿 을 만한 사람들이라는 (그리스도인에게는) 타당하지 못한 가정에 절대적으로 근거한다. 신문이나 회사, 귀족 혹은 정당 정치에 관 한 모든 논의에서 부자들은 절대 뇌물에 매수되지 않는다는 주장 을 끊임없이 들을 것이다. 물론 실제로 부자는 뇌물에 매수되며, 이미 매수되었다. 그것이 바로 부자가 부자인 이유다. 그리스도교 를 뒷받침하는 논거란 이승의 호사에 의존하는 사람은 부패한 사 람이라는 것이다. 그는 영적으로도 부패하고 정치적으로도 부패 하고 재정적으로도 부패한 사람이다. 그리스도와 모든 그리스도 교 성인聖人이 무식해 보일 정도로 한결같이 말해 온 것이 하나 있 다. 그들은 부자가 되는 것이 도덕적으로 파멸할 특유의 위험에 처하는 것이라고 말해 왔다. 정의定義될 수 있는 정의正義를 침해한 자들로서 부자들을 죽이는 일이 명백하게 비非그리스도교적이지 는 않다. 사회의 편리한 통치자들로서 부자들의 머리에 관을 씌워 주는 것이 확실하게 비그리스도교적이지는 않다. 부자들에게 맞

---

20   "낙타가 바늘귀로 들어가는 것이 부자가 하나님의 나라에 들어가는 것보다 쉬우
     니라"(마태복음 19장 24절).

서 반란을 일으키거나 부자들에게 굴종하는 것이 확실하게 비그리스도교적이지는 않다. 그러나 부자들을 신뢰하는 것, 가난한 이들보다 부유한 이들이 도덕적으로 더 안전하다고 간주하는 것은 더없이 확실하게 비그리스도교적이다. 그리스도인이라면 일관되게 말할 것이다. "나는 저 사람이 뇌물을 받더라도 그의 지위를 존중한다." 그러나 그리스도인이라면, 모든 현대인이 점심이나 아침을 들면서 말하듯이 "그런 지위에 있는 사람이 뇌물을 받지는 않을 것이다"라고 말할 수는 없다. 어떠한 지위에 있는 어떠한 사람이라도 뇌물을 받을 수 있다는 것이 그리스도교 교의의 일부이기 때문이다. 그것은 그리스도교 교의의 일부이며, 또한 흥미로운 우연의 일치로 명백한 인류사의 일부이기도 하다. '그러한 위치에 있는' 사람이 부패할 리 없다고 사람들이 말할 때는 그리스도교를 논의에 끌어들일 필요가 전혀 없다. 베이컨 경[21]이 구두닦이였던가? 말버러 공작[22]이 횡단보도 청소부[23]였던가? 가장 좋은 유

---

21 프랜시스 베이컨Francis Bacon, 1561-1626은 영국의 철학자, 정치인이다. 경험주의의 아버지로 불리며 과학적 방법론을 발전시켜 이후 과학혁명이 일어나는 데 큰 영향을 끼친 것으로 평가된다. 베이컨은 대법관으로 재직하던 1621년 뇌물을 받은 혐의로 기소되어, 사사로운 의도에서 선물을 받았음을 인정하면서도 대법관이 선물을 받는 것은 관례였다고 변론했으나 유죄 판결을 받고 공직에서 물러났다.

22 제1대 말버러 공작Duke of Marlborough 존 처칠John Churchill, 1650-1722은 여러 전쟁에서 보여 준 탁월한 활약으로 공작의 지위에까지 올랐으나 1711년 횡령 혐의를 받고 모든 공직에서 물러나야 했다.

23 횡단보도 청소부crossing sweeper는 도로를 건너려는 행인을 위해 앞서가며 빗자루로 도로의 오물을 치워 주는 사람을 말한다. 19세기 영국 주요 도시에서는 도로에 마차가 빈번하게 다녔고 말의 배설물 등으로 도로가 매우 더러웠다. 그래서 길을 건너는 행인들을 위해 오물을 치워 주고 팁을 받아 돈을 버는 가난한 소년들이 많았다고 한다.

토피아에서라도 나는 어떠한 위치에 있는 누구라도 어떠한 순간에나 빠질 수 있는 도덕적 타락에 대비해야 한다. 특히 바로 이 순간, 내가 나의 위치에서 타락할 수 있음에 대비해야 한다.

그리스도교가 민주주의와 유사하다는 취지의 모호하고 감상적인 언론 기사가 쏟아져 나왔지만, 그중 대부분은 그 둘이 서로 다투는 경우가 많았다는 사실을 반박할 만큼 강력하거나 명확하지 않다. 그리스도교와 민주주의가 하나 되는 진짜 토대는 훨씬 더 깊다. 특별하고도 특이하게도 비그리스도교적인 생각 한 가지가 바로 칼라일의 생각이다. 자신이 통치할 수 있다고 느끼는 사람이 통치를 맡아야 한다는 생각 말이다. 다른 어떤 생각이 그리스도교적이라 해도 이 생각만큼은 이교적이다. 우리의 신앙이 정부에 대해 논평한다면, 틀림없이 자신이 통치할 수 있다고 생각하지 않는 사람이 통치를 맡아야 한다고 할 것이다. 칼라일의 영웅은 "내가 왕이 되겠다"라고 말할 것이다. 하지만 그리스도교 성인은 틀림없이 "놀로 에피스코파리"[24]라고 말할 것이다. 그리스도교의 커다란 역설이 무언가를 의미한다면, 그 의미는 이것이다. 우리는 왕관을 손에 들고, 지상의 메마른 장소들과 어두운 구석들을 두루 다니며 마침내 자신이 그 왕관을 쓰기에 적합하지 않다고 느끼는 한 사람을 찾아내야 한다. 칼라일은 완전히 틀렸다. 우

---

24 '놀로 에피스코파리'*Nolo Episcopari*는 라틴어로 '나는 주교가 되고 싶지 않다'라는 뜻이다. 로마가톨릭교회에서 주교직 후보로 지명된 성직자가 서임을 거부할 때 사용하는 공식 표현이다. 전통적으로 두 번까지는 겸양의 표시로 이 표현을 사용하고 세 번 사용할 경우에는 확실한 거부 의사로 수용된다. 일반적으로 어떤 고위직에 대한 겸손한 거부 표현을 나타내는 수사적 표현으로 사용되기도 했다.

리는 자신이 통치할 수 있다는 걸 아는 예외적인 인물에게 왕관을 씌워 주어선 안 된다. 오히려 자신이 통치할 수 없다는 걸 아는 훨씬 더 예외적인 인물에게 왕관을 씌워 주어야 한다.

자, 이것이 현재 작동하는 민주주의의 생명을 유지하는 두세 가지 방어물 가운데 하나다. 단순히 기계적인 투표 제도만으로는 민주주의가 아니다. 현재로서는 그보다 더 간단한 민주적 수단을 시행하기란 쉽지 않지만 말이다. 하지만 기계적인 투표 제도조차 실제적인 의미에서는 근본적으로 그리스도교적이다. 투표 제도란 너무 겸손해서 자기 의견을 제시할 수 없는 사람들의 의견을 알아내려는 시도이기 때문이다. 그것은 신비한 모험이다. 그것은 자기를 신뢰하지 않는 사람들을 특별히 신뢰하는 것이다. 이 수수께끼는 오로지 그리스도교 세계에 고유한 것이다. 불교 신자의 자기 부정에는 실로 겸손한 것이란 아무것도 없다. 유순한 힌두교 신자는 유순하기만 할 뿐 온유하지는 않다. 반면에 뚜렷이 드러나는 자들의 의견을 받아들이는 분명한 길을 택하기보다 흐릿하게 가려진 자들의 의견을 찾고자 애쓴다는 생각에는 심리적으로 그리스도교적인 무언가가 있다. 투표가 특별히 그리스도교적이라는 말이 조금은 기이하게 들릴지 모른다. 의견을 구하러 다니는 것이 그리스도교적이라고 말하면 정신 나간 소리처럼 들릴 것이다. 그러나 의견을 구하러 다니는 것은 그 기본적인 생각에서부터 매우 그리스도교적이다. 그것은 겸손한 이들을 격려하는 일이다. 그것은 겸손한 이에게 "벗이여, 더 높이 오르라"라고 말하는 일이다. 만약 의견을 구하러 다니는 일에 조그마한 결점이라도 있다면, 그 일의 궁글려진 완벽한 경건 속에서 찾을 수 있다. 혹시

216

라도 의견을 구하러 다니는 사람의 겸손을 북돋아 주기를 소홀히 할 가능성이 있기 때문이다.

귀족정은 제도가 아니다. 귀족정은 죄다. 일반적으로는 매우 가벼운 죄다. 귀족정은 사람들을 일종의 태생적인 오만과 권력자들에 대한 찬양으로 떠내려가거나 미끄러져 들어가게 하는 것인데, 이것이야말로 세상에서 가장 쉽고 뻔한 일이다.

덧없이 왜곡된 현대의 '힘'에 대한 백 가지 해답 가운데 하나는, 가장 신속하고 대담한 작용이 가장 연약하거나 감성으로 가득 찬 작용이기도 하다는 것이다. 가장 재빠른 것들은 가장 부드러운 것들이다. 새가 활발한 것은 부드럽기 때문이다. 돌이 무력한 것은 단단하기 때문이다. 돌이 그 본성에 의해 아래로 내려가야 하는 까닭은 단단함이 곧 약함이기 때문이다. 새가 그 본성상 위로 올라갈 수 있는 까닭은 약함이 곧 힘이기 때문이다. 완벽한 힘 안에는 일종의 부박浮薄함, 스스로 공기 중에 떠 있을 수 있는 공기 같은 가벼움이 있다. 기적적인 역사를 조사하는 현대인들은 위대한 성인聖人들의 한 가지 특징이 '공중부양'임을 엄숙히 인정했다. 성인들은 더 멀리까지 나아간다. 위대한 성인들의 한 가지 특징은 가벼움의 능력이다. 천사들이 날 수 있는 것은 스스로 가벼이 여기기 때문이다. 이는 언제나 그리스도교 세계의 천분天分이었으며, 특히 그리스도교 예술의 천분이었다. 프라 안젤리코[25]가 천사

25   프라 안젤리코Fra Angelico(천사 같은 수사)라는 별칭으로 불린 귀도 디 피에로Guido
      di Piero, 1395-1455는 르네상스 시대 이탈리아의 도미니코회 수사이자 화가였다. 시
      대를 대표하는 그리스도교 성화들을 많이 남겼으며 특히 프레스코 벽화에 뛰어
      났다.

들을 새처럼 그렸을 뿐 아니라 거의 나비처럼 그렸음을 기억하자. 가장 진실한 중세 예술은 빛과 펄럭이는 휘장, 빠르고 가볍게 뛰어다니는 발로 가득했음을 기억하자. 현대의 라파엘 전파前派 화가들[26]은 진짜 라파엘로 이전 화가들에게서 이를 따라 하지 못했다. 번존스[27]는 중세의 깊은 가벼움을 되살릴 수 없었다. 옛 그리스도교 회화에서는 인물 위에 펼쳐진 하늘이 마치 파란색이나 금색으로 된 낙하산처럼 보인다. 모든 인물이 금방이라도 날아올라 하늘 위에 떠다닐 준비가 되어 있는 듯하다. 거지의 누더기 외투는 빛을 뿜는 천사들의 깃털처럼 그를 위로 끌어올릴 것이다. 그러나 무거운 황금 옷을 걸친 왕들과 자줏빛 예복을 입고 자랑하는 이들은 그 본성상 아래로 가라앉을 것이다. 교만은 경박이나 부양浮揚에 이르지 못하기 때문이다. 교만은 모든 것을 아래로 끌어당겨 손쉬운 엄숙함에 빠뜨린다. 어떤 이는 일종의 이기적인 진중함 속으로 '가라앉는다.' 하지만 사람은 흥겨운 자기망각에 이르러야 한다. 어떤 사람은 몽상으로 '빠져들어' 저 높이 푸른 하늘에 가 닿는다. 진중함은 미덕이 아니다. 진중함이 악덕이라 말한다면, 그것은 이단이되 훨씬 더 분별 있는 이단일 터이다. 그것은 자아를 무겁게 여기는 데 빠져드는 자연스러운 경향이거나 추이

26   라파엘 전파Pre-Raphaelites는 19세기 중반 영국의 화가들이 낭만주의의 영향을 받아 결성한 유파다. 기계적으로 예술에 접근한 매너리즘을 거부하고 사실적이고 자연스러운 화풍을 되살리려고 했으며 특히 라파엘로의 고전적 아름다움과 우아함이 예술에 왜곡된 영향을 미친다고 생각하여 1400년대 이탈리아 회화의 색감과 구성으로 회귀하려 했다.

27   에드워드 번존스Edward Burne-Jones, 1833-1898는 라파엘 전파에 속하는 화가로 일반 회화는 물론 스테인드글라스와 태피스트리 작품으로 유명하다.

이다. 그것이야말로 가장 하기 쉬운 일이기 때문이다.『펀치』[28]에 좋은 농담을 쓰기보다『타임스』*Times*에 사설을 쓰는 쪽이 훨씬 더 쉽다. 엄숙함은 사람들에게서 자연스레 흘러나오지만, 웃음은 껑충 뛰는 도약이기 때문이다. 무겁기는 쉽지만 가볍기는 어렵다. 사탄은 무거움의 힘으로 타락했다.

귀족정이 있긴 했지만 내심으로는 귀족정을 하나의 약점으로 다루었다는 사실은 그리스도교화한 이후 유럽의 특유한 영예다. 일반적으로 유럽에서는 불가피하게 허용할 수밖에 없는 이 점을 제대로 평가하고 싶은 사람이라면 그리스도교에서 벗어나 어떤 다른 철학적 환경으로 들어가야 한다. 이를테면 유럽의 계층과 인도의 카스트를 비교해 보자. 인도의 귀족정이 훨씬 더 지독한 까닭은 그곳 귀족정이 훨씬 더 지적인 것이기 때문이다. 그곳에선 사람들이 계층의 등급이 영적 가치의 등급이라고 진지하게 느낀다. 비가시적이고 신성한 의미에서 제빵사가 푸주한보다 낫다는 것이다. 하지만 그리스도교는, 심지어 가장 무식하거나 뒤틀린 그리스도교조차 준남작[29]이 신성한 의미에서 푸주한보다 낫다고 말하지는 않았다. 아무리 무식하거나 사치스러운 그리스도교조차 공작은 지옥에 떨어지지 않을 거라고 말하지 않았다. 이교 사회에서는 자유인과 노예 사이에 (내가 모르는) 그토록 진중한 어떤 구분이 있었을 것이다. 그러나 그리스도교 사회에서 우리는 늘

---

28   『펀치』*Punch*는 1841년 창간된 영국의 영향력 있는 풍자만화 잡지다.

29   준남작baronet은 영국 작위 중 남작baron과 기사knight 사이에 해당한다. 세습할 수 있는 평생의 작위이기는 하지만 남작 이상의 오등작 귀족 계급peerage에 들지 못한다.

신사를 일종의 농담거리로 생각해 왔다. 위대한 십자군과 공의회에서 신사가 실제적 농담거리로 불릴 권리를 획득했음을 내가 인정하긴 하지만 말이다. 그러나 유럽에서 영혼의 뿌리로부터 정말로 귀족정을 진중히 여긴 적은 전혀 없다. 잠시나마 귀족정을 진중히 여길 수 있는 사람은 (유일하게 총명한 니체주의자인 오스카 레비 박사[30]처럼) 때로 유럽인이 아닌 외부인밖에 없다. 나는 그렇게 생각하지 않지만, 어쨌거나 이건 순전히 애국적인 편견일지 모른다. 다만 내게는 잉글랜드의 귀족정이 귀족정의 전형일 뿐 아니라 모든 귀족정의 왕관이자 꽃처럼 보인다. 잉글랜드의 귀족정에는 과두정의 결점뿐 아니라 장점도 있다. 잉글랜드의 귀족정은 격식을 차리지 않고, 친절하고, 명백한 문제들에서 용감하다. 그러나 이 장점들하고도 겹쳐지는 한 가지 커다란 장점이 있다. 잉글랜드 귀족정의 크고 무척이나 분명한 장점이란 누구도 그것을 도저히 진지하게 여길 수 없으리라는 것이다.

요컨대 늘 그러하듯이 나는 유토피아에 동등한 법칙이 있어야 할 필요성을 천천히 자세하게 따져 보았다. 그리고 늘 그러하듯이 나는 그리스도교가 나보다 먼저 거기에 있었음을 깨달았다. 내 유토피아의 역사 전체는 그와 똑같은 재미난 슬픔을 지니고 있다. 나는 언제나 건축학을 공부하다 새로운 탑을 지을 계획을 품고 뛰쳐나가지만, 거기에서 천 년이나 된 그 탑이 햇빛에 반짝이며 서 있는 것을 발견했다. 나를 위해, 하나님은 고대적 의미

30   오스카 레비Oscar Levy, 1867-1946는 유대계 독일인 의사, 작가다. 니체의 저술을 영어로 정식 번역하여 18권의 총서를 출간한 것으로 특히 유명하며 독일, 영국, 프랑스를 오가며 살아야 했던 인생 역정으로도 잘 알려져 있다.

에서 그리고 부분적으로는 현대적 의미에서도, "주님, 우리가 하는 모든 일에서 우리를 앞서 이끌어 주소서"라는 기도에 응답해 주셨다. 자랑하는 것은 아니지만, 나는 정말 내 머리로 (하나의 제도로서) 결혼 서약을 창안할 수도 있었을 순간이 있었다고 생각한다. 그러나 나는 한숨을 쉬며 결혼 서약이 이미 창안되어 있음을 발견했다. 하지만 유토피아에 관한 나 자신의 개념이 어떻게 오직 새 예루살렘에서만 응답받았는지에 관해 사실을 하나하나 들어가며 세세히 설명하려면 너무나 오래 걸릴 테니, 나는 하나로 수렴되는 그 흐름, 말하자면 나머지 모든 것이 수렴하는 충돌을 가리키는 사례로 이 결혼이라는 문제를 취하려 한다.

평범한 사회주의 반대자들은 인간 본성에서 불가능한 것들과 변화하는 것들을 이야기하면서 늘 한 가지 중요한 차이점을 놓친다. 사회에 대한 현대의 이상적인 구상들에는 도저히 이룰 수 없는 바람이 있지만, 바람직하지 않은 바람도 있다. 모든 사람이 동등하게 아름다운 집에 살아야 한다는 것은 이룰 수도 있고 이루지 못할 수도 있는 꿈이다. 하지만 모든 사람이 똑같은 모양의 아름다운 집에 살아야 한다는 건 꿈조차 아니다. 그것은 악몽이다. 한 남자가 나이 든 모든 여성을 사랑해야 한다는 건 이룰 수 없는 이상이다. 그러나 한 남자가 나이 든 모든 여성을 정확히 자기 어머니를 보듯 보아야 한다는 건 이룰 없는 이상일 뿐 아니라 이루어져서는 안 될 이상이다. 이러한 예들에 대해 독자들이 나에게 동의할는지 모르겠지만, 늘 나에게 많은 영향을 끼쳐 왔던 예를 하나 더 들어 보겠다. 나는 내가 주로 좋아하는 자유, 즉 나 자신을 속박하는 자유를 허락하지 않는 어떠한 유토피아도 생각하거나 용인할 수 없다. 완전한 무정부 상태는 어떠한 규율이나 신의를 지니는 것조차 불가능하게 만들 뿐 아니라 재미있게 즐기는 것조차 불가능하게 만들 것이다. 명백한 예를 들자면 아무런 구속력도 없는 내기는 아무런 가치도 없다. 모든 계약을 파기하는 일은 도덕을 파괴할 뿐 아니라 오락마저 망쳐 놓을 것이다. 이런 내기와 그런 오락은 이 책에서 이야기하는 모험과 낭만에 대한 인간의 고유한 본능을 저해하고 왜곡한 형태일 뿐이다. 그리고 모험에 따르는 위험, 보상, 처벌, 완수는 진짜임에 틀림없다. 그렇지 않다면 모험이란 그저 끊임없이 변화하는 비정한 악몽일 뿐이다. 내가 내기를 한다면, 내가 지불해야 할 것을 반드시 지불하게끔 해야 한다. 그렇지 않으면 내기하는 일에 아무런 감흥도 일지 않는다. 내가 도전을 한다면, 반드시 나 자신이 싸우도록 해야 한다. 그렇지 않으면 도전하는 일에 아무런 감흥도 일지 않는다. 내가 만약 충성을 맹세한다면, 충성하지 않을 경우 저주를 받게끔 해야 한다. 그렇지 않으면 맹세하는 일에 아무런 재미도 없다. 고래에게 삼켜졌는데 자신이 에펠탑 꼭대기에 있는 걸 발견하게 된 사람이나, 개구리로 변했는데 마치 홍학처럼 행동하게 된 사람의 경험을 가지고는 요정 이야기를 만들 수가 없을 것이다. 아주 무모한 낭만이라는 목적을 위해서도 결과는 진짜여야만 한다. 결과는 돌이킬 수 없는 것이어야 한다. 그리스도교의 결혼은 돌이킬 수 없는 진정한 결과를 보여 주는 훌륭한 예다. 바로 그러한 까닭에 결혼이 우리의 모든 낭만적 글쓰기의 주제이자 중심이 된다. 그리고 이것이 내가 어떠한 사회적 낙원에 청하되 명령조로 단호하게 청해야 하는 요건들의 마지막 예다. 나는 나의 합의를 지키고, 나의 서약과 계약을 진지하게 여기게 해달라고 청해야 한다. 나는 나의 명예를 나 자신에게 되갚아 달라고 유토피아에 청해야 한다.

나의 모든 유토피아 친구들은 서로를 의심스레 바라본다. 그들의 궁극적 희망은 모든 특별한 결속의 와해이기 때문이다. 그러나 다시금 나는 메아리처럼 세상 너머로부터 전해 오는 응답이 들리는 듯하다. "나의 유토피아에 이르면 너는 진짜 의무를 지게 될 것이고, 그리하여 진짜 모험을 하게 될 것이다. 그러나 가장 어려운 의무이자 가장 과격한 모험은 유토피아에 이르는 것이다."

08

정통의
낭만

사람들은 습관적으로 우리 시대의 분주함과 격렬함에 대해 불평한다. 하지만 사실 우리 시대의 주된 특징은 깊은 나태와 피로다. 실은 진정한 나태야말로 겉으로 드러나는 분주함의 원인이다. 아주 외적인 사례를 하나 들어 보자. 택시와 자동차 때문에 거리가 시끄럽지만 이건 인간의 활동 때문이 아니라 인간의 휴식 때문이다. 활동이 더 많다면, 그러니까 사람들이 단순히 걸어 다니기만 한다면 분주함도 덜할 것이다. 우리의 세상이 더 격렬해지면 더 조용해질 것이다. 이런 사실은 명백한 물리적 분주함에 대해 참이지만 명백한 지성의 분주함에 대해서도 참이다. 현대의 언어라는 장치 대부분이 노동을 절감해 주는데, 정신적 노동을 절감해야 하는 양보다 훨씬 더 많이 절감해 준다. 과학의 어구들은 마치 과학적인 바퀴와 피스톤 로드[1]처럼 안락한 이들의 길을 더 빠르고 평탄하게 만드는 데 쓰인다. 긴 단어들이 긴 열차처럼 덜거덕거리며 우리 곁을 지나간다. 너무 피곤하거나 너무 게을러서 스스로 걸을 수 없고 생각할 수도 없는 사람들을 그것들이 실어 나른다는 사실을 우리는 알고 있다. 자신의 의견을 한 음절의 단어로 표현하고자 한 번쯤 시도해 보는 건 훌륭한 연습이 된다. 만약 당신이 "막연한 문장의 사회적 효용은 형벌에 관한 더욱 인도적이고 과학적인 시각을 향해 나아가는 사회학적 진화의 일부로서 모든 범죄학자에게 인정받는다"라고 말한다면, 두개골 속에 있는 회색 물질을 거의 움직이지 않고도 몇 시간이나 그렇게 이야기할 수 있을 것이다. 그러나 "나는 존스가 감옥에 가길 바라고, 존스가 언제 나오게 될지 브라운이 알려 주길 바란다"라고 말하기 시작한다면, 소름 끼치는 공포를 느끼면서 자신이 생각해야만 한다는 사실을 발견하게 될 것이다. 긴 단어들은 어렵지 않다. 어려운 것은 짧은 단어들이다. '퇴보하다' 같은 단어보다는 '젠장' 같은 단어에 훨씬 더 많은 형이상학적 미묘함이 담겨 있다.

그러나 현대인들에게 논리적 추론의 고역을 덜어 주는 이 길고 안락한 단어들은 한 가지 각별한 측면에서 특히 파괴적이고 혼란스럽다. 이런 어려움은 하나의 긴 단어가 각기 다른 맥락에서 서로 다른 의미로 사용될 때 발생한다. 한 가지 잘 알려진 예를 들어 보자면, '이상주의자'라는 단어는 철학에서의 의미와 도덕적 수사법에서의 의미가 사뭇 다르다. 마찬가지로 과학적 유물론자

---

1   피스톤 로드piston rod는 엔진에서 피스톤을 크랭크축의 연결봉에 이어 주는 부품
      이다. 피스톤의 왕복 운동이 피스톤 로드와 연결봉을 거쳐 크랭크축에 전달되어
      회전운동으로 전환된다.

는 우주론의 용어로 쓰이는 '유물론자'와 도덕적 비난이 담긴 '유물론자'(물질주의자)라는 말을 혼용하는 사람들에게 불평할 만한 정당한 이유가 있다. 더 하찮은 예로는, 런던에서 '진보주의자'들을 싫어하던 사람이 남아프리카에서는 늘 자신을 가리켜 '진보주의자'라고 부른다는 사실을 들 수 있겠다.

'자유주의'[2]라는 말이 종교에 적용될 때와 정치와 사회에 적용될 때도 이만큼 무의미한 혼동이 발생한다. 모든 자유주의자는 모든 자유로운 것을 사랑해야 하므로 자유사상가가 되어야 한다고 이야기되는 경우가 많다. 이럴 바에는 모든 이상주의자는 모든 높은 것을 사랑해야 하므로 고교회파[3]가 되어야 한다고 말하는 편이 차라리 낫다. 저교회파[4] 신자들은 낮은 미사[5]를 좋아해야 한다고 말하거나, 광교회파[6] 신자들은 넓은 농담[7]을 좋아해야

2   영어의 'liberal'은 보통 '자유롭다'로 해석되지만, 기존의 편견이나 인습에 얽매이지 않으면서 개개인의 의견을 인정하는 자유주의의 태도를 말한다. 체스터턴은 '자유주의 신학'이라고 하는 새로운 신학이 본래 의미의 자유주의와 거리가 멀다는 사실을 들어 비판하고 있다.
3   고교회파High Church는 주로 성공회 안에서 그리스도교 전체의 보편교회 전통을 강조하는 분파를 말한다.
4   저교회파Low Church는 주로 성공회 안에서 종교개혁의 전통을 강조하며 복음주의에 입각한 분파를 말한다.
5   낮은 미사Low Mass라고 직역되지만, 지정 용어로는 평미사 혹은 소미사라고 부른다. 사제가 경문을 노래로 부르는 창唱미사 혹은 대大미사와 구분하여, (보통은 교우들 없이) 노래를 부르지 않고 간단하게 드리는 미사를 가리킨다.
6   광교회파Broad Church는 주로 성공회 안에서 성서비평학과 신학적 자유주의의 영향을 받아 그리스도교 신앙의 본질과 권위에 대한 협소한 이해를 비판하고 사회와 문화에 대한 적응과 참여를 강조하는 분파를 말한다.
7   넓은 농담broad joke이라고 직역되지만 보통 외설스러운 농담을 에둘러 부르는 말이다.

한다고 말하는 편이 차라리 낫다. 이런 사례는 말이 일으키는 사고에 불과하다. 실제로 현대 유럽에서 자유사상가란 스스로 생각하는 사람을 의미하지 않는다. 스스로 생각한 끝에 현상의 물질적 기원, 기적의 불가능성, 인격적 불멸성의 비개연성 등 어떤 특정한 부류의 결론에 이른 사람을 의미한다. 그런데 이 생각들 가운데 특별히 자유주의적인 것은 하나도 없다. 이 생각들은 대체로 명백히 비非자유주의적이다. 이번 장에서는 바로 이 생각을 증명하려고 한다.

이어지는 페이지에서 나는 가능한 한 빠르게, 신학을 자유주의화하는 이들이 가장 강력히 주장하는 문제 하나하나에 대해 그들이 사회적 관행에 끼치는 영향은 명백히 비자유주의적이라는 점을 지적하고자 한다. 교회에 자유를 들여오겠다는 오늘날의 거의 모든 제안은 세상에 폭정을 불러들이겠다는 제안에 불과하다. 이제 교회를 자유롭게 한다는 건 교회를 사방으로 자유로이 풀어 놓는다는 것조차 되지 않으니 말이다. 그것은 대강 과학적이라 불리는 일원론, 범신론, 아리우스주의, 필연성 등 특정한 일단의 도그마들을 자유로이 풀어 놓겠다는 걸 의미한다. 이 교의들은 (우리가 하나씩 다루어 볼 텐데) 그 하나하나가 압제의 자연스러운 동맹자임을 증명할 수 있다. 사실 거의 모든 것이 압제의 동맹자라는 것은 (이런 생각이 떠오를 즈음엔 그리 놀랍지도 않겠지만) 놀랄 만한 환경이다. 압제와의 동맹 관계에서 특정한 지점을 결코 넘어가지 못하는 것은 오직 하나밖에 없는데, 그것이 바로 정통이다. 내가 정통을 부분적으로 왜곡하여 폭군을 정당화할지 모른다는 건 사실이다. 그러나 나는 손쉽게 어떤 독일 철학을 꾸며 내어 폭

227

군을 완전히 정당화할 수도 있다.

이제 신新신학이라고 하는 현대주의 교회의 특징이 된 혁신들을 순서대로 살펴보자. 우리는 그 가운데 한 가지 혁신을 발견하면서 이전 장을 마무리했다. 가장 구식이라 불리던 바로 그 교의가 지상의 새로운 민주정들을 지키는 유일한 보호 장치라는 게 밝혀졌다. 가장 인기 없어 보이던 그 교의가 실은 사람들의 유일한 힘이라는 게 밝혀졌다. 간단히 말해 우리는 과두정을 논리적으로 부정하는 유일한 길이 원죄에 대한 확실한 인정 속에 있다는 걸 발견했다. 다른 모든 경우에서도 그러하다는 것이 나의 주장이다.

가장 명백한 경우인 기적을 우선 살펴보도록 하겠다. 어떤 특별한 이유 때문인지, 기적을 믿는 것보다 믿지 않는 것이 더 자유주의적이라는 고정 관념이 있다. 왜 그러한지를 나는 상상할 수 없고, 내게 말해 줄 수 있는 사람도 없다. 생각할 수도 없는 어떤 원인 때문에 '폭넓은' 혹은 '자유주의적인' 성직자란 적어도 기적의 숫자를 줄이고 싶어 하는 사람을 의미할 뿐, 절대 그 숫자를 늘리고 싶어 하는 사람을 의미하지 않는다. 그리스도가 무덤에서 나왔음을 믿지 않을 만큼 자유로운 사람을 의미할 뿐, 절대 자신의 고모나 이모가 무덤에서 나왔다고 믿을 만큼 자유로운 사람을 의미하지 않는다. 베드로가 물 위를 걸었음을 사제가 인정하지 못해서 본당에 말썽이 생기는 경우는 흔하다. 하지만 자기 아버지가 서펜타인[8] 위를 걸었다고 말하는 성직자 때문에 본당에서 말썽이

---

8   서펜타인Serpentine은 런던의 하이드 파크에 있는 S자형 연못이다.

생기는 경우는 거의 없지 않은가? 이는 (재빠른 세속주의자 논객이라면 즉각 반박하겠지만) 우리의 경험으로 미루어 기적을 믿을 수 없기 때문이 아니다. 매슈 아널드[9]가 단순한 신앙으로 읊었던 교의에서처럼 "기적은 일어나지 않는다"라는 것 때문도 아니다. 초자연적인 일들이 일어났다는 주장은 80년 전에 비해 오늘날 우리 시대에 더 많다. 과학자들도 과거에 비해 그렇게 경이로운 일들을 훨씬 더 많이 믿고 있다. 가장 혼란스럽고 무섭기까지 한 정신과 영혼의 불가사의들이 현대 심리학을 통해 계속해서 베일을 벗고 있다. 예전 과학에서는 기적이라는 이유로 노골적으로 배제되었을 것들이 이제는 거의 매시간 새로운 과학에 의해 확증되고 있다. 여전히 기적을 거부할 만큼 구식인 것은 신新신학밖에 없다. 그러나 기적을 부인하는 것이 곧 '자유로움'이라는 생각은 기적을 입증하거나 부정하는 증거들과는 아무런 관련도 없다. 그것은 생명이 없는 언어적 편견이며, 이 편견의 본래 생명과 시초는 사상의 자유에 있던 것이 아니라 유물론의 교의에 있었다. 19세기 사람이 그리스도의 부활을 불신하지 않았다면, 그건 그의 자유주의적 그리스도교가 부활에 대한 의심을 허용했기 때문이다. 19세기 사람이 그리스도의 부활을 불신했다면, 그건 그의 아주 엄격한 유물론이 부활에 대한 믿음을 허락하지 않았기 때문이다. 그야말로 19세기 인물의 전형이라 할 만한 테니슨은 정직한 의심 속에 신앙이 있다고 말한 적이 있는데, 이로써 그는 동시대인들의 본능에 가까운 자명한 이치를 입 밖에 낸 셈이다. 실로 그들의 의심 속에는 믿음이 있었다. 이 말에는 심오하고 무섭기까지 한 진실이 담겨 있다. 기적에 관한 그들의 의심 속에는 신# 없는 정해진 운명에 대한 믿음, 교정 불가능한 우주의 정해진 운행에 대한 깊고도 신실한 믿음이 있었다. 불가지론자의 의심은 일원론자의 교의일 뿐이었다.

초자연적인 것들에 관한 사실과 증거에 대해서는 나중에 논하도록 하겠다. 여기서는 다만 다음과 같은 분명한 요점에만 관심을 두자. 자유에 관한 자유주의적 관념이 기적에 관한 긍정과 부정의 두 입장 가운데 어느 한쪽에 있다고 말할 수 있다면, 분명히 기적을 긍정하는 쪽에 있다. 개혁 혹은 (용인될 수 있는 의미에서) 진보란 정신에 의해 문제를 점진적으로 통제하는 것을 의미한다. 기적이란 정신에 의해 문제를 신속하게 통제하는 것을 의미한다. 사람들을 배불리 먹이고 싶은 경우에 광야에서 사람들을 기적적으로 배불리 먹이기란 불가능하다고 생각할 수 있겠지만, 그런 일이 자유롭지 못하다고 생각할 수는 없다. 가난한 아이들이 정말 바닷가에 가고 싶어 한다면, 그 아이들이 용을 타고 날아서 바닷가에 가리라는 걸 두고서 자유롭지 못하다고 생각할 수는 없다. 다만 그런 일이 있음직하지 않다고 생각할 수 있을 뿐이다. 홀리데이 곧 휴일이란 자유주의와 마찬가지로 다만 사람의 자유를 의미할 따름이다. 기적은 다만 하나님의 자유를 의미할 따름이다. 양심에 따라 둘 중 어느 하나를 부정할 수는 있겠지만, 그런 부정을 가리켜 자유주의 사상의 승리라고 이를 수는 없다. 가톨릭교회에서는 하나님과 인간 모두가 일종의 영적 자유를 지닌다고 믿었다. 칼뱅주의는 인간에게서 자유를 앗아가서 하나님께 맡겨 두었다. 과학적 유물론은 창조주인 하나님을 속박한다. 묵시록이 악마를 사슬로 묶었듯이 유물론은 하나님을 사슬로 묶는다. 유물론은 우주에 있는 그 무엇도 자유로이 내버려두지 않는다. 그리고 이 과정을 거드는 이들을 가리켜 '자유주의 신학자'들이라 부른다.

내가 말하는 바와 같이 이것은 가장 가볍고도 가장 명백한 사실이다. 기적에 대한 의심 속에 자유주의적 태도나 개혁과 유사한 무언가가 있다는 가정은 문자 그대로 진실과는 반대된다. 사람이 기적을 믿을 수 없다면, 그것으로 문제는 끝이다. 그런 사람은 특별히 자유주의적인 것이 아니라 완벽하게 존경할 만하고 논리적인 셈인데, 이 편이 자유주의적인 것보다 훨씬 낫다. 그러나 기적을 믿을 수 있다면, 그러한 이유로 그는 확실히 더 자유주의적이다. 기적이란 첫째로 영혼의 자유를 의미하며, 둘째로 폭압적인 환경에 대한 통제를 의미하기 때문이다. 때로는 이러한 진실이 몹시도 순진한 방식으로 심지어 가장 능력 있는 사람들에 의해 무시되곤 한다. 예를 들어 버나드 쇼는 마치 기적이 자연의 본분에 대한 믿음을 깨뜨리기라도 하는 듯 기적이란 관념을 향해 진심어린 구식 경멸을 내뱉는다. 기적이란 그저 그가 가장 좋아하는 나무 곧 의지의 전능성이라는 교의에서 피어나는 마지막 꽃일 뿐인데도, 그는 이상하리만치 이러한 사실을 의식하지 못하는 듯하다. 마찬가지로 그는 삶을 향한 욕망을 건강하고 영웅적인 이기심이라고 했던 것을 잊은 채, 불멸을 향한 욕망을 가리켜 하찮은 이기심이라 부르고 있다. 삶을 무한하게 만들고픈 바람은 고결한 것인데, 삶을 불멸로 만들고픈 바람은 어찌 천박한 것일 수 있는가? 사람이 잔인한 자연이나 관습을 이겨 내는 것이 바람직하다면, 기적은 확실히 바람직한 것이다. 기적이 가능한지에 대해서는 나중에 논의하도록 하겠다.

다만 나는 이 흥미로운 오류를 보여 주는 더 큰 사례들로 넘어가야 하겠다. 종교를 '자유주의화'하는 것이 어떤 면에서 세계의 자유화에 도움이 된다고 하는 생각 말이다. 종교를 자유주의화하는 두 번째 사례는 범신론의 문제, 혹은 내재론[10]이라 불리기도 하고 많은 경우에 불교이기도 한 어떤 현대의 태도와 관련한 문제에서 찾아볼 수 있다. 그런데 이건 훨씬 더 어려운 문제이니 좀 더 준비해서 접근해야 한다.

앞서 나간 사람들이 붐비는 청중을 향해 확신에 차서 하는 말들은 보통 사실에 정반대인 경우가 많다. 실제로 우리가 자명한 이치로 알고 있는 것들은 진리에 부합하지 않는다. 한 가지 예를 들어 보자. 윤리협회들과 종교 회의들에서 가볍게 거듭 언급되는 자유주의적인 말이 하나 있다. "지상의 종교들은 의례와 형태가 서로 다르지만, 가르치는 내용은 모두 같다." 이 말은 틀렸다. 실은 정반대다. 지상의 종교들은 의례와 형태가 크게 다르지 않지만, 가르치는 내용은 크게 다르다. 종교들의 형태는 다르지만 가르치는 내용은 같다고 하는 건 이렇게 말하는 것과 다름없다. "『처치 타임스』와 『프리싱커』[11]가 완전히 달라 보인다는 사실

10   내재론Immanentism이란 전지전능한 신이 인간과 자연 어디에나 내재하고 있다는
      철학적 입장이다. 분리된 초월적 대상으로서의 신을 부정한다.
11   『처치 타임스』Church Times는 영국 국교회의 독립성을 옹호하려는 목적에서 1863
      년 창간된 주간지다. 영국 국교회의 기관지는 아니지만 오늘날까지 영국 국교회
      주의Anglicanism의 주류로 인식되고 있다. 『프리싱커』Freethinker는 자유사상을 설
      파하는 대표적인 잡지로 1881년 창간되었다. 전국세속주의협회NSS와 긴밀한

에 호도되지 마십시오. 전자는 고급 양피지에 그려졌고 후자는 대리석에 조각되었습니다. 전자는 삼각형이고 후자는 육각형입니다. 하지만 잘 읽어 보면 그 둘이 똑같은 내용을 말한다는 걸 알게 될 것입니다." 물론 진실은 그 둘이 모든 면에서 비슷해 보이지만 똑같은 내용을 말하지는 않는다는 것이다. 서비턴의 어느 무신론자 증권 중개인은 윔블던의 스베덴보리[12] 신봉자 증권 중개인과 완전히 똑같아 보인다. 두 사람 주위를 맴돌면서 아주 개인적이고 공격적으로 조사해 보아도, 그들의 모자에서 스베덴보리에 관련된 그 무엇도 보지 못하고 그들의 우산에서 특별히 무신론에 관련된 그 무엇도 보지 못할 것이다. 두 사람이 나뉘는 것은 영혼 속에서다. 그러므로 지상의 모든 신조의 어려운 문제란 흔히 하는 말처럼 '뜻은 서로 일치하지만, 방식이 서로 다르다'라는 값싼 경구 속에 들어 있지 않다는 게 참된 사실이다. 실은 정반대다. 그들은 방식에서 서로 일치한다. 거의 모든 지상의 위대한 종교는 사제, 경전, 제대, 형제애의 맹세, 특별한 축제 등 똑같은 외적 방법들을 통해 작동한다. 그들이 가르치는 방식은 일치하지만, 가르치는 내용은 서로 다르다. 이교도 낙관론자와 동방의 비관론자 양쪽 모두에게 사원이 있을 것이고, 자유당원과 토리당원 양쪽 모두에

관계를 갖고 무신론적이며 반종교적 입장을 견지해 왔다.

12   에마누엘 스베덴보리Emanuel Swedenborg, 1688-1772는 스웨덴의 과학자이자 루터교 신학자다. 1734년 태양계 형성에 관한 성운 가설을 발표하는 등 과학자로서 활발하게 활동했으나 1741년 종교적 신비체험을 한 뒤 이를 바탕으로 성경과 그리스도교 교의를 재해석하여, 출판의 자유가 보장된 런던과 암스테르담에서 주로 출간했다. 독립된 교파를 창설하지 않았지만 그의 신학에 고무된 사람들이 많았고 사후에도 그를 따르는 이들이 있었다.

게 신문이 있을 것이다. 서로를 파괴하기 위해 존재하는 양쪽 군대 모두에 대포가 있듯이, 서로를 파괴하기 위해 존재하는 두 종교 모두에도 경전이 있다.

이렇게 인류의 모든 종교가 동일하다고 주장하는 이들이 제시하는 대표적인 예가 바로 불교와 그리스도교가 영적으로 동일하다는 주장이다. 이 이론을 채택한 이들은 일반적으로 유교를 제외한 다른 종교 대부분의 윤리를 회피한다. 그들이 유교를 좋아하는 것은 유교가 종교가 아니기 때문이다. 그러나 그들이 무함마드의 종교에 대한 찬사에는 신중을 기해, 일반적으로 그 도덕을 오직 하층민에게 새로이 기운을 북돋워 주는 데만 적용하도록 국한한다. 그들이 무함마드의 결혼관을 권하는 경우는 거의 없으며 (이 결혼관에 대해서는 할 이야기가 많지만) 암살단원들[13]과 물신 숭배자들을 향한 그들의 태도는 심지어 냉담하다고 할 만하다. 그러나 고타마의 위대한 종교에는 진심으로 유사성을 느끼는 것이다.

블래치포드같이 대중 과학에 관심이 많은 이들은 그리스도교와 불교가 아주 많이 비슷하다고 늘 주장한다. 보통 사람들도 이러한 주장을 믿고 있으며 나 자신도 한때는 믿었지만, 그 주장에 대한 이유를 전하는 책 한 권[14]을 읽고 나선 오히려 믿지 않게

정통 Orthodoxy

---

13   일반적으로 영어에서 'thug'라는 단어는 폭력배를 가리키지만, 이 단어의 어원이 되는 'Thug'는 14세기부터 인도에 존재했던 암살단을 뜻한다. 그들은 주로 여행자들을 대상으로 약탈과 살인을 일삼았는데, 스스로 힌두 여신 칼리의 자손으로 여겼다고 한다. 다만 체계적인 조직을 갖춘 집단은 아니었다. 인도를 식민 통치한 영국 정부는 19세기 내내 이들을 소탕하기 위해 대대적인 정책을 펼쳤다.

14   블래치포드의 『신과 나의 이웃』God and My Neighbor, 1903을 가리키는 듯하다. 블래치포드는 성경의 주요 관념과 주제를 분석하고 다른 종교들과 비교하면서 그리

되었다. 그 이유는 두 가지 부류로 나뉘었다. 첫째 부류는 모든 인류에게 공통된 것이기 때문에 무의미해지는 유사성이고, 둘째 부류는 전혀 유사하지 않은 유사성이다. 그 책의 저자는 세상 모든 종교가 비슷한 점들에 입각하여 이 두 종교가 서로 비슷하다고 엄숙히 설명했고, 그렇지 않은 경우에는 그 둘이 뚜렷이 다른 점에 대해서도 서로 비슷하다고 묘사했다. 첫째 부류의 예를 들자면, 저자는 그리스도와 부처가 모두 하늘에서 들려오는 신의 목소리에 부름을 받았다고 말했다. 마치 당신이 석탄 창고에서 신의 목소리가 나오기를 기대하기라도 한다는 듯이 말이다. 또 이 두 동방의 스승들이 희귀한 우연에 의해 발을 씻는 일과 관계가 있었다고 진중하게 주장했다.[15] 이럴 바에야 두 스승 모두에게 씻을 발이 있었던 것이야말로 놀라운 우연이라고 말하는 게 차라리 낫겠다. 둘째 부류의 유사성은 전혀 유사한 데가 없는 것들이다. 그리하여 두 종교를 조화시키려는 이 저자는 어떤 종교 축제에서 라마[16]의 예복이 존경의 의미로 조각조각 찢겼으며 남은 부분은 매우 소중히 여겨졌다는 데 진지하게 주목했다. 하지만 이건 거꾸로 뒤집힌 유사성이다. 그리스도의 옷은 존경이 아니라 조롱의 의미에서 찢겼으며, 남겨진 조각들은 넝마 가게에 팔 만한 것을 빼고는 소중히 다루어지지 않았다. 이건 차라리 칼을 이용하는 두

스도교를 넘어서는 인류 보편의 종교와 신앙을 이야기한다.

15 예수는 십자가에 달리기 전날 밤 마지막 만찬을 하면서 제자들의 발을 씻어 주며 섬기는 자의 모범을 보여 주었다. 부처는 어린 나이에 출가한 아들이자 제자인 라훌라에게 자신의 발을 씻게 한 뒤 더러워진 물과 대야를 더러워진 마음에 비유하여 수도에 정진할 것을 당부했다.

16 라마lama는 티베트 불교의 승려 혹은 영적 지도자를 가리킨다.

예식의 명백한 관련성을 암시하는 듯하다. 다만 하나는 칼로 사람의 어깨를 톡톡 두드리는 예식이고, 다른 하나는 칼로 목을 쳐내는 예식이다. 칼을 맞는 이에게는 이 두 예식이 조금도 비슷하지 않다. 추정되는 유사성들이 너무 많이 입증하거나 아무것도 입증하지 못하는 두 가지 부류에 속한다는 것도 사실이 아니라면, 이런 유치한 단편적 공론_{空論}들은 실로 거의 문제가 되지 않을 것이다. 불교에서 자비나 절제를 훌륭히 여겨 인정한다고 해서 불교가 특별히 그리스도교와 유사한 것은 아니다. 그건 다만 불교가 모든 인간 실존과 동떨어져 있지 않다는 뜻일 뿐이다. 불교 신자들이 이론상 잔인함이나 과도함을 나쁘게 여겨 배척하는 까닭은 정신이 온전한 사람이라면 누구라도 이론상 잔인함이나 과도함을 배척하기 때문이다. 그러나 불교와 그리스도교가 이들에 대해 똑같은 철학을 제시한다는 말은 명백히 틀렸다. 모든 인류는 우리가 죄의 그물 속에 있다는 데 동의한다. 대부분의 인류는 그 그물에서 벗어날 길이 있다는 데 동의한다. 그러나 그 길이 무엇인가에 대해, 불교와 그리스도만큼 철저히 상충하는 두 종교가 이 우주에 또 있으리라고는 생각되지 않는다.

학자답지는 않지만 아주 박식한 이들과 더불어 불교와 그리스도교가 서로 비슷하다고 생각했을 때조차, 거기엔 나를 늘 어리둥절하게 만드는 것이 하나 있었다. 바로 이 두 종교의 예술 형태가 놀랍도록 달랐던 것이다. 재현의 기술적 양식 면에서 달랐다는 게 아니라 재현하고자 의도한 대상들이 분명히 달랐다. 고딕 성당에 그려진 그리스도교의 성인과 중국 절에 그려진 불교 성인만큼 상반되는 두 가지 이상도 없을 것이다. 그 둘은 모든 면에서 상반

236

되는데 이를 가능한 한 짧게 이야기하자면, 불교의 성인은 늘 눈을 감고 있는 반면에 그리스도교의 성인은 늘 눈을 크게 뜨고 있다는 점이 그러하다. 불교의 성인은 매끄럽고 조화로운 몸을 지녔으나 두 눈은 언제나 잠을 자듯 무겁게 감겨 있다. 중세 성인의 몸은 뼈밖에 남지 않았지만, 그 두 눈은 무시무시하게 살아 있다. 그렇게나 서로 다른 상징을 산출한 세력들 사이에 진정으로 공통된 영성이 존재할 수는 없다. 양쪽 성인의 형상이 터무니없이 과장되었고 순수한 신조를 왜곡한 것이라 하더라도, 그 정도로 상반된 과장과 왜곡은 진정한 차이에서 나올 수밖에 없다. 불교의 성인은 특유의 치열함으로 내면을 바라본다. 그리스도교의 성인은 극도의 치열함으로 바깥을 응시한다. 우리가 이 단서를 꾸준히 따라가다 보면 흥미로운 점들을 발견할 것이다.

얼마 전에 베전트 부인[17]은 흥미로운 에세이를 통해 세계에는 오직 하나의 종교밖에 없고, 모든 신앙은 오직 그 유일한 종교의 변형이거나 왜곡일 뿐이며, 그녀 자신은 그 유일한 종교가 무엇인지를 말할 준비가 되었노라고 선언했다. 베전트 부인에 따르면, 이 보편적 교회란 한마디로 보편적 자아이다. 우리가 실은 모두 하나의 인격이며, 사람과 사람 사이에는 개별성의 벽이 실제로는 존재하지 않는다는 것이 이 교회의 교의다. 이렇게 표현해도 괜찮다면, 그녀는 우리에게 이웃을 사랑하라고 말하는 게 아니라

17   애니 베전트Annie Besant, 1847-1933는 영국의 사회주의자이자 여성 인권 활동가로 신지학회Theosophical Society의 회원으로도 유명했다. 신지학회는 1875년 러시아에서 창립된 일종의 밀교적 단체로 모든 종교의 경계를 허물고 인류의 형제애를 강조했다.

우리의 이웃이 되라고 말하는 것이다. 이것이 바로 모든 사람이 그 안에서 의견의 일치를 이루며 자기 자신을 찾아야 한다는 그 종교에 대해 베전트 부인이 사려 깊고 암시적으로 묘사한 바다. 나는 이보다 더 심하게 나와 의견이 다른 제안을 평생 들어 본 적이 없다. 나는 이웃이 나이기 때문이 아니라, 이웃이 내가 아니기 때문에 이웃을 사랑하길 원한다. 자기 자신이라서 거울 속의 인물을 좋아하는 게 아니라, 나와 전혀 다른 존재라서 여자를 좋아하는 것처럼 세상을 흠모하길 원한다. 영혼이 서로 분리되어 있기에 사랑할 수도 있는 것이다. 영혼이 하나로 결합되어 있다면 사랑은 명백히 불가능하다. 어떤 사람이 그 자신을 사랑한다고 막연히 말할 수도 있겠지만, 자기 자신과 사랑에 빠질 수는 없다. 자기 자신과 사랑에 빠진다 해도 그건 지루할 만큼 단조로운 교제에 그칠 것이다. 세상이 진짜 자아들로 가득하다면, 그 자아들은 정말로 이기적이지 않은 자아들일 수 있다. 그러나 베전트 부인의 원리에 따르면, 온 우주란 단지 하나의 거대한 이기적인 인격체일 뿐이다.

바로 이 지점에서, 불교는 현대 범신론과 내재론의 편에 선다. 그리고 바로 이 지점에서, 그리스도교는 인류와 자유와 사랑의 편에 선다. 사랑은 개별적 인격을 원한다. 그러므로 사랑은 구별을 원한다. 하나님이 우주를 작은 조각들로 나누어 놓았음에 기뻐하는 것이야말로 그리스도교의 본능이다. 그 하나하나가 모두 살아 있는 조각들이기 때문이다. 단 하나의 커다란 인격을 향해 그 자신을 사랑하라고 말하기보다는 "어린아이들아, 서로 사랑해라"라고 말하는 것이 그리스도교의 본능이다. 이것이 바로 불교와 그리스도교 사이에 놓인 지적인 심연이다. 불교 신자와 신지학자에게 개별적 인격이란 인간의 타락을 의미하지만, 그리스도교 신자에게는 하나님의 목적이며 그분의 우주론적 구상 전체의 핵심이다. 신지학자들이 말하는 세계영혼은 오직 사람이 그 안에 스스로 투신케 하려고 세계영혼 자신을 사랑하라고 명한다. 그러나 그리스도교의 중심이 되는 하나님은 오직 사람이 하나님을 사랑하게 하기 위하여 실제로 사람을 자신의 밖으로 던져 내보냈다. 동방의 신은 다리나 손을 잃고 계속 그것을 찾아다니는 거인과 같다. 하지만 그리스도교의 권능은 이상할 만큼 너그러워서 자기 오른손을 잘라 그 손이 스스로 자기와 악수할 수 있게 하는 거인과 같다. 그리스도교의 본성과 관련하여, 우리는 지칠 줄 모르고 한 가지 동일한 특징으로 되돌아오게 된다. 모든 현대 철학은 잇고 채우는 사슬이다. 그리스도교는 끊어서 자유로이 놓아주는 칼이다. 어떠한 다른 철학도 신이 우주를 쪼개어 살아 있는 영혼들로 분리하는 데서 정말로 기쁨을 느끼게 할 수는 없다. 그러나 정통 그리스도교에 따르면, 하나님과 인간 사이의 이러한 분리는 영원하기에 신성하다. 인간이 하나님을 사랑하려면, 사랑받을 하나님만이 아니라 그분을 사랑할 인간도 반드시 있어야 한다. 그 모든 모호한 신지학자들의 정신에서는 우주가 거대한 용광로일 뿐이다. 그들의 정신은 하나님의 아들이 평화를 주러 온 것이 아니라 자르는 칼을 주러 왔노라고[18] 선언하는 복음의 지진 앞에 본능적으로 움츠러든다. 진짜 사랑을 설파하는 사람은 누구나 미움받기 마련이라는 말씀[19]은 그 자체로 완전한 진리로서 울려 퍼진다.

18   마태복음 10장 34절 참조.
19   신약성경에서 예수는 제자들에게 '너희는 내 이름 때문에 모든 사람에게 미움을

그것은 신적인 사랑만큼이나 민주적인 형제애에 대해서도 참이다. 가짜 사랑은 타협과 흔한 철학으로 끝이 난다. 그러나 진짜 사랑은 언제나 피를 흘리며 끝이 난다. 그러나 우리 주님이 하신 이 말씀의 명백한 의미 이면에는 또 다른 엄청난 진리가 있다. 그분의 말씀을 따르면, 성자는 칼이되 형제가 오래도록 서로 미워하게 갈라놓는 칼이었다. 그러나 성부 또한 칼이되 깜깜한 태초에 형제를 갈라놓아 결국에는 서로 사랑하게 한 칼이었다.

이것이 바로 그림 속 중세 성인의 두 눈에 담긴 미친 듯한 행복의 의미다. 이것이 바로 훌륭한 불교 성인의 감긴 두 눈의 의미다. 그리스도교 성인이 행복한 까닭은 그가 참으로 세상에서 잘려 나왔기 때문이다. 그는 사물로부터 분리된 채 놀라워하며 사물을 바라본다. 하지만 불교의 성인이 사물을 보고 대체 무엇 때문에 놀라워하겠는가? 실제로 존재하는 것은 오직 하나뿐이고, 개별적 인격이 없는 존재는 스스로에게 놀라워할 수도 없으니 말이다. 경이를 암시하는 범신론적 시가詩歌들이 많이 있었지만, 정말로 경이를 드러내는 시가는 없었다. 범신론자는 경이를 느낄 수 없다. 범신론자는 자신과 구분되어 존재하는 신이나 다른 어떠한 것도 찬양할 수 없기 때문이다. 다만 여기서 우리의 즉각적인 관심사는 윤리 활동과 사회 개혁의 일반적 요구에 미치는 (바깥으로 나아가는, 숭배자와 구분되는 신을 향해 나아가는) 그리스도교적 탄복의 효과에 관한 것이다. 물론 그 효과는 명백하다. 범신론으로부터 도덕적 행동을 향한 어떠한 특별한 충동을 끄집어낼 가능성이란 전

받을 것'이라고 말했다. 마태복음 10장 22절, 마가복음 13장 13절, 누가복음 21장 17절 참조.

정통 Orthodoxy

혀 없다. 범신론은 그 본성상 어느 하나가 다른 하나만큼 좋다는 걸 함의하니 말이다. 스윈번은 자신의 회의주의가 정점에 달했을 때 이 어려운 문제와 씨름해 보려 했으나 헛수고에 그쳤다. 가리발디[20]와 이탈리아의 봉기에서 영감을 받아 쓴『해돋이 전의 노래』[21]에서, 스윈번은 세계의 모든 사제들을 말라 죽게 할 더 새로운 종교와 더 순수한 신을 선포했다.

> 신을 향해 외치며
> 그대 지금 무엇을 하는가.
> "나는 나, 그대는 그대
> 나는 낮고 그대는 높은가?"
> 나는 그대가 찾고자 하는 그대이니, 그대는 오직 그대 자신을 찾으라, 그대가 곧 나로다.

이로부터 즉각 추론할 수 있는 명백한 결론이란, 폭군 또한 가리발디만큼 하나님의 아들이라는 것이다. 그리고 성공리에 '자기 자신을 찾은' 나폴리의 포격왕[22]이 만물에 내재하는 궁극의 선과

20　주세페 가리발디Giuseppe Garibaldi, 1807-1882는 이탈리아 통일의 영웅이다. 이탈리아 내정에 크게 간섭하고 있던 프랑스와 오스트리아에 맞서 승리를 거둔 뒤 시칠리아와 나폴리를 정복하여 1860년 이탈리아 통일을 완수했다.

21　『해돋이 전의 노래』Songs before Sunrise는 앨저넌 찰스 스윈번이 이탈리아 통일 운동에 영감을 받아 쓴 시들을 모아 1871년에 출간한 시집이다. 여기에 인용된 시는 이 시집에 실린「헤르타」Hertha의 일부다. 작중 화자인 헤르타는 게르만 신화에 등장하는 풍요의 여신이자 대지의 어머니인 네르투스의 다른 이름이다.

22　나폴리를 비롯한 이탈리아 남부와 시칠리아를 지배한 부르봉 왕가의 페르디난도 2세Ferdinando II, 재위 1830-1859를 가리킨다. 1848년 시칠리아가 독립을 선언하자

동일하다는 것이다. 실로 폭군들을 권좌에서 내쫓은 서구의 에너지는 "나는 나, 그대는 그대"라고 말하는 서구 신학에 직결되어 있다. 위를 올려보고 훌륭한 우주의 왕을 볼 수 있게 해준 바로 그 영적인 분리 덕분에 위를 올려보고 부당한 나폴리의 왕 또한 볼 수 있었다. 포격왕의 신을 숭배하던 자들은 포격왕을 권좌에서 내쫓았다. 스윈번의 신을 숭배하던 자들은 수백 년 동안 아시아를 담당해 왔으나 단 한 명의 폭군도 권좌에서 내쫓지 않았다. 인도의 성인은 나이자 그대이며 우리이자 그들이며 또한 그 자신이기도 한 것을 바라보기에 눈을 감고 있어도 합당할지 모른다. 그것은 합리적인 활동이지만, 인도인이 커즌 경[23]을 감시하는 데 그것이 도움을 준다는 것은 이론적으로나 실제적으로나 참이 아니다. 언제나 그리스도교의 특징이 되어 왔던 외적인 각성(깨어 기도하라는 명령)[24]은 전형적인 서구의 정통과 전형적인 서구의 정치를 통해 표명되었다. 이 두 가지는 모두 우리 자신과는 다른 초월적인 신성, 사라지는 신에 대한 관념에 의존한다. 확실히 가장 지혜로운 신조들은 우리의 자아라는 미로의 깊고 깊은 고리로 들어가 신을 추구해야 한다고 제안할 것이다. 그러나 오직 그리스도교 세계에 속한

군대를 동원하여 연안 마을들을 파괴하며 무자비하게 탄압한 탓에 포격왕이라는 별칭이 붙었다.

23 조지 너새니얼 커즌George Nathaniel Curzon, 1859-1925은 영국 보수당 정치인으로 1899년에서 1905년까지 인도 총독을 지냈으며 이 기간에 동東벵골 및 아삼 지방을 식민지로 편입했다. 이후 영국으로 돌아와 옥스퍼드 대학 총장을 거쳐, 이 책이 나올 당시에는 국회의원으로 활발하게 활동하고 있었다.

24 예수는 수난 전에 제자들에게 '깨어 기도하여라'라고 명한다. 마태복음 26장 41절, 마가복음 14장 38절, 누가복음 21장 36절 참조.

우리만이 산 위의 독수리처럼 하나님을 추구해야 한다고 말했다. 그리고 우리는 추적 중에 마주친 모든 괴물을 무찔렀다.

그러므로 여기에서 다시 한번, 우리가 민주주의와 서구의 자기 혁신 에너지들을 소중히 여기는 한 신新신학보다는 옛 신학에서 그것들을 찾아낼 가능성이 더 크다는 사실을 깨닫게 된다. 개혁을 원한다면, 우리는 정통을 고수해야 한다. 특별히 (R. J. 캠벨[25]의 권고에서 논란이 되었던) 이 문제, 즉 내재적인 신이나 초월적인 신을 주장하는 이 문제에서 그러하다. 특별히 신의 내재성을 주장함으로써 우리는 내적 성찰, 자기고립, 정적주의[26], 사회적 무관심을, 곧 티베트를 얻게 된다. 특별히 신의 초월성을 주장함으로써 우리는 경이, 호기심, 도덕적이고 정치적인 모험, 의로운 분개를, 곧 그리스도교 세계를 얻게 된다. 신이 인간 안에 있다고 주장할 때, 인간은 늘 자기 자신 안에 있다. 신이 인간을 초월한다고 주장함으로써 인간은 자기 자신을 초월해 왔다.

이제는 구식이라 불리는 다른 어떤 교의를 취하더라도 마찬가지라는 걸 깨닫게 될 것이다. 예를 들어 삼위일체의 심오한 문제도 그렇다. 일위론자[27]들은 (언제나 그 현저한 지적 품위와 높은

---

25   레지널드 존 캠벨은 영국 회중교회 목사이자 설교자로서 신新신학을 주창한 인물이다. 자세한 설명은 제2장 주3 참조.

26   정적주의Quietism는 본래 17세기 중후반에 스페인의 몰리노스Miguel de Molinos, 1628-1696가 주장한 것으로, 그리스도교의 완덕은 인간의 외적 행위보다는 자신을 완전히 비우고 하나님께 내어 맡긴 영혼의 정적에서 이루어진다는 생각이다. 영혼의 정적에 이른 사람들에게는 어떠한 도덕적 행위도 필요 없다고 주장하여 로마가톨릭교회에서는 이단으로 단죄되었다. 넓은 의미의 정적주의는 인간의 행위에 의미를 두지 않고 내면을 비워 절대자와 합일할 수 있다고 보는 영성 사상들을 가리킨다.

지적 영예에 대한 특별한 존경심과 함께 언급되는 그리스도교 종파 말이다) 우연히도 아주 많은 작은 종파들을 그러한 태도 속으로 몰아가는 개혁가가 되는 경우가 많다. 하지만 거기에는 자유주의적인 것이라든가, 삼위일체를 순수한 단일신론으로 대체하는 개혁과 비슷한 것은 조금도 없다. 아타나시우스 신경[28]의 복합적인 하나님이 지식인들에게는 수수께끼일 것이다. 그러나 복합적인 하나님이 술탄의 신비로움과 잔혹함을 지녔을 가능성은 오마르나 무함마드의 외로운 신보다 훨씬 더 적다. 장엄한 단일체에 불과한 신은 그냥 왕이 아니라 동방의 왕[29]이다. 인간의 마음, 특히 유럽인의 마음은 삼위일체 사상의 주위에 모여드는 낯선 암시와 상징에서 훨씬 큰 만족을 얻는다. 정의만이 아니라 자비가 함께 변론되는 협의체의 형상, 심지어 세상의 가장 깊숙한 방 안에 존재하는 일종의 자유와 변화에 대한 구상 같은 것 말이다. 서구의 종교는 늘 '사람이 홀로 있는 것이 좋지 못하다'[30]라는 생각을 예민

---

27 일위론 곧 유니테리언주의Unitarianism는 이신론의 영향을 받아 19세기 전반기에 미국 동부에서 등장한 반反삼위일체론 계열의 그리스도교 이단이다. 고대 아리우스주의와 같이 성자의 신성을 부정하고 성부 하나님만을 유일신으로 인정하는 일위론을 주장한다.

28 아타나시우스 신경Athanasian Creed은 4세기에 그리스도의 신성을 부정하는 아리우스와 그 추종자들에 맞서 삼위일체 교의를 주장하고 니케아 공의회를 통해 관철시킨 아타나시우스Athanasius, 298-373가 작성했다고 하는 신앙고백문이다. 실제로는 5세기에 남부 프랑스에서 작성된 것으로 보는 견해가 지배적이다. 그리스도교의 삼위일체 신앙을 잘 정리해 놓았기에 로마가톨릭교회에서는 사도신경 등과 함께 초기 교회의 신앙고백으로 인정한다.

29 동방의 왕Eastern king이란 서양인이 생각하는 아시아의 전통적인 전제군주를 가리킨다.

30 하나님이 홀로 있는 아담을 보고 하신 말씀이다. 창세기 2장 18절 참조.

하게 느껴 왔다. 동방의 은수자 개념이 서양의 수도자 개념에 의해 실질적으로 퇴출되었을 때처럼 사회적 본능이 도처에서 발휘되었다.[31] 그리하여 금욕조차 형제적인 것이 되었다. 트라피스트회 수도자들[32]은 침묵할 때조차 사교적이었다. 살아 있는 복합체에 대한 이러한 사랑이 우리를 검증하는 시험대라면, 일위론자의 신앙보다는 삼위일체론자의 신앙을 갖는 편이 확실히 더 건강하다. 우리 삼위일체론자들에게 (경외심을 품고 말하건대) 하나님 자신은 하나의 사회이기 때문이다. 이는 정말로 그 깊이를 알 수 없는 신학의 신비다. 내가 이 신비를 직접 다룰 수 있는 신학자라 하더라도, 이 글에서 그리하는 건 적절하지 않을 터이다. 여기서는 다만 이 삼중의 수수께끼가 포도주처럼 위안이 되고 잉글랜드의 난롯가처럼 모두를 향해 열려 있음을 이야기하는 것만으로 충분하다. 지성을 당황케 하는 이 수수께끼는 마음을 잠잠하게 만든다. 그러나 사막으로부터는, 그 메마른 땅과 무서운 태양으로부터는 외로운 신의 잔인한 자녀들이 나온다. 초승달 모양의 칼을 손에 든 진짜 일위론자들이 세계를 황폐하게 만들었다. 하나님이 홀로 있는 것은 좋지 못하기 때문이다.

그토록 많은 의로운 정신을 동요시킨 영혼의 위험이라는 난제도 마찬가지다. 모든 영혼에 대한 기대를 품어야 한다는 건 책

무다. 모든 영혼의 구원이 불가피한 필연이라고 주장할 수 있다. 이는 옹호할 만한 주장이긴 하지만 활동이나 진보에 특별히 호의적인 주장은 아니다. 전투적이고 창조적인 우리 사회는 모든 이의 위험을, 모든 이가 하나의 줄에 걸려 있거나 절벽에 매달려 있다는 사실을 역설해야 한다. 모두가 잘 지낼 거라는 말은 이해할 만하다. 하지만 그런 말을 힘찬 나팔 소리라 할 수는 없다. 유럽은 일어날 법한 파멸을 강조해야 하고, 늘 강조해 왔다. 이 지점에서, 유럽 최고의 종교는 가장 값싼 낭만 소설들과 하나가 된다. 불교 신자나 동방의 숙명론자에게 실존이란 어떤 특정한 방식으로 끝나야 하는 과학이거나 계획이다. 그러나 그리스도인에게 실존이란 어떠한 식으로든 끝이 날 수 있는 이야기다. (순전히 그리스도교의 산물인) 긴장감 넘치는 소설에서, 주인공은 식인종에게 잡아먹히지 않는다. 그러나 긴장감의 핵심은 주인공이 식인종에게 잡아먹힐지도 모른다는 것이다. 주인공은 (말하자면) 잡아먹힐 수도 있는 영웅이어야 한다. 그리스도교의 도덕에서는 사람이 영혼을 잃게 되리라고 말하지 않고, 영혼을 잃지 않도록 주의해야 한다고 늘 말해 왔다. 요컨대 그리스도교 도덕에서 사람을 가리켜 '저주받았다'라고 하는 것은 사악한 일이다. 하지만 사람을 가리켜 '저주받을 수 있다'라고 하는 것은 엄밀히 종교적이며 철학적인 일이다.

그리스도교는 그 전체가 교차로에 선 사람에게 집중한다. 넓고 얕은 철학들, 거대하게 합성된 허튼소리들이 시대와 진화와 궁극의 발전을 이야기한다. 그러나 참된 철학은 순간에 관심을 기울인다. 이 길을 택할까, 아니면 저 길을 택할까? 이것이야말로 생각해야 할 유일한 문제다. 당신이 생각하기를 즐긴다면 말이다. 영겁의 세월은 생각하기 쉬운 문제다. 누구라도 영겁의 세월에 대해 생각할 수 있다. 반면에 순간은 정말로 엄청나다. 그러하기에 우리의 종교는 순간을 강렬하게 느껴 왔다. 그러하기에 우리의 종교는 문학에서 전투를, 신학에서 지옥을 많이 다루었다. 마치 사내아이를 위한 책처럼 그 안에는 위험이 가득하다. 그것은 불멸하는 위기다. 대중 소설과 서구인들의 종교 사이에는 실제적인 유사점이 많다. 대중 소설이 저속하고 천박하다고 말한다면, 박식하고 따분한 이들이 가톨릭 성당에 있는 형상들을 두고 하는 말을 되풀이하는 셈이다. (신앙에 따르는) 삶이란 잡지 연재물의 이야기와 매우 비슷하다. 삶은 '다음 호에 계속' 이어진다는 약속 (또는 위협)과 함께 끝이 난다. 삶은 고결한 통속성으로 연재물을 모방하면서 흥미진진해지려는 순간에 멈춘다. 죽음이란 참으로 흥미진진한 순간이니 말이다.

요점은 이것이다. 하나의 이야기가 흥미진진한 까닭은 그 안에 아주 강력한 의지의 요소, 신학에서 자유의지라고 부르는 것이 들어 있기 때문이다. 자기가 좋아하는 대로 합산을 끝낼 수는 없다. 하지만 좋아하는 대로 이야기를 끝낼 수는 있다. 누군가 미분학을 발견했을 때, 발견 가능한 미분학이란 오직 한 가지밖에 없었다. 그러나 셰익스피어가 로미오를 죽였을 때, 원했다면 줄리엣의 나이 든 유모와 결혼시켰을 수도 있었을 것이다. 그리스도교 세계는 서사적 낭만에서 탁월했는데, 그건 신학적 자유의지를 역설해 왔기 때문이다. 자유의지는 커다란 주제이고 여기서 적절히 논의하기에는 지나치게 한쪽으로 쏠려 있는 문제다. 하지만 범죄를 질병으로 다루는 것, 감옥을 단지 병원같이 위생적인 환경으로 만들어 완만한 과학적 방법들을 통해 죄를 치유하자는 논의의 범람에 대한 진정한 반론이 된다. 그 모든 논의의 오류는 악이 능동적 선택의 문제인 반면에 질병은 그렇지 않다는 것이다. 당신이 천식 환자를 치료하듯이 난봉꾼을 치료할 거라고 말한다면, 그에 대한 뻔하고 박한 나의 응답은 바로 이것이다. "난봉꾼이 되기를 원하는 사람만큼 천식 환자가 되길 원하는 사람을 내놔 봐라." 사람은 가만히 누워서 질병을 치유받을 수 있다. 그러나 죄를 치유받으려면 가만히 누워 있어선 안 된다. 오히려 반대로 벌떡 일어나서 여기저기 열심히 뛰어다녀야 한다. 요점은 우리가 병원에 있는 사람을 향해 사용하는 바로 그 단어, 즉 수동형으로는 '환자'라고 하고 능동형으로는 '죄인'이라고 하는 그 말 가운데 완벽하게 표현되어 있다. 어떤 사람을 독감에서 구해야 한다면, 그는 독감에 시달리는 환자일 것이다. 그러나 어떤 사람을 위조죄에서 구해야 한다면, 그는 위조에 시달리는 환자가 아니라 위조를 하고 싶어서 안달하는 사람임에 틀림없다. 그는 위조하지 않고는 못 배길 것이다. 모든 도덕 개혁은 수동적 의지가 아니라 능동적 의지에서 시작되어야 한다.

그리하여 다시금 우리는 똑같은 근본적 결론에 이르게 된다. 유럽 문명을 다른 문명들과 구별 짓는 명확한 재건과 위험한 혁명을 원하는 한, 우리는 파멸이 가능하리라는 생각을 꺾지 말아야 한다. 오히려 우리는 그런 생각을 격려해야 할 것이다. 동방의 성인들처럼 단지 상황이 얼마나 옳은가를 관조하고자 한다면, 우리는 물론 상황이 옳게 되어 갈 거라고만 말해야 할 것이다. 그러나 특별히 상황이 옳게 되어 가도록 만들고자 한다면, 상황이 잘못될 수도 있음을 주장해야 한다.

마지막으로 이러한 사실은 그리스도의 신성神性을 약화하거나 말끔히 설명하려는 현대의 흔한 시도들에도 적용된다. 그리스도의 신성은 참일 수도 있고 아닐 수도 있다. 이에 대해서는 글을 마치기 전에 다루도록 하겠다. 그런데 그리스도의 신성이 참이라면, 그건 분명히 무시무시할 만큼 혁명적인 것이다. 좋은 사람도 궁지에 몰릴 수 있다는 건 우리가 익히 잘 아는 사실이다. 하지만 신이 궁지에 몰릴 수 있다는 것은 반란자들의 영원한 자랑거리다. 그리스도교는 전능성이 신을 불완전하게 만든다고 느낀 지상의 유일한 종교다. 오직 그리스도교만이, 신이 온전히 신이기 위해서는 왕일 뿐 아니라 반역자여야 했다고 느꼈다. 모든 신앙 가운데 오직 그리스도교만이, 창조주의 미덕에 용기를 추가했다. 용기라 부를 가치가 있는 유일한 용기란 필연적으로 영혼이 어떤 한계점을 넘어서되 부서지지 않아야 한다는 것을 의미한다. 바로 이 점에서, 나는 논의하기에 쉽다기보다 어둡고 무서운 한 가지 문제에 접근하려 한다. 가장 위대한 성인들과 사상가들조차 접근하기를 두려워했던 문제를 다루면서, 내가 하는 말이 오류에 빠지거나 불경하게 들릴지도 모르니 미리 양해를 구하겠다. 하지만 그리스도의 수난이라는 굉장한 이야기에는 만물의 창조주가 (생각할 수도 없는 방식으로) 고통뿐 아니라 의심을 경험했다는 뚜렷한 감정적 암시가 들어 있다. 성경에는 "너희의 하나님 여호와를 시험하지 말라"[33]고 기록되어 있다. 그렇다. 우리가 하나님을 시험해서

---

33   신명기 6장 16절 참조. 예수는 광야에서 이 말씀을 인용하여 사탄의 세 번째 유혹을 물리쳤다. 마태복음 4장 5-7절, 누가복음 4장 9-13절 참조.

는 안 된다. 하지만 주 하나님은 스스로 자신을 시험할 수도 있다. 그리고 바로 그런 일이 겟세마네 동산에서 일어났던 것 같다. 한 동산에서 사탄이 사람을 시험했고, 한 동산에서 하나님이 하나님을 시험했다. 하나님은 어떤 초인적 방식으로 우리 인간의 비관적 공포를 통과했다. 세상이 흔들리고 태양이 하늘에서 지워졌던 것은 그리스도가 십자가에 못 박혔을 때가 아니라 십자가에서 울부짖었을 때다. 그것은 하나님으로부터 하나님이 버림받았음을 고백하는 외침이었다. 그렇다면 이제 혁명가들이 모든 신앙 가운데 하나를 고르고 세상의 모든 신 가운데 하나를 고르도록 하자. 피할 수 없이 반복해서 등장하고 바꿀 수 없는 권능을 지닌 모든 신을 신중하게 저울질하면서 말이다. 그들은 스스로 반역의 자리에 섰던 또 다른 신을 찾아내지 못할 것이다. (사람의 말로 표현하기에는 문제가 너무나 어렵다.) 다만 무신론자들이 직접 신을 선택하게 하자. 그러면 자신의 고립감을 표명한 단 하나의 신을 발견할 것이다. 한순간 신이 무신론자처럼 보였던 단 하나의 종교만을 발견할 것이다.

이런 것들이 옛 정통의 핵심이라 할 수 있다. 옛 정통의 주된 장점은 혁명과 개혁의 자연스러운 원천이 된다는 것이고, 주된 결점은 그것이 단지 추상적인 하나의 확신에 불과하다는 것이다. 옛 정통의 주된 이점은 모든 신학 가운데 가장 모험적이고 남성적인 신학이라는 것이다. 주된 난점은 단지 그조차도 하나의 신학일 뿐이라는 것이다. 옛 정통에 반대하여 그것이 본질적으로 자의적이며 허공에 떠 있다고 하는 주장이 항상 제기될 수 있다. 그러나 옛 정통은 공중에 그렇게 높이 떠 있지 않은데, 훌륭한 궁사들이 그에 대고 화살을 날리며 평생을 보낸다. 그렇다. 그들의 마지막 화살까지도 거기에 날려 버리는 것이다. 이 오래된 환상을 파괴할 수 있다면, 자기 자신을 파괴하고 자신의 문명까지 파괴할 사람들이 있다. 이는 이 믿음에 관한 가장 경악스러운 최후의 사실이다. 이 믿음의 적들은 어떠한 무기든 사용할 것이다. 제 손가락을 자르는 칼과 자신의 집을 불태우는 횃불까지도 사용할 것이다. 인류와 자유를 위해 교회와 싸움을 시작하는 사람들은 그저 교회와 싸울 수만 있다면 인류와 자유를 내던져 버린다. 이는 결코 과장이 아니다. 이에 대한 사례들로 책 한 권을 채울 수도 있다. 평범한 인물인 블래치포드는 성경을 깨부수려는 사람답게 아담에게는 하나님을 거스르는 죄가 없었음을 입증하는 작업에 착수했다. 그는 이러한 주장을 뒷받침하기 위한 묘책을 짜내던 중에 부차적인 사안이긴 했으나, 네로 황제에서 레오폴 왕[34]에 이르기까지 모든 폭군에게는 인류를 거스른 죄가 전혀 없다고 인정해 버렸다. 내가 아는 사람 중에는, 자신이 죽고 나면 어떠한 인격적 실존도 남지 않을 거라는 주장을 입증하려는 열정이 지나쳐서 지금조차 자신에게는 어떠한 인격적 실존도 남아 있지 않다는 데까지 나가 버린 사람도 있다. 그는 불교를 들먹이며 모든 영혼이 서로에게 침투하여 서서히 사라진다고 말한다. 그리고 자신이 천국에 갈 수 없음을 증명하기 위해 자신이 하틀풀[35]에 갈 수 없음을 증

---

34   벨기에의 레오폴 2세Leopold II, 재위 1865-1909를 가리킨다. 해외 식민지 경영을 중시했던 그는 1885년 국왕 개인 소유의 콩고 자유국을 창설하고 거대한 플랜테이션을 경영하면서 콩고인들을 무자비하게 착취하고 학살했다.

35   하틀풀Hartlepool은 잉글랜드 북동부에 있는 항구 도시다.

명한다. 나는 종교 교육에 항의하고자 어떠한 교육도 반대하는 주장과 논거를 내세우는 사람들을 알고 있다. 그들은 아이의 정신은 자유로이 성장해야 한다거나, 늙은이가 젊은이를 가르치면 안 된다고 말한다. 나는 심지어 신의 심판이 있을 수 없음을 입증하려고 현실적인 목적을 위한 인간의 심판조차 있을 수 없음을 증명하려는 사람들도 알고 있다. 그들은 교회에 불을 지르기 위해 자신들의 옥수수를 불태웠다. 그들은 교회를 박살 내기 위해 자신들의 연장을 박살 냈다. 교회를 후려칠 수만 있다면 어떠한 막대기라도 좋았던 것이다. 그게 가구를 뜯어내서 얻은 마지막 막대기라도 상관없었다. 우리는 타인에 대한 사랑으로 이 세상을 망가뜨리는 광인을 동경하지도 않고 변호하지도 않는다. 그런데 타인에 대한 증오로 이 세상을 망가뜨리는 광인에 대해서라면 뭐라고 해야겠나? 그는 하나님의 비非실존을 위해 인간의 실존을 희생시킨다. 그는 자신의 희생제물을 제대에 바치지 않고, 오로지 제대의 무익함과 권좌의 공허함을 단호히 주장하기 위해서만 희생제물을 내어놓는다. 이제껏 전혀 존재한 적 없는 누군가에 대한 생소하고 영원한 복수를 위해서라면, 그는 만물이 기대어 살아가는 기본 윤리조차 기꺼이 파괴하려 한다.

그러나 옛 정통은 손상되지 않은 채 하늘에 걸려 있다. 정통의 적들은 단지 그들 자신이 소중하게 여기는 모든 것을 파괴하는 데서만 성공을 거둔다. 그들은 정통을 파괴하지 못한다. 그들은 다만 정치적 용기와 상식만을 파괴한다. 그들은 아담이 하나님께 책임이 없었다고 입증하지 못한다. 그들이 어떻게 입증할 수 있겠는가? 단지 (그들의 전제로부터) 차르가 러시아에 책임이 없다고 입증할 뿐이다. 그들은 아담이 하나님께 벌을 받지 말았어야 한다고 입증하지 못한다. 단지 가장 가까이에 있는 노동 착취자가 사람들에게 벌을 받아서는 안 된다고 입증할 뿐이다. 동방에서처럼 개별 인격을 의심하는 그들은 우리가 내세에서 인격적 삶을 살 수 없다고 증명하지 못한다. 단지 우리가 이승에서 즐거운 삶이나 완전한 삶을 살 수 없다고 증명할 뿐이다. 그들은 결국 모든 결론이 틀렸음이 밝혀지리라는 고통스러운 힌트를 껴안은 채, 기록 담당 천사의 일지를 찢어 버리지도 못한다. 다만 마셜 앤 스넬그로브[36]의 장부 기록을 조금 더 어렵게 만들 뿐이다. 그러한 믿음은 모든 세속적 에너지의 어머니다. 뿐만 아니라 그 원수들은 모든 세속적 혼란의 아버지들이다. 세속주의자들은 신성한 것들이 아니라 세속적인 것들을 망가뜨렸다. 그것이 그들에게 어떤 위안이 된다면 말이다. 티탄[37]은 하늘나라로 오르지 않고 이 세상을 황폐하게 했다.

---

36 마셜 앤 스넬그로브Marshall & Snelgrove는 런던의 주요 번화가인 옥스퍼드 스트리트에 있던 백화점이다.

37 티탄Titan은 그리스 신화에서 올림포스 신들 이전의 '황금시대'를 다스린 12명의 거인 신들이다. 이들은 어머니인 가이아(땅의 신)의 부추김을 받아 막내인 크로노스를 중심으로 아버지인 우라노스(하늘의 신)에 맞서 싸워서 세계를 지배했다. 하지만 그 뒤에 크로노스의 아들 제우스 및 다른 올림포스 신들과의 10년에 걸친 전쟁에서 패해 영원히 지하 세계에 갇혀 살게 되었다.

09

권위와
모험가

앞 장에서는 정통이 (자주 그렇게 주장되듯이) 도덕이나 질서의 유
일한 보호자일 뿐 아니라 또한 자유와 혁신과 진보의 유일한 논
리적 수호자라는 주장을 다루었다. 우리가 번창하는 압제자를 무
너뜨리고 싶다면, 인간이 완벽해질 가능성이 있다는 새로운 교의
를 가지고는 그렇게 할 수 없고, 원죄라는 오래된 교의를 가지고
서야 할 수 있다. 우리가 내재된 잔인성을 뿌리 뽑거나 방황하는
사람들을 북돋아 주기를 원한다면, 물질이 정신에 앞선다는 과학
이론을 가지고는 할 수 없다. 정신이 물질을 앞선다는 초자연적
이론을 가지고서야 할 수 있다. 우리가 특별히 사람들을 일깨워
사회적 각성에 이르게 하고 부단히 실천을 추구하게 하고자 한다
면, 내재적 하나님과 내면의 빛을 역설해서는 아무런 도움도 되지
않는다. 그런 것들은 기껏해야 자기만족을 위한 이유이기 때문이

다. 초월적 하나님과 밖으로 새어 나와 자유로이 날아다니는 빛을 역설해야 도움이 될 수 있다. 그것이 신의 불만족을 의미하기 때문이다. 우리가 특별히 무시무시한 전제정이라는 개념에 반대하여 관대한 균형이라는 개념을 주장하고자 한다면, 직감적으로 일위론자가 되기보다 삼위일체론자가 되어야 할 것이다. 우리가 유럽 문명이 습격이자 구출이 되길 원한다면, 영혼의 위기가 궁극적으로 비현실적인 것이라고 주장하기보다는 영혼이 진정한 위기에 처해 있다고 주장해야 할 것이다. 우리가 버림받은 자와 십자가에 못 박힌 자를 높이길 바란다면, 현자나 영웅이 아니라 진정한 하나님이 십자가에 못 박히셨다고 생각하기를 바라야 할 것이다. 무엇보다도 우리가 가난한 이를 보호하길 바란다면, 고정된 규칙과 명확한 교의를 지지해야 할 것이다. 한 클럽의 규칙은 때로 가난한 회원의 편이다. 한 클럽의 동향은 늘 부유한 회원의 편이다.

이제 우리는 전 사안을 결론짓는 중대한 문제에 이르렀다. 이제껏 내 말에 고개를 끄덕여 온 합리적인 불가지론자라면 나를 돌아보며 이렇게 말할지도 모르겠다. "당신은 타락이라는 교의에서 실제적 철학을 찾아냈습니다. 아주 잘했습니다. 그리고 이제는 위험할 정도로 간과되는 민주주의의 한 측면이 원죄라는 교의에서 지혜롭게 역설되고 있음을 발견했습니다. 좋습니다. 당신은 지옥의 교의에서도 진리를 발견했습니다. 축하합니다. 당신은 인격적 하나님을 숭배하는 사람들이 밖을 바라보며 진보적이라는 사실을 확신합니다. 나는 그들에게도 축하를 보냅니다. 하지만 이 교의들이 그러한 진리들을 포함한다는 게 사실이라 해도, 왜 당신은 그 진리들만 취하고 교의들은 버리지 못합니까? 현대 사회 전체가 인간적 약함을 허용하지 않기에 부자들을 지나치게 신뢰한다는 점을 인정하고, 정통의 시대는 (인간의 타락을 믿고) 인간적 약함을 허용했기에 커다란 이점이 있다는 점을 인정한다면, 왜 당신은 인간의 타락은 믿지 않으면서 단지 인간적 약함만 허락할 수는 없는 겁니까? 지옥에나 가라는 저주의 관념이 위험에 관한 건강한 관념을 표현한다는 점을 발견했다면, 왜 당신은 위험의 관념만 취하고 저주의 관념은 버리지 못합니까? 당신이 그리스도교 정통이라는 껍데기에서 상식이라는 알맹이를 명확히 볼 수 있다면, 왜 당신은 그저 알맹이만 취하고 껍데기를 버리지 못합니까? (학식 있는 불가지론자로서 내가 쓰기에는 좀 부끄러운 신문들의 위선적인 말투를 사용하자면) 왜 당신은 그리스도교에서 좋은 것, 당신이 소중하다고 정의할 수 있는 것, 당신이 이해할 수 있는 것만 취하고 나머지 모든 것, 그 본성상 이해 불가능한 절대적 교의들을 버리지 못합니까?"이것이야말로 진정한 질문이며 최후의 질문이다. 이 질문에 비로소 답하게 되어 기쁘다.

첫 번째 답은 단지 내가 이성적인 합리주의자라고 밝히는 것뿐이다. 나는 내 직관들을 뒷받침하는 지적으로 정당한 근거를 갖고자 한다. 내가 인간을 타락한 존재로 다루고 있다면 인간이 타락했다고 믿는 편이 나에겐 지적으로 편리하기 때문이다. 그리고 내가 어떤 이상한 심리적인 이유로 깨달은 사실은, 인간이 자유의지를 지녔다고 믿으면 한 사람의 자유의지 행사를 더 잘 다룰 수 있다는 것이다. 이 문제에서 나는 훨씬 더 확실하게 합리주의자다. 나는 이 책을 평범한 그리스도교 호교론으로 만들 생각이 전

혀 없다. 다른 어느 때라도 더 명확한 싸움터에서 그리스도교의
적들을 만난다면, 나는 무척 기쁠 것이다. 여기에서는 나 자신의
영적 확신이 자라난 이야기만을 전하고 있을 따름이다. 하지만 이
쯤에서 잠시 멈추어, 그리스도교의 우주론에 맞선 추상적이기만
한 그 주장들을 보면 볼수록 내가 그 말들을 더욱더 하찮게 여기
게 되었음을 밝혀도 좋겠다. 내 말은, 육화[1]를 둘러싼 도덕적 배경
이 흔한 상식임을 발견한 뒤 육화를 부정하는 기존의 지적인 논
거들을 살펴보았더니 그것들이 흔한 허튼소리임을 알아차렸다는
것이다. 일반적인 호교론의 부재로 인해 논의가 어그러질 수도 있
으니, 순수하게 객관적이거나 과학적인 그 문제의 진실에 대해 나
자신의 논거와 결론을 여기서 아주 간략히 요약하여 제시하고자
한다.

　　순수하게 지적인 질문으로서 왜 그리스도교를 믿는지 물어
온다면, 내가 할 수 있는 대답은 이것밖에 없다. "똑똑한 불가지론
자가 그리스도교를 불신하는 것과 같은 이유에서다." 나는 그리
스도교를 믿되 증거에 기초하여 완전히 이성적으로 믿는다. 다만
나에게 증거란, 똑똑한 불가지론자의 증거가 그러하듯 실증된 설
명이라고 주장하는 이러저러한 것들이 아니다. 나의 증거는 작지
만 모두가 동의하는 축적된 사실들에 있다. 세속주의자가 비판받
는 까닭은 그리스도교에 대한 그의 반론이 잡다하고 심지어 단편
적이기 때문이 아니다. 사람의 정신에 확신을 심어 주는 것은 바
로 그런 단편적 증거다. 사람이 네 권의 책으로부터 얻은 철학보

1　육화肉化, Incarnation란 그리스도교에서 말하는, 하나님이 인간이 되어 이 땅에 오
　신 사건을 의미한다. 성육신이라고도 한다.

다 한 권의 책과 한 번의 전투와 한 곳의 풍경과 한 명의 오랜 친구로부터 얻은 철학을 더 믿는 것도 당연하다는 말이다. 서로 다른 종류의 출처에서 나왔다는 바로 그 사실 때문에 그 출처들이 모두 하나의 결론을 가리킨다는 사실은 더욱 중요해진다. 오늘날 평균적으로 교육받은 사람의 기독교적이지 않은 사고와 태도는. 공정하게 말하더라도, 거의 언제나 이런 느슨하지만 살아 있는 경험들로 이루어진 것이다. 나는 다만 이렇게 말할 따름이다. 그리스도교를 지지하는 나의 증거들은 그리스도교에 반대하는 그의 증거들과 똑같이 생생하고 다양한 부류의 증거들이다. 이 다양한 반ß그리스도교의 진리들을 볼 때마다 나는 그 가운데 어느 것도 진리가 아님을 발견한다. 나는 모든 사실의 참된 조류와 기세가 반대 방향으로 흘러가고 있음을 목격한다. 몇 가지 예를 들어 보자. 수많은 분별 있는 현대인들이 그리스도교를 버린 까닭은 하나로 수렴되는 세 가지 확신의 압력 때문임이 틀림없다. 첫째, 그 모습과 구조와 성ß을 따르자면 결국 사람은 짐승과 같다. 인간 역시 동물 왕국의 다양한 종들 가운데 하나에 불과한 것이다. 둘째, 원시 종교는 무지와 공포에서 발생했다. 셋째, 사제들은 비탄과 우울로 사회를 망쳐 놓았다. 이 세 가지 반ß그리스도교적 주장들은 서로 매우 다르다. 그러나 모조리 논리적이고 정당한 주장들이다. 게다가 하나로 수렴되기까지 한다. (내가 발견한) 유일한 반론은, 이 주장들이 모두 진실이 아니라는 것뿐이다. 만약 당신이 짐승과 인간에 관한 책들을 보다가 그 책들을 버려두고 나가서 짐승과 사람을 살펴보기 시작한다면 (그리고 당신에게 어떤 유머나 상상, 열광이나 익살이 있다면) 인간이 짐승과 얼마나 비슷한가가 아니라 얼마나 다른가를 관찰하고서 깜짝 놀랄 것이다. 이 엄청난 차이점 이야말로 설명을 요하는 부분이다. 인간과 짐승이 비슷하다는 것은 어떤 의미에선 뻔한 사실이다. 그러나 그토록 비슷하면서도 그토록 다르다는 것은 충격적이며 불가사의하다. 유인원에게 손이 있다는 사실보다는 유인원이 그 손으로 아무 일도 하지 않는다는 사실이 철학자의 구미를 훨씬 더 돋운다. 유인원은 손으로 공기놀이를 하지도 않고 바이올린을 연주하지도 않는다. 대리석을 조각하지도 않고 양고기를 손질하지도 않는다. 사람들은 야만적 건축과 저급한 예술에 대해 말한다. 하지만 코끼리는 로코코 양식으로라도 거대한 상아 사원을 짓지 않는다. 낙타는 낙타털 붓의 재료를 지녔지만 못난 그림조차 그리지 않는다. 어떤 현대의 몽상가들은 개미와 벌이 우리 인간의 사회보다 우월한 사회를 이루고 있다고 말한다. 정말이지 개미와 벌은 문명을 이루고 있다. 하지만 이 사실은 그들의 문명이 열등한 문명이라는 것만 상기시킬 따름이다. 유명한 개미의 조각상으로 장식된 개미 언덕을 본 사람이 있던가? 어느 누가 옛 여왕벌의 멋진 모습을 따라 조각된 벌집을 본 적이 있던가? 전혀 없다. 인간과 다른 피조물 사이의 간격은 자연스레 설명될 수 있을 텐데, 분명한 사실은 그러한 간격이 존재한다는 것이다. 우리는 야생 동물에 대해 이야기하지만, 사람이야말로 유일한 야생 동물이다. 깨치고 나온 것은 인간이다. 다른 동물은 모두 그 종과 유형을 따라 길든 동물이다. 인간만이 난봉꾼이든 수도자든 어느 하나로 절대 길들여지지 않는 동물이다. 그러므로 유물론을 지지하는 이 첫 번째 표면적 이유는 오히려 그 반대편을 지지하는 이유가 된다. 생물학이 멈추어 서는 바로 자리에서 모든 종교가 시작되는 법이다.

이 세 가지 우연한 합리주의적 주장들 가운데 두 번째 주장을 검토해 보아도 결과는 같을 것이다. 두 번째 주장은, 우리가 신이라든가 신성하다고 이르는 모든 것이 어떤 무지와 공포에서 시작되었다고 한다. 이런 현대적 관념의 토대들을 검토하고자 시도했을 때 내가 발견한 것은 그 주장에 아무런 토대도 없다는 사실이었다. 과학은 선사 시대의 인간에 대해서 아는 게 전혀 없다. 선사시대 인간이 역사 이전에 살았다는 훌륭한 이유 때문이다. 몇몇 교수들은 인신공양 같은 것들이 한때는 죄가 되지 않는 흔한 일이었다가 점차 줄어들었다는 추론을 채택했다. 그러나 그에 대한 직접 증거는 전혀 없다. 그나마 조금 있는 간접 증거들은 전혀 다른 방향을 가리킨다. 이삭의 이야기[2]나 이피게네이아[3]의 이야기에서 보듯이 가장 오래된 전설에서는 인신공양이 오래된 것으로 소개되기보다 무언가 새로운 것으로 언급된다. 신들이 은밀하게 요구한 끔찍한 예외적 사건으로서 제시되는 것이다. 역사는 이에 대해 아무런 말도 하지 않지만, 전설에서는 태초의 지구는 더 살기 좋은 곳이었다고 전한다. 진보에 관한 전승은 전혀 존재하지 않는다. 다만 전 인류는 타락에 관한 전승을 지니고 있다. 실로 흥

---

2 구약성경 창세기에서 하나님은 아브라함의 믿음을 시험하시려 만년에 얻은 외아들 이삭을 제물로 바치라고 요구하신다. 창세기 22장 참조.

3 이피게네이아Iphigeneia는 그리스 신화에 등장하는 미케네의 왕 아가멤논의 딸이다. 아가멤논 왕은 트로이 원정을 위한 그리스 연합군의 지휘를 맡았으나 아르테미스 여신의 분노를 사는 바람에 함대를 출정시키지 못하자 여신을 달래기 위해 딸 이피게네이아를 제물로 바친다. 하지만 이피게네이아를 불쌍히 여긴 여신은 마지막 순간에 제물을 암사슴으로 바꾸어 준다.

미로운 점은 이런 생각을 유포하는 일이 오히려 그 진정성에 반하는 쪽으로 사용된다는 것이다. 학식 있는 사람들은 그야말로 인류의 모든 민족이 기억하기 때문에 오히려 이 선사 시대의 재앙이 절대 사실일 리 없다고 말한다. 나는 이런 역설에 보조를 맞출 수가 없다.

사제들이 세상을 어둡고 가혹한 곳으로 만든다는 세 번째 주장을 살펴보아도 결과는 같을 것이다. 내가 이 세상을 바라보면 그렇지 않다는 사실만을 발견할 뿐이다. 아직 사제들의 영향 아래 있는 유럽의 나라들에선 여전히 사람들이 야외에서 색색의 옷을 입고서 노래하고 춤추며 예술을 즐긴다. 물론 가톨릭의 교의와 규율은 벽이 될 수도 있다. 그러나 그 벽은 놀이터의 벽이다. 그리스도교는 이교도의 즐거움을 보존한 유일한 틀이다. 바다에 어떤 섬이 솟아 있고, 그 꼭대기에 펼쳐진 잔디밭에서 아이들이 뛰어노는 모습을 상상해 보자. 그 꼭대기 잔디밭 가장자리를 둘러싼 벽이 있는 한, 아이들이 어떤 놀이를 하든 정신없이 뛰어놀면서 그곳을 시끄럽기 그지없는 유아원으로 만들어 놓아도 상관없다. 그런데 벽이 무너져서 아이들이 절벽으로 떨어질 위험에 노출되었다. 아이들이 떨어지지는 않았다. 하지만 친구들이 돌아왔을 때 아이들은 공포에 떨며 섬의 중앙으로 모여 있었고 더는 노래하지 않았다.

그러므로 불가지론자를 만들어 내는 이 세 가지 경험적 사실들은 이러한 관점에서 완전히 뒤집힌다. 내게 남은 말은 이러하다. "한번 설명해 보라. 첫째는 짐승들 가운데서 인간이 그토록 탁월하다는 것에 대해서. 둘째는 고대의 행복에 관한 인류의 전승이 그토록 광대하게 퍼져 있다는 것에 대해서. 셋째는 이교의 기뿜이 가톨릭 국가들에서 부분적으로나마 유지되고 있다는 것에 대해서." 이 세 가지를 아우르는 한 가지 설명이 있다. 오늘날 사람들이 '심령현상'이라고 부르는 어떤 폭발이나 계시에 의해 자연의 질서가 두 번 중단되었다고 하는 이론이다. 한번은 하늘이 하나님의 형상이라 불리는 권능 혹은 증표로 이 땅에 내려와 인간이 자연을 통솔하게 되었다고 한다. 그리고 또 한번은 (제국이 연이어 등장하는 동안 사람이 모자란 존재라는 사실이 드러나자) 하늘이 한 인간의 끔찍한 모습을 입고서 인류를 구원하러 왔다고 한다. 이 이야기는 왜 그토록 많은 사람이 뒤를 돌아보는지, 그리고 왜 어떠한 의미에서든 앞을 바라보는 사람들이 있는 곳은 그리스도가 자신의 교회를 세우신 이 작은 대륙뿐인지를 설명해 준다. '일본은 진보적으로 변했다'고 사람들이 말하리라는 건 나도 알고 있다. 그러나 '일본은 진보적으로 변했다'라는 말조차 실제론 '일본은 유럽처럼 되었다'라는 의미라면, 어떻게 이것이 하나의 답변이 될 수 있겠는가? 다만 여기서 나 자신의 설명을 고집하기보다는 내가 본래 했던 말을 다시금 강조하고자 한다. 나는 무언가 한 가지로 수렴되는 서너 가지 기이한 사실에 의해 인도되고 있다는 점에서 길거리의 평범한 불신자에게 동의한다. 그런데 그 사실들을 들여다볼 때마다, 나는 늘 그 사실들이 무언가 다른 것을 가리킨다는 점을 발견했다.

나는 가상의 삼위일체를 이루는, 그리스도교에 관한 일반적 반론 세 가지를 제시했다. 이것들이 기초로 삼기엔 너무 협소하다고 한다면 지금 당장 즉석에서 또 다른 반론을 제시해 보겠다. 이건 서로 결합되어 그리스도교가 무언가 병약한 것이라는 인상을 만들어 내는 한 부류의 생각들이다. 이를테면 이런 식이다. 첫째, 예수는 그저 세상 물정 모르는 양처럼 순한 사람이어서 세상에 제대로 호소력을 발휘하지 못했다. 둘째, 그리스도교는 무지한 암흑기에 발생하여 번성했으며 교회는 다시금 그러한 암흑기로 우리를 끌고 들어가려 한다. 셋째, 여전히 강력하게 종교적이거나 (말하자면) 미신을 믿는 사람들, 그러니까 아일랜드인 같은 사람들은 연약하고 비현실적이며 시대에 뒤져 있다. 내가 이 생각들을 언급하는 것은 한 가지 동일한 사실을 확인하기 위해서다. 이 생각들을 제각기 독립적으로 들여다보았을 때 내가 발견한 것은, 그 결론이 철학적이지 않다는 게 아니라 사실이 아니라는 것이었다. 신약성경에 관한 책과 그림을 보는 대신, 나는 신약성경을 보았다. 나는 신약성경에서 머리 가운데로 가르마를 탔거나 두 손을 꼭 움켜쥐고서 호소하는 사람의 이야기는 하나도 보지 못했다. 내가 본 것은 천둥 치듯 말하고 결연하게 행동하는 비범한 존재의 이야기였다. 그는 탁자를 뒤엎고, 악마를 내쫓았으며, 산속의 고립된 생활에서 비밀스런 야생의 바람을 타고서 무시무시한 민중 선동으로 넘어갔다. 그는 종종 분노하는 신처럼 행동하기도 했지만, 어쨌든 늘 신답게 행동하는 존재였다. 그리스도는 내가 생각하기에 다른 어디에서도 찾을 수 없는 자기만의 문체文體마저 지니고 있었다. 그것은 '하물며'라는 표현[4]을 거의 화가 난 듯 맹렬히 사용하는 사례들로 이루어져 있다. 그분의 '하물며'는 구름 속에서 성채 위에 성채가 겹치듯 쌓여 있다. 그리스도에 대해 쓰이는

---

4   예를 들어 요한복음 3장 12절 말씀이 있다. "내가 땅의 일을 말하여도 너희가 믿지 아니하거든 하물며 하늘의 일을 말하면 어떻게 믿겠느냐"(개역개정).

어법은 현명하게도 부드럽고 순종적이었다. 그러나 그리스도가
쓴 어법은 정말 흥미로울 만큼 엄청난 것들이다. 그리스도의 어법
에선 낙타가 뛰어올라 바늘구멍을 통과하려 하고 산들이 바다로
던져진다.[5] 도덕적으로도 똑같이 엄청나게 무시무시하다. 그분은
자신을 가리켜 살육의 칼이라 불렀으며,[6] 사람들에게 겉옷을 팔
아서라도 칼을 사라고 말했다.[7] 그분이 무저항의 편에서 훨씬 더
거친 말들을 썼다는 사실은[8] 신비를 증폭시킨다. 하지만 그러한
사실은 또한 폭력을 증대시키기도 한다. 그를 가리켜 그저 정신
나간 사람이라고 부른다고 해서 이러한 현상을 설명할 수는 없다.
정신이상이란 보통 하나의 일관된 경로를 따르기 때문이다. 광인
은 일반적으로 편집광이다. 이 지점에서, 우리는 이미 주어진 그
리스도교의 어려운 정의定義를 기억해야 한다. 그리스도교는 두 가
지 상반된 열정을 나란히 타오르게 하는 초인간적 역설이다. 이에
대한 복음의 한 가지 설명은 이러하다. 그것은 어떤 초자연적인
고지에서 더욱 놀라운 통합을 주시하는 한 존재의 통찰이다.

　　앞서 언급했던 순서를 따라, 이제 그리스도교가 암흑기에 속
한다는 생각을 다루겠다. 나는 이런 생각에 관한 현대의 일반론들
을 읽으면서 자족하지 않고 역사에 관해 좀 더 탐독했다. 그리고
역사를 통해, 그리스도교가 암흑기에 속하기는커녕 실은 어둡지
도 않았던 그 암흑기를 가로지르는 하나의 길이었음을 깨달았다.

5　　마가복음 11장 23절 참조.
6　　마태복음 10장 34절 참조.
7　　누가복음 22장 36절 참조.
8　　마태복음 5장 39절 참조.

그리스도교는 빛나는 두 문명을 잇는 빛나는 다리였다. 누군가 신앙이 무지와 야만에서 발생했다고 말한다면, 그에 대한 응답은 간단하다. 그건 그렇지 않다. 신앙은 전성기 로마제국의 지중해 문명에서 일어났다. 온 세계에 비관론자들이 우글거렸고 범신론은 태양만큼이나 자명한 것이었던 때에 콘스탄티누스 황제가 범선의 돛대에 십자가를 달았다.[9] 이후에 그 배가 가라앉았다는 것은 더없이 분명한 사실이다. 그러나 그 배가 다시금 물위로 떠올랐다는 건 훨씬 더 대단한 일이다. 다시금 떠오른 그 배는 새롭게 칠을 하여 반짝였으며 꼭대기에는 여전히 십자가가 달려 있었다. 이것이야말로 종교가 행한 놀라운 일이었다. 종교는 가라앉은 배를 잠수함으로 바꾸어 놓았다. 그 방주는 깊은 물속에서도 살아남았다. 우리는 수많은 왕조와 씨족의 잔해들 아래 묻혔다가 다시 일어나 로마를 기억했다. 우리의 신앙이 저물어 가는 제국의 일시적 유행에 불과했더라면 황혼 무렵에는 유행에 꼬리를 물고 또 다른 유행이 이어졌을 것이다. 그리고 그 문명이 다시 등장했더라면 (비록 수많은 문명이 다시 등장하지는 못했지만) 어떤 새로운 야만인의 깃발 아래 놓였을 것이다. 그러나 그리스도교의 교회는 옛 사회의

9   콘스탄티누스 1세Flavius Valerius Aurelius Constantinus, 272-337는 밀라노 칙령313을 통해 로마제국 안에서 그리스도교를 처음으로 공인한 황제다. 312년 정적 막센티우스와의 결전에서 '이 증표 안에서 승리하리라'는 문구가 새겨진 십자가 환시를 보고 십자가 깃발을 만들어 자신의 군단 깃발로 삼아 전투에서 승리했다고 한다. 이 전투에서 승리함으로써 실제적인 서로마제국의 황제 자리에 오를 수 있었고, 마지막 경쟁자 리키니우스에게 승리한 324년에 로마제국 전체의 단독 황제가 되었다. 콘스탄티누스 1세 덕분에 그리스도교는 로마제국 내에서 빠르게 성장하여 세계 종교가 될 수 있었다.

마지막 생명이었으며, 또한 새로운 사회의 첫 생명이었다. 교회는 아치 만드는 법을 잊어가던 사람들을 데려다 가르쳐 고딕 양식의 아치를 발명하게 했다. 한마디로 우리 모두가 들었던 교회에 대한 이야기는 교회에 대고 할 수 있는 가장 터무니없는 이야기였다. 교회가 우리를 다시 암흑기로 데려가기를 바란다고 어찌 말할 수 있겠는가? 교회는 우리를 암흑기로부터 데리고 나온 유일한 존재였으니 말이다.

나는 그리스도교에 대한 두 번째 '반론 3종 세트' 안에 큰 의미 없는 한 가지 예를 추가했다. 아일랜드 사람들처럼 미신에 의해 약화되거나 침체되었다고 느껴지는 이들에게서 취한 예다. 내가 이 예를 추가한 까닭은, 그것이 사실이라고 진술되었으나 거짓 진술로 밝혀진 특별한 사례이기 때문이다. 사람들은 아일랜드인들이 비현실적이라고 끊임없이 말한다. 하지만 우리가 아일랜드인들에 대한 사람들의 말에서 잠시만 시선을 돌려 아일랜드인들에 대해 사람들이 행한 바를 살펴본다면, 아일랜드인들은 그저 현실적일 뿐만 아니라 애써 성공을 거두었다는 점을 알게 될 것이다. 나라는 가난하고 구성원은 소수인 조건에서 일하도록 요청받았지만, 대영제국 안에 있는 그 어떤 집단도 그러한 조건에서 아일랜드인들만큼 많은 것을 이루지는 못했다. 영국 의회를 기존의 경로에서 갑자기 선회하게 만드는 데 성공한 소수 집단은 아일랜드 민족주의자들밖에 없었다. 영국의 여러 섬에 사는 가난한 사람들 가운데 주인들에게 먹은 것을 토해 내게 만든 이들은 아일랜드 소작농들뿐이었다. 우리가 사제들에게 지배당하고 있다고 말한 이 사람들이야말로 지주들에게 지배당하지 않을 유일한 영국인들이다. 그리고 내가 직접 살펴보아도 아일랜드인들의 실제 성품은 정말로 그러했다. 아일랜드인들은 제철, 법무, 군사와 같이 특별히 힘든 일에서 최고다. 그러므로 이 모든 사례에서 나는 똑같은 결론에 이르게 되었다. 비관론자는 사실을 따른다는 점에서는 분명히 옳았다. 하지만 사실을 제대로 바라보지 않았다는 게 문제다. 회의론자는 너무 쉽게 믿어 버린다. 신문이나 백과사전도 그냥 믿는다. 다시금 이 세 가지 질문은 매우 적대적인 세 가지 질문을 내게 남겨 놓았다. 보통의 회의론자는 복음서에 있는 지나치게 감상적인 어조, 중세의 암흑과 신앙고백 사이의 관계, 그리고 켈트 그리스도인들[10]의 정치적 비현실성을 내가 어떻게 설명하는지 알고자 했다. 하지만 나는 묻기를 원했는데, 절박할 만큼 진실하게 묻고 싶었다. "마치 살아 있는 심판인 양 땅 위를 걷는 한 존재에게서 처음 드러난 이 비할 데 없는 에너지는 무엇이며, 죽어 가는 문명과 함께 죽을 수도 있으나 그 문명을 죽은 이들로부터 부활케 하는 이 에너지는 또 무엇인가? 파산한 농민을 정의正義에 대한 그토록 확고한 믿음으로 불타오르게 하여, 다른 이들은 허망하게 가 버려도 그들만은 청하던 것을 얻게 하는, 그리하여 대

10   아일랜드인은 켈트족에 속하고 본래 켈트 계열의 언어를 사용했으며, 유럽 대륙에서 멀리 떨어진 섬나라라는 지형적 특징 때문에 초기 중세부터 로마가톨릭교회에 속하면서도 자체적인 독특한 관습들을 발전시켰다. 오랜 세월 잉글랜드의 지배 아래 있었던 아일랜드에서는 19세기부터 강력한 민족주의 운동이 태동했고, 19세기 말에서 20세기 초까지 아일랜드 독립을 둘러싼 정치적 논의가 영국 안에서 복잡하고 격렬하게 전개되는 과정에서 소위 켈트 그리스도교라 하는 것이 아일랜드인들의 민족 정체성을 강화하는 데 크게 기여했다. 하지만 산업화된 자유주의적 사회를 이룬 잉글랜드 사람들은 여전히 농업과 종교에 머물러 있는 아일랜드 사람들을 개화하지 못한 전근대적 민족으로 낮추어 보았다.

영제국에서 가장 무력한 섬나라가 실제로 스스로를 도울 수 있게 하는 이 에너지는 무엇인가?"

　나의 물음에는 한 가지 답이 있다. 그 에너지는 참으로 이 세상 바깥에서 오는 에너지라고 말하는 것, 그 에너지는 심령적인 것, 혹은 적어도 진짜 심령적인 교란의 결과 가운데 하나라고 말하는 것이다. 고대 이집트 문명이나 현존하는 중국 문명과 같은 위대한 인류 문명은 최고의 감사와 존경을 받아 마땅하다. 그럼에도 오직 현대 유럽만이 가장 짧은 간격을 두고 건물이나 복장 같은 가장 작은 사실들에 이르기까지 끊임없이 자기쇄신을 반복하는 능력을 보여 주었다고 말한대도 그 문명들에 결코 부당하지 않다. 다른 모든 사회는 결국에 그리고 위엄 있게 죽는다. 우리는 날마다 죽는다. 언제나 우리는 거의 불경한 출산의 과정을 통해 다시 태어난다. 역사 속의 그리스도교 세계에 일종의 비非자연적인 생명이 있다는 말은 과장이 아니다. 그것은 초자연적인 생명이라고 설명할 수 있다. 시체가 되었을지도 모르는 것 안에서 활동하는 엄청나게 자극적인 생명이라고 이를 수 있다. 모든 유사 사례와 온갖 사회학적 개연성을 고려해 볼 때, 우리 문명은 로마가 몰락할 때 죽었어야 했다. 당신과 내가 지금 이곳에 있어야 할 아무런 이유도 없다는 생각이야말로 우리의 정황을 기묘하게 암시한다. 우리는 모두 저승에서 돌아온 자들이다. 살아 있는 모든 그리스도인은 죽어서도 걸어 다니는 이교도다. 아시리아와 바빌로니아의 뒤를 따라 침묵 속으로 거두어지려던 바로 그때, 무언가가 유럽의 몸속으로 들어왔다. 그래서 유럽은 낯선 생명을 얻었다. 이후로 줄곧 유럽이 여러 차례 도약을 이루었다는 말은 결코 과

언이 아니다.

　내가 전형적인 의심의 3종 세트를 두 가지나 장황하게 다룬 것은 그리스도교를 지지하는 나 자신의 논거가 합리적이라는 주된 주장을 펴기 위해서였다. 하지만 그게 간단치는 않다. 그건 평범한 불가지론자의 태도처럼 다양한 사실들이 축적되어 형성된 것이다. 그러나 평범한 불가지론자는 하나같이 잘못된 사실들만 가지고 있다. 그는 수없이 많은 이유를 내세우며 믿지 않지만, 그 이유는 모두 참이 아니다. 자기가 의심하는 까닭은 중세가 야만적이었기 때문이라고 하지만, 중세는 전혀 야만적이지 않았다. 다윈주의가 입증되었기 때문이라고 하지만, 다윈주의는 입증되지 않았다. 기적이 일어나지 않기 때문이라고 하지만, 기적은 실제로 일어난다. 수사들이 게으르기 때문이라고 하지만, 수사들은 매우 부지런하다. 수녀들이 행복하지 않기 때문이라고 하지만, 수녀들은 특히나 쾌활하다. 그리스도교 예술이 슬프고 창백하기 때문이라고 하지만, 그리스도교 예술은 밝은 색채가 두드러지고 금빛으로 빛난다. 현대 과학이 초자연적인 것들로부터 멀어지고 있기 때문이라고 하지만, 현대 과학은 오히려 기차처럼 빠르게 초자연적인 것들을 향해 다가가고 있다.

　그러나 한 방향으로 흘러가는 이런 백만 가지 사실들 가운데에는 간략히나마 따로 다루어야 할 만큼 충분히 견고한 별도의 문제가 하나 있다. 초자연적인 현상이 객관적으로 발생하는 사건을 말하는 것이다. 다른 장에서 나는 이미 세계가 질서정연하기에 틀림없이 비인격적일 거라는 평범한 가정이 잘못되었음을 지적한 바 있다. 한 인격은 질서정연하지 않은 것을 원하는 만큼이나 질서정연한 것을 원할 수 있다. 하지만 인격적 창조가 물질적 숙명보다 생각할 여지가 더 많다고 하는 나의 강력한 확신이 어떤 의미에서는 논의 불가능하다는 점도 인정한다. 이러한 나의 확신을 가리켜 신앙이나 직관이라고 부르지 않겠다. 이런 단어들은 단순한 감정과 뒤섞여 있기 때문이다. 엄밀하게 나의 확신은 지적인 확신이다. 하지만 기본적으로 나의 확신은 삶이 선*이라는 데 대한 자아의 확실성과 같은 지적인 확신이다. 원한다면 누구라도 하나님에 대한 나의 믿음을 단지 신비적이라 부를 수 있다. 그런 말은 논쟁의 대상이 될 가치도 없다. 그러나 인간 역사 안에서 기적이 일어났다는 나의 믿음은 전혀 신비적 믿음이 아니다. 아메리카 대륙의 발견을 믿는 것과 마찬가지로, 나는 인간적 증거에 기초하여 기적을 믿는다. 바로 이 점에 대해서는 한 가지 간단한 논리적 사실을 기술하여 명확히 정리할 필요가 있겠다. 어떻게 된 일인지 기적을 믿지 않는 자들은 기적을 냉정하고 공정하게 다루는 데 반해, 기적을 믿는 자들은 어떤 교의와 관련하여 기적을 받아들인다는 기이한 생각이 생겨났다. 실은 정반대다. 기적을 믿는 이들이 (옳게든 그르게든) 기적을 받아들이는 것은 기적에 대한 증거가 있기 때문이다. 기적을 믿지 않는 이들이 (옳게든 그르게든) 기적을 부정하는 것은 기적에 반대하는 교의를 지녔기 때문이다. 개방적이고 명백하며 민주적인 태도란 사과 파는 늙은 여인이 살인에 대한 증언을 할 때 그녀의 말을 믿어 주듯이, 사과 파는 늙은 여인이 기적에 대한 증언을 할 때 그녀의 말을 믿어 주는 것이다. 평이하고 대중적인 방침은 지주에 대한 소작농의 말을 신뢰하는 만큼 유령에 대한 소작농의 말을 신뢰하는 것이다. 소작농은

270

소작농이기에 아마도 그 둘 모두에 대해 건강한 불가지론을 충분히 지녔을 것이다. 그럼에도 소작농이 말한 유령이 존재한다는 증거로 대영박물관을 가득 채울 수도 있을 것이다. 초자연적 현상의 존재를 뒷받침하는 사람의 증언은 숨 막히게 하는 폭포처럼 쏟아져 나온다. 만약 당신이 그런 증거를 거부한다면, 그것이 의미할수 있는 바는 둘 중 하나다. 첫째, 유령에 대한 소작농의 이야기를 거부하는 경우, 그 이유는 말하는 사람이 소작농이기 때문이거나그 이야기가 유령에 관한 것이기 때문이다. 다시 말하자면 민주주의의 주요 원칙을 부정하는 것이거나, 추상적인 기적이 불가능하다는 유물론의 주요 원칙을 긍정하는 것이다. 당신에겐 그렇게 할수 있는 완벽한 권리가 있다. 하지만 그럴 경우, 당신은 교조주의자가 된다. 우리 그리스도인들은 모든 실제적 증거를 받아들인다. 당신과 같은 합리주의자들은 자신의 신조가 강요하는 대로 실제적 증거를 거부한다. 그러나 나는 이 문제에서 어떠한 신조의 강요도 받지 않고, 중세와 현대의 기적들을 공정하게 살핀 뒤에 그기적들이 실제로 일어났다는 결론에 이르렀다. 있는 그대로의 사실에 대한 모든 반론은 언제나 순환 논리를 벗어나지 못한다. 내가 "중세의 문헌들은 어떤 전투가 일어났다고 입증하는 만큼 어떤 기적이 일어났다고도 입증한다"라고 말하면, 사람들은 "하지만 중세인들은 미신적이었다"라고 답한다. 내가 어떤 점에서 중세인들이 미신적이었는지 알기를 원할 경우, 그에 대한 유일한 궁극의 해답은 그들이 기적을 믿었다는 것이다. 내가 "한 소작농이 유령을 보았다"라고 말하면, "하지만 소작농들은 무엇이든 잘 믿는다"라는 말을 듣게 된다. "왜 그렇게 잘 믿는가?"라는 나의 물음에 대한 유일한 해답은 실제로 소작농들이 유령을 본다는 것이다. 아이슬란드가 존재할 수 없는 까닭은 오직 멍청한 선원들만이 아이슬란드를 봤기 때문인데, 선원들이 멍청한 까닭은 아이슬란드를 봤기 때문이라는 식이다. 여기에다가, 기적을 믿지 않는 사람이 기적에 대한 반론에 합리적으로 사용할 수 있으면서도 보통은 잊고 써먹지 않는 또 다른 주장이 있다는 점을 덧붙여야만 공평하겠다.

기적을 믿지 않는 사람은 기적에 관한 수많은 이야기 속에 영적인 준비와 수용이라는 관념이 들어 있다고 말할 수도 있다. 요컨대 기적은 그것을 믿는 사람에게만 일어날 수 있다는 말이다. 어쩌면 그럴지도 모른다. 그런데 정말 그렇다면, 우리가 어떻게 그런지 아닌지를 시험해 볼 수 있을까? 믿음에 따라 어떤 결과들이 초래되는지 아닌지를 알아보려 할 경우 (그 결과들이 정말로 일어날 경우) 그것들이 믿음에 따라 일어난다고 질릴 만큼 반복해 말해 봤자 아무 소용이 없다. 만약 믿음이 여러 조건 가운데 하나라면, 믿음이 없는 이들에게는 웃어 버릴 아주 건강한 권리가 있다. 그러나 그들에게 판단할 권리는 없다. 믿는 사람이라는 것은 뭐랄까, 술 취한 사람이 되는 것만큼 나쁜 일일지도 모른다. 그럼에도 우리가 술 취한 이들로부터 심리학적 사실들을 끄집어내면서 술 취했다고 그들을 계속 조롱한다면, 그건 정말 터무니없는 짓이 될 것이다. 화가 난 사람들이 정말 눈앞에서 붉은 안개를 보았는지 우리가 조사한다고 가정해 보자. 예순 명의 훌륭한 가장들이 화가 났을 때 시뻘건 구름을 보았다면서 맹세했다고 상상해 보자. 그렇다면 이렇게 대답하는 건 분명 터무니없는 짓이 될 것이다. "오, 하지만 당신은 그때 화가 난 상태였다는 걸 인정하시는 거잖아요." 그러면 그들은 (우렁찬 목소리로 다 같이) 당연히 이렇게 합리적으로 대꾸할 것이다. "화가 나지 않고서 어떻게 화난 사람들이 붉은빛을 보는지 알아낼 수 있단 말입니까?" 마찬가지로 성인들과 수행자들 또한 이렇게 이성적으로 응답할 것이다. "믿는 이들이 환시를 볼 수 있는지 알고자 하는 게 문제라고 해 봅시다. 그렇다 하더라도, 당신이 환시에 관심이 있다면 환시를 믿는 이들에게 반론을 제기하는 건 아무런 의미도 없습니다." 당신은 여전히 순환 논리 속에서 주장을 펼치고 있다. 이 책의 서두에서 이야기했던 그 광인의 원에서 벗어나지 못한 것이다.

'기적이 일어나는가' 하는 문제는 상식의 문제이며 평범한 역사적 상상력의 문제이지, 최종적인 물리 실험의 문제는 절대 아니다. 영적 현상이라고들 하는 것과 관련하여 '과학적 조건들'의 필요성에 대해 이야기하는 너무나 어리석은 현학적 논의 따위는 여기서 확실히 묵살할 수 있다. 지금 우리가 죽은 영혼이 살아 있는 영혼과 소통할 수 있는지를 묻고 있다면, 살아 있는 두 영혼이 제정신으로는 서로 진지하게 소통할 수 없으리라는 조건 아래에서만 죽은 영혼과 산 영혼의 소통이 이루어져야 하리라고 주장하는 건 터무니없는 짓이다. 연인들이 어둠을 좋아한다는 사실이 사랑이 존재하지 않음을 증명하지 않듯이, 유령들이 어둠을 좋아한다는 사실이 유령이 존재하지 않음을 증명하지는 않는다. 만약 당신이 "브라운 양이 자기 약혼자를 가리켜 페리윙클이나 혹은 다른 어떤 사랑스러운 이름으로 불렀다는 걸 내가 믿으려면, 그녀가 열일곱 명의 심리학자 앞에서 그 이름을 반복해서 말해야만 합니다"라고 말하려 한다면, 나는 이렇게 응답해야 할 것이다. "좋아요. 그게 조건이라면, 당신은 절대 진실을 얻지 못할 겁니다. 브라운 양이 그걸 말하려 하지 않을 게 분명하니까요." 공감적이지 않은 분위기에서 어떤 특별한 공감이 일어나지 않는다는 사실에 놀라워한다는 것은 철학적이지 않은 만큼이나 과학적이지도 않다. 그건 마치 내가 공기가 맑지 않아서 안개가 꼈는지 알 수 없다고 말한다거나, 일식日蝕을 보기 위해선 완벽한 햇빛이 있어야 한다고 고집하는 것과 같다.

우리가 성性이나 자정子正에 관하여 (그것들의 본성상 여러 세부 사항은 틀림없이 숨겨져 있다는 걸 잘 알면서도) 이르게 되는 결론들과 같은 하나의 상식적인 결론으로서, 나는 기적이 정말로 일어난다고 결론 내린다. 서로 결탁한 듯한 여러 사실 때문에 나는 그러한 결론에 이를 수밖에 없다. 요정이나 천사를 만나는 사람들이 신비가나 병적인 몽상가가 아니라 평범한 어부나 농부같이 거칠고도 조심스러운 사람들이라는 사실, 영적인 사건을 증언하는 이들이 심령주의자는 아니라는 걸 우리 모두가 알고 있다는 사실, 과학에서 그러한 것들을 날마다 더욱더 인정하고 있다는 사실 말이다. 당신이 예수의 승천을 가리켜 공중부양이라 부른대도 과학은 승천을 인정할 것이다. 그리고 부활에 대한 다른 용어를 생각해 낸다면, 과학은 예수의 부활을 인정할 것이다. 나는 '재활성화'[11]란 용

11   재활성화regalvanisation라는 용어를 볼 때, 체스터턴은 생체전기를 이용한 인체 소
     생을 염두에 두었던 것 같다. 18세기 말 이탈리아의 생리학자 루이지 갈바니Luigi
     Galvani가 죽은 개구리 뒷다리에 전류가 흐르면 다시 움직인다는 것을 발견했고,
     이후 'galvanise'라는 동사는 기본적으로 전류를 흐르게 한다는 의미에서 생기를

어를 제안한다. 그러나 모든 것 중에 가장 강력한 것은 위에서 언급한 딜레마, 즉 이 초자연적인 현상들이 반反민주주의에 기초하거나, 유물론적 신비주의라고 할 수도 있는 유물론적 교조주의에 기초하지 않고는 절대 부정되지 못한다는 사실이다. 회의론자는 늘 평범한 사람은 믿을 필요가 없다거나 특별한 사건은 믿지 말아야 한다는 두 가지 입장 가운데 하나를 취한다. 나는 사기행각이라든가 돈을 갈취하는 영매, 속임수 기적처럼 거듭 시도되는 놀라운 일들에 대한 반론은 논외로 일축하기 바란다. 위조지폐가 잉글랜드 중앙은행의 존재를 부정하는 딱 그만큼만 거짓 유령도 유령의 실재를 부정한다. 즉, 거짓 유령은 진짜 유령의 존재를 입증한다는 말이다.

영적 현상이 실제로 일어난다는 확신이 들고 나면 (이에 대한 나의 증거는 복잡하지만 합리적이다) 당대 최악의 정신적인 악惡 가운데 하나와 충돌하게 된다. 19세기의 최대 재난은 사람들이 '영적이다'라는 말을 '좋다'라는 말과 똑같은 의미로 사용하기 시작했다는 것이다. 사람들은 더 개량될수록 미덕도 늘어나는 것이라 생각했다. 과학적 진화론이 발표되었을 때, 어떤 이들은 진화론이 인간의 동물성만 부추길 거라며 염려했다. 실제로 진화론은 더 나쁜 영향을 끼쳤다. 진화론은 단지 영성만을 부추겼다. 진화론은 사람들에게 유인원에서 벗어나기만 하면 바로 천사가 된다고 생각하게끔 가르쳤다. 그러나 유인원에서 벗어나서 악마가 될 수도 있다. 당대의 지극히 전형적 인물이었지만 사람을 당혹스럽게

불어넣는다는 의미로도 사용되었다. 19세기에는 여러 과학자가 전기를 사용하여 심장을 다시 움직이게 하거나 무기물에서 유기물을 생성하는 실험들에 성공했다.

했던 한 천재가 이러한 사실을 완벽하게 보여 주었다. 벤저민 디즈레일리[12]가 자신은 천사들 편이라고 했을 때[13] 그의 말은 옳았다. 그는 정말로 천사들 편이었다. 타락한 천사들 편이었으니 말이다. 그는 단순한 식욕이라든가 동물적인 잔인함의 편에 있지는 않았다. 그러나 그는 무저갱의 왕자들이 지닌 온갖 제국주의의 편에 있었다. 그는 자만과 신비의 편에 있었으며 명백하게 선한 모든 것을 멸시하는 편에 있었다. 이처럼 가라앉은 자만과 치솟은 천국의 겸손 사이에는 여러 형태와 크기의 영靈들이 있다고 생각할 수밖에 없다. 그 영들을 마주쳤을 때, 사람은 멀리 떨어진 다른 대륙에서 살아가는 다양한 유형의 다른 사람들과 마주쳤을 때 하는 실수들을 똑같이 범하기 마련이다. 처음에는 누가 상위에 있고, 누가 그 지배 아래 있는지 알기가 어려울 것이다. 지하 세계에서 한 그림자가 일어나 피카딜리[14]를 뻔히 쳐다본다면 평범한 유개 마차가 무엇인지 전혀 이해하지 못할 것이다. 운전석에 앉아 있는 마부를 보고는 승리한 정복자가 발버둥 치는 포로들을 잡아

12 벤저민 디즈레일리Benjamin Disraeli, 1804-1881는 19세기 후반 영국 보수당의 정치인이다. 1874년부터 1880년까지 총리를 역임했는데, 이 기간에 대내적으로는 노동자들의 권리가 확장되는 등 진보적 성과가 이루어졌고 대외적으로는 전 세계에 대한 영국의 제국주의적 영향력이 더욱 확장되고 견고해졌다.

13 다윈의 『종의 기원』On the Origin of Species, 1859이 출간된 이후 진화론을 둘러싼 논쟁이 격화되었는데, 당시 보수당 의원으로 크게 활약하던 디즈레일리는 진화론에 반대하는 종교계의 입장을 지지하며 이렇게 말했다고 한다. "지금 우리 사회 앞에 놓인 의심할 바 없이 가장 놀라운 질문은 무엇인가? '인간은 원숭이인가, 아니면 천사인가'라는 질문이다. 나는 천사 편이다."

14 피카딜리Piccadilly는 런던 중심부에 있는 거리의 이름이다. 여러 도로가 만나 원형 광장을 이루는 피카딜리 서커스까지 이어지는 주변 지역은 런던에서 가장 번화한 상업지구 가운데 하나다.

서 끌고 오는 것이라 생각할 것이다. 이와 마찬가지로, 영적인 사실들을 처음 마주하면 우리는 누가 가장 높은 존재인지를 오해할 수 있다. 여러 신들을 발견하는 것만으로는 충분치 않다. 신들은 쉽게 눈에 띈다. 우리가 찾아야 할 분은 여러 신들 가운데 진짜 최고의 존재이신 하나님이다. 우리에게는 초자연적 현상들에 대한 긴 역사적 경험이 있어야 한다. 그래야 초자연적 현상들이야말로 자연적이라는 것을 발견하게 된다. 이러한 견지에서, 나는 그리스도교와 그 히브리 기원들의 역사가 무척이나 실제적이고 분명하다고 생각한다. 히브리 민족의 신이 수많은 신들 가운데 하나였다는 말을 들어도 나는 곤란스럽지 않다. 나는 그에 관해 알려 주는 어떤 연구 없이도 그 사실을 잘 알고 있다. 야훼와 바알은 똑같이 중요해 보였는데, 그건 마치 태양과 달이 똑같은 크기로 보이는 것과 같다. 태양은 측량할 수 없이 우리의 지배자이며 달은 그저 우리의 위성일 뿐임을 천천히 깨닫게 될 따름이다. 영들의 세계가 있다고 믿는 나는 사람들의 세계에서 하듯이, 영들의 세계에서도 걸어 다니며 내가 좋아하고 좋다고 생각하는 것을 찾으려 할 것이다. 사막에서라면 깨끗한 물을 찾으려 애를 쓰고 북극에서라면 아늑하게 불을 피우려고 고생을 해야 하듯이, 나는 물처럼 신선하고 불처럼 아늑한 무언가를 발견할 때까지 공허와 환영의 땅을 뒤져 보아야 할 것이다. 마침내 영원 속에 있는 어떤 장소, 말 그대로 고향 집처럼 편안히 머물 수 있는 그런 장소를 찾아낼 때까지 말이다. 그렇게 찾아내야 할 장소는 오직 한곳뿐이다.

　나는 이제껏 호교론의 평범한 싸움판에서 내게 믿음의 근거가 있음을 (그러한 설명이 필수적인 사람이라면 누구에게든) 보여 주기 위해 충분히 말을 했다. 경험의 순수한 기록들에는 (이 기록들이 호의나 경멸 없이 민주적으로 다루어진다면) 첫째, 기적이 실제로 일어난다는 증거가 있고, 둘째, 더 고귀한 기적들이 우리의 전통에 속한다는 증거가 있다. 하지만 나는, 이 무뚝뚝한 논의가 유교에서 도덕적 선을 끌어내야 하듯이 그리스도교에서 도덕적 선을 끌어내는 대신에 그리스도교를 수용하게 된 나의 진짜 이유라고 가장하지는 않겠다.

하나의 체계로서 그리스도교로부터 단순히 여러 암시를 집어내는 대신, 하나의 신앙으로서 그리스도교를 따르게 된 훨씬 더 견고하고 핵심적인 또 다른 근거가 내게 있다. 그 근거란 바로 이것이다. 내 영혼과 실제적 관계를 맺고 있는 그리스도교 교회는 죽은 교사가 아니라 살아 있는 교사다. 교회가 어제 나를 가르친 것만이 확실한 게 아니라 교회가 내일도 나를 가르치리라는 것 또한 거의 확실하다. 과거의 어느 날, 나는 십자가의 형상이 지닌 의미를 갑작스레 깨달았다. 미래의 어느 날, 나는 미트라[15]의 형상이 지닌 의미를 갑작스레 깨닫게 될 것이다. 과거의 어느 아침에 나는 왜 창문들이 뾰족한 모양인지를 깨달았다. 미래의 어느 아침에 나는 왜 사제들이 머리를 밀었는지[16] 이해하게 될 것이

---

15 미트라Mitra는 그리스도교의 주교가 공식 전례나 행사 때 머리에 쓰는 관을 말한다. 로마가톨릭교회의 미트라는 정면에서 옆으로 넓어졌다가 다시 좁아져 윗부분이 뾰족한 오각형을 이루며, 뒷부분에 달린 두 개의 띠가 양쪽으로 드리워진다.
16 과거 로마가톨릭교회에서는 남자 수도자나 성직자(혹은 그 후보자)가 정수리 주변의 머리카락을 밀어서 동그랗게 맨살이 드러나도록 함으로써 자신이 하나님께 봉헌된 사람임을 나타내는 전통이 있었다. 이 전통은 제2차 바티칸 공의회 이후 1972년에 공식 폐지되었다.

다. 플라톤은 당신에게 진리를 말해 주었지만, 이미 죽고 없다. 셰익스피어는 하나의 이미지로써 당신을 놀라게 했지만, 이제 더 이상 그가 당신을 놀라게 할 일은 없다. 그러나 그 인물들이 여전히 살아서 우리와 함께 살아간다면 어떨지 상상해 보라. 내일이면 플라톤이 본래의 강의를 파기할 수 있다거나, 셰익스피어가 언제든 한 곡의 노래로 모든 것을 산산조각 낼 수도 있다는 걸 안다면 어떨지 상상해 보라. 자신이 살아 있는 교회라고 믿는 것과 접촉하며 살아가는 사람은 내일 아침 식사 자리에서 플라톤과 셰익스피어를 만나리라는 기대감을 품고서 살아가는 사람이다. 그는 전에 깨닫지 못한 진리를 깨닫게 되리라 늘 기대하고 있다. 이런 입장에 평행하게 대응되는 것은 단 하나밖에 없다. 그건 바로 우리 모두가 시작된 초기의 삶이다. 아버지가 정원을 거닐며 벌은 침을 쏜다거나 장미는 향기롭다거나 하는 이야기를 들려주었을 때, 당신은 아버지의 철학에서 최고인 부분을 끄집어내는 일에 대해 말하지 않았다. 벌에 쏘였을 때 그 일을 가리켜 재미난 우연이라 부르지도 않았다. 장미가 향기로웠을 때 "우리 아빠는 꽃에서 향이 난다는 깊고 고운 진리를 (아마도 의식하지 못한 채) 간직하고 있는 거친 야만적 상징이다"라고 말하지 않았다. 그렇다. 당신은 아버지를 믿었던 것이다. 당신은 아버지를 사실이 솟아나는 살아 있는 샘이라 여겼고, 아버지가 정말 당신보다 많은 것을 알고 내일도 당신에게 진실을 말해 줄 존재라는 걸 알았기 때문이다. 그리고 정말로 당신 아버지가 그러했다면, 당신 어머니는 더욱 그러했을 것이다. 적어도 내가 이 책을 헌정하려는 나의 어머니는 그러했다. 이제는 사회가 여성의 종속에 대해 공연히 법석을 떨고 있는데, 어느 누구도 모든 남성이 여성들의 폭정과 특권에 얼마나 빚지고 있는지를, 결국 교육이 헛된 것이 되도록 여성들만 교육을 지배하고 있다는 사실에 모든 남성이 얼마나 빚지고 있는지를 말하려 하지 않는다. 남자아이는 무언가를 가르치기에는 너무 늦었을 때에야 가르침을 받도록 학교에 보내지기 때문이다. 진짜 가르침은 그 전에 이미 끝났으며, 하나님께 감사하게도 그것은 거의 언제나 여성에 의해 이루어졌다. 모든 남자는 단지 태어났다는 것만으로 여성화되었다. 사람들은 남성적인 여성에 대해 이야기하지만, 모든 남성이야말로 여성화된 남성이다. 남자들이 웨스트민스터까지 걸어가며 이런 여성의 특권에 항의한다면, 나는 그 행렬에 동참하지 않을 것이다.

나는 이 확고한 심리학적 사실을 분명하게 기억한다. 한 여성의 권위 아래 놓여 있었던 바로 그 시절에, 나는 격정과 모험으로 가득 차 있었다. 개미들이 사람을 깨문다고 어머니가 말씀하실 땐 정말로 개미들이 깨물었고, (어머니가 말씀하신 대로) 겨울이면 눈이 내렸기 때문이다. 그러므로 내게는 온 세상이 놀라운 예언의 성취로 이루어진 요정나라였다. 그건 마치 예언들이 하나씩 실현되었던 히브리 시대에 살고 있는 것과도 같았다. 어린아이였을 때 나는 집 밖으로 나와서 정원에 들어섰는데, 그곳은 내게 무시무시한 장소였다. 나에게 그 정원에 대한 단서가 있었기 때문이다. 만약 나에게 아무런 단서도 없었더라면 그 정원이 그렇게 무시무시하지는 않았겠지만, 아마 시시하게 느껴졌을 것이다. 아무 의미없는 황무지는 전혀 인상적이지 않다. 하지만 어린 시절의 정원은 마음을 사로잡는 곳이었다. 그건 모든 것이 제 차례가 되면 밝혀질 확고한 의미를 지니고 있었기 때문이었다. 나는 갈퀴라고 불리는 못생긴 물체가 무엇인지를 조금씩 알아차렸고, 부모님이 왜 고양이를 기르는지 어렴풋이 추측해 볼 수 있었다.

나는 그리스도교 세계를 단순히 우연한 예시로서가 아니라 어머니로서 받아들였기에, 고양이와 갈퀴의 상징적 형태들을 응시했었던 그 작은 정원처럼 다시 한번 유럽과 세계를 발견하게 되었다. 나는 꼬마 요정 같은 오래된 무지와 기대를 가지고 모든 것을 바라본다. 이러저러한 의식이나 교의는 갈퀴처럼 흉하고 기이해 보일 수 있다. 하지만 그런 것들이 어쨌든 풀과 꽃이라는 결과를 가져온다는 걸 나는 경험으로 알게 되었다. 한 성직자가 겉으로는 고양이처럼 쓸모없어 보일 수 있지만, 그 역시 고양이만큼 매혹적이다. 그의 존재에 어떤 낯선 이유가 분명히 있을 것이기 때문이다. 이런 예가 백 개는 되지만 그중 하나만 제시해 보겠다. 나 자신은 육체적 동정童貞에 대한 열광에 아무런 본능적 동질감도 느끼지 못하지만, 그것이 역사적 그리스도교의 한 특징이 되었다는 것만은 분명하다. 그러나 내가 나 자신이 아니라 세상을 바라보니, 그것이 단지 그리스도교의 특징일 뿐 아니라 이교도의 특징이기도 하며, 수많은 영역에서 고귀한 인간 본성의 특징이기도 하다는 것을 인지하게 되었다. 그리스인들은 아르테미스 여신을 조각하면서 동정을 느꼈다. 로마인들은 베스타 여신의 신녀神女들에게 제의를 입히며 동정을 느꼈다.[17] 엘리자베스 여왕 시대의 위

17 그리스 신화에 등장하는 아르테미스Artemis는 달과 사냥과 동정童貞의 여신이다. 로마 신화에 등장하는 베스타Vesta는 불과 가정의 여신이며 로마의 수호신이기도 했다. 베스타 여신의 신전에서 불을 꺼지지 않게 지키는 신녀들을 베스탈리스

281

대한 극작가들 가운데 가장 야성적인 최악의 극작가는 한 여성의 문자 그대로의 순결이 마치 세상의 중심을 차지하는 기둥이라도 되는 양 그에 집착했다. 무엇보다도 현대 세계는 (심지어 성적 순결을 조롱하면서도) 성적 순결에 대한 우상 숭배에 빠져 버렸고, 그래서 어린아이들을 그렇게 떠받든다. 어린아이를 사랑하는 사람은 누구나 육체적 성을 암시하는 것만으로도 아이들 고유의 아름다움이 상한다는 걸 인정할 것이다. 나는 이 모든 인간적 경험을 통해, 그리스도교의 권위와 연대하여, 단순히 내가 틀렸고 교회가 옳다는 결론을 내린다. 아니면, 나는 결함이 있고 교회는 보편적이라는 결론에 이르게 된다. 교회는 온갖 종류의 사람들로 이루어지기에[18] 교회는 나에게 독신을 유지하라고 요청하지 않는다. 하지만 나는 독신자들의 진가를 내가 제대로 알지 못한다는 사실을 받아들인다. 그건 내게 음악을 들을 줄 아는 귀가 없다는 사실을 받아들이는 것과 같다. 이 최고의 인간적 경험이 나에게 거슬리는 까닭은 그 음악이 바흐에 관한 것이기 때문이다. 독신 생활은 내 아버지의 정원에 있는 한 송이 꽃이다. 그런데 나는 아직 그 꽃의 사랑스러운 혹은 끔찍한 이름을 듣지 못했다. 그러나 언젠가 그 어느 날에라도 나는 그 이름을 듣게 될 것이다.

결론적으로 이것이 내가 단지 종교로부터 나온 조각난 세속적 진리들만 받아들이지 않고 종교를 받아들인 이유다. 내가 종교를 받아들인 것은 종교가 단지 이런 진리나 저런 진리를 말했기

vestalis 라고 불렸는데, 이들은 평생 동정을 지켜야 했다.

18   체스터턴은 '세상은 온갖 종류의 사람들로 이루어진다'It takes all sorts to make a world 라는 잘 알려진 격언을 교회에 적용하고 있다.

때문이 아니라 진리를 말하는 존재로서 스스로를 드러냈기 때문이다. 다른 모든 철학은 그저 진리처럼 보이는 것들을 쉽게 말한다. 오직 이 철학만이 진리처럼 보이는 것이 아니라 진리를 말하고 또 말해 왔다. 모든 신조 가운데 이 신조만이 매력적이지는 않아도 설득력이 있다. 이 종교는 정원에 있던 나의 아버지가 그러하듯 결국 옳은 것으로 밝혀진다. 이를테면 신지학자들은 환생과 같이 명백히 매력적인 관념을 설파할 것이다. 하지만 우리가 그에 따른 논리적 결과를 기다려 보면, 그건 결국 영적인 오만과 잔인한 계급 구조로 귀착된다. 어떤 사람이 출생 이전의 죄로 인해 거지가 된다면 사람들은 그 거지를 무시하려 할 것이다. 그리스도교는 원죄와 같이 너무나 매력 없는 관념을 설파한다. 그러나 우리가 그 결과를 기다려 보면 그건 결국 애수와 우애, 커다란 웃음과 연민이다. 오직 원죄를 가지고서만 우리는 거지를 동정하는 동시에 왕을 불신할 수 있다. 과학자들은 우리에게 건강이라는 자명한 유익을 제공한다. 하지만 우리는 나중에야 과학자들이 말하는 건강이라는 것이 육체적 노예 상태와 영적인 권태라는 걸 발견하게 된다. 정통은 지옥에 이르기 직전에 우리를 펄쩍 뛰어오르게 만든다. 우리는 나중에야 이런 도약이야말로 정말 건강에 이로운 운동이라는 걸 발견하게 된다. 우리는 나중에야 이러한 위험이 모든 낭만과 드라마의 뿌리라는 걸 깨닫는다. 신의 은총을 입증하는 가장 강력한 논거는 신의 은총이 상냥하지 않다는 것이다. 그리스도교에서 인기가 없는 부분들을 면밀히 검토해 보면, 그 부분들이야말로 사람들을 받쳐 주는 버팀목이라는 게 드러난다. 그리스도교의 외면은 윤리적 금욕과 전문적 사제들로 이루어진 엄격한 경비

대로 둘러싸여 있다. 그러나 그 비인간적 경비대의 안쪽에서는 오래된 인간적인 삶이 아이처럼 춤추고 어른처럼 포도주를 마시고 있음을 발견하게 될 것이다. 그리스도교는 이교적 자유를 지키는 유일한 틀이다. 그러나 현대 철학의 실정은 정반대다. 현대 철학의 외면은 분명히 예술적이고 해방적이지만 그 내면에는 절망이 있다.

현대 철학의 절망은 바로 이것이다. 실로 현대 철학은 우주에 어떠한 의미도 없다고 믿는다. 그러므로 어떠한 낭만을 찾겠다고 희망할 수도 없다. 현대 철학의 낭만에는 아무런 플롯도 없을 것이다. 무정부 상태의 나라에서는 어떠한 모험도 기대할 수 없다. 하지만 권위가 있는 나라를 여행한다면 얼마든지 많은 모험을 기대할 수 있다. 비관론의 정글에서는 어떠한 의미도 찾을 수 없지만, 교의와 기획의 숲을 헤치고 걸어가면 더욱더 많은 의미를 발견하게 될 것이다. 여기선 모든 것의 꼬리에 이야기가 하나씩 달려 있다. 내 아버지의 집에 있던 연장이나 그림처럼 말이다. 그곳이 내 아버지의 집이니까 그렇다. 나는 내가 시작했던 곳, 그 올바른 종점에서 끝을 맺는다. 적어도 나는 모든 게 좋은 철학의 문으로 들어왔다. 두 번째 유년기 속으로 들어온 것이다.

하지만 더 크고 더 모험적인 그리스도교의 우주는 표현하기 어려운 마지막 특징 하나를 가지고 있다. 나는 이 책의 전체적인 결론으로서 그 점을 표현해 보겠다. 종교에 관한 진짜 논쟁은 거꾸로 태어난 사람이 언제 똑바로 서게 되는지를 분별할 수 있는가에 달려 있다. 그리스도교의 기본 역설은 보통의 인간 조건이라는 게 정신이 온전하거나 분별이 있는 상태가 아니라는 것, 즉 정상 상태 그 자체가 하나의 비정상이라는 것이다. 이것이 바로 인류의 타락이라는 교의의 가장 깊숙한 철학이다. 올리버 로지 경[19]의 흥미로운 새 교리문답을 보면, 첫 두 질문은 이러하다. "당신은 무엇인가?" 그리고 "인간의 타락이란 무슨 뜻인가?" 이 두 질문에 대해 내 나름의 답안을 작성해 보면서 재미있어 하던 기억이 난다. 하지만 나는 얼마 지나지 않아 내 답안이 매우 불완전한 불가지론적 답안이라는 걸 깨달았다. "당신은 무엇인가?"라는 질문에, 나는 그저 "하나님만이 아신다"라고 답할 수밖에 없었다. "타락의 의미는 무엇인가?"라는 질문에는 온전히 신실한 마음으로 "내가 무엇이든, 내가 나 자신이 아닌 것"이라고 답할 수 있었다. 이것이 바로 우리 종교의 주된 역설이다. 우리가 결코 그 완전한 의미를 알지 못하는 무언가가 우리 자신보다 나을 뿐 아니라 우리 자신보다 우리에게 훨씬 더 자연스럽다는 것 말이다. 그리고 이를 입증하기 위한 시험은 오직 이 책의 서두에서 다루었던, 정신병원의 방과 열린 문이라는 시험밖에 없다. 나는 정통을 알고 난 뒤에야 정신적 해방을 알게 되었다. 그러나 결론적으로, 정통은 기쁨이라는 궁극적 관념에 특별히 적용될 수 있다.

이교는 기쁨의 종교이고 그리스도교는 슬픔의 종교라고 흔히들 말한다. 이방 종교는 순수한 슬픔이고 그리스도교는 순수한 기쁨임을 입증하기도 그만큼 쉬울 거라고 말하기도 한다. 하지만 이러한 대립은 아무런 의미도 없으며 어떠한 결론에도 이르지 못

19 올리버 로지Oliver Lodge, 1851-1940는 영국의 물리학자, 발명가로 무선 통신 분야에서 독보적인 연구 업적을 남겼으며 그리스도교 영성주의자로 여러 권의 책을 집필했다.

한다. 인간적인 모든 것은 그 안에 기쁨과 슬픔을 모두 지니고 있다. 유일하게 중요한 문제는 이 둘이 균형을 이루거나 나뉘어 있는 방식이다. 그런데 정말로 흥미로운 점은 이것이다. 이교도는 지상에 접근할수록 (대체로) 더욱더 행복해지지만 하늘에 접근할수록 더욱더 슬퍼진다. 가장 훌륭한 이교의 유쾌함은 카툴루스나 테오크리토스[20]의 장난기처럼, 감사할 줄 아는 인류가 절대 잊지 못할 영원한 유쾌함이다. 다만 이 유쾌함은 삶의 기원基源이 아니라 삶의 사실에 관한 유쾌함이다. 이교도에게 소소한 것들은 산에서 흘러나오는 작은 시냇물처럼 달지만, 대단한 것들은 바닷물처럼 쓰다. 이교도가 우주의 중심을 본다면 차갑게 얼어붙고 말 것이다. 전제적인 신들의 배후에는 죽음과도 같은 운명의 여신들이 앉아 있다. 아니, 운명의 여신들은 그보다 더 나쁘다. 그들은 죽어 있다. 합리주의자들은 고대 세계가 그리스도교 세계보다 더 개명開明되어 있었다고 말하는데, 그들의 관점에서 보자면 그 말이 옳다. 그들이 '개명되었다'라고 말할 때, 그것은 치유될 수 없는 절망으로 어두워졌음을 의미하기 때문이다. 고대 세계가 그리스도교 세계보다 더 현대적이었다는 것은 정말 사실이다. 둘 사이의 접합점은 고대인들과 현대인들 모두 실존에 대해, 모든 것에 대해 비참해했다는 것이다. 반면에 중세인들은 적어도 모든 것에 대해 행복해했다. 나는 이교도들이 현대인들과 마찬가지로 모든 것에 대해 비참해했을 뿐임을, 그 밖에 다른 모든 것에 대해서는 무척이나 즐거워했음을 자유로이 인정한다. 나는 중세의 그리스도인

---

20   카툴루스Catullus는 기원전 1세기에 활동한 로마의 서정 시인이며, 테오크리토스 Theokritos는 기원전 3세기에 알렉산드리아에서 주로 활동한 목가적 시인이다.

들이 모든 것에 대해 평화로웠음을, 그 밖에 다른 모든 것에 대해
서는 전쟁을 벌였음을 수긍한다. 그러나 우주의 근본 축으로 문제
를 돌려 보면, 아테네의 극장이나 에피쿠로스[21]의 열린 정원보다
피렌체의 좁고 피 묻은 거리에 우주적 만족이 더 많았다.[22] 조토[23]
는 에우리피데스[24]보다 더 음울한 도시에 거주했지만, 더 유쾌한
우주 속에서 살았다.

수많은 사람이 작은 일에 즐거워하고 큰일에 슬퍼하도록 강
요받아 왔다. 그럼에도 (이제 도전적으로 나의 마지막 교의를 제시
하려 한다) 그렇게 하는 것은 인간 본성에 맞지 않는다. 기쁨이 자
기 안에서 근본적인 것이 되고 슬픔은 피상적인 것이 될 때, 사람
은 더욱 자기 자신이 되고, 더욱 인간다워진다. 우울은 순수한 막
간의 사건이어야 하고, 부드럽고 일시적인 정신의 틀이어야 한
다. 찬양은 영혼의 영원한 박동이어야 한다. 비관은 기껏해야 감
정의 반쪽 휴일밖에 되지 못한다. 기쁨은 그에 따라 모든 것이 살
아가는 시끌벅적한 노동이다. 그러나 이교도나 불가지론자가 바
라보는 인간의 상황에서라면, 인간 본성의 이러한 기본 욕구는 절

---

21 에피쿠로스Epikouros, 341-271 BC는 고대 그리스의 철학자다. 흔히 에피쿠로스학파
로 알려진 쾌락주의 철학의 창시자다. 그에게 삶의 목적은 쾌락이며, 궁극의 쾌락
이란 고통이 없는 평정상태를 의미한다. 아테네 교외에 소위 '정원'케포스, Kepos이
라는 공동체를 만들어 철학적 토론과 우정을 나누었다고 한다.

22 피렌체는 12세기에 공화국이 성립하면서 번영하여 16세기까지 전성기를 누렸는
데, 통치권을 둘러싼 여러 가문 사이의 다툼이 잦았고 주변 도시나 국가와의 전쟁
도 빈번했다.

23 조토 디 본도네Giotto di Bondone, 1266/67-1337는 이탈리아 초기 르네상스를 대표하는
화가이자 건축가다.

24 에우리피데스Euripides, 480-406 BC는 고대 그리스 아테네의 대표적 비극 시인이다.

대 채워질 수 없다. 기쁨은 확장되어야 한다. 하지만 불가지론자에게 기쁨은 수축되어야 하며, 세계의 한쪽 구석에만 붙어 있어야 한다. 슬픔은 한곳으로 집중되어야 한다. 하지만 불가지론자에게 고적함은 생각할 수도 없는 영원 속으로 퍼져 나가야 한다. 이것이 바로 내가 거꾸로 태어났다고 하는 것이다. 참으로 회의론자는 뒤죽박죽이라고 말할 수 있겠다. 그의 두 발은 무력한 황홀 속에서 위를 향하여 춤추며 움직이는데, 그의 두뇌는 심연에 잠겨 있으니 말이다. 현대인에게 하늘은 정말로 땅 아래 있다. 이에 대한 설명은 간단하다. 현대인은 머리를 땅에 딛고 서 있기 때문이다. 머리는 딛고 서 있기에는 너무 약한 받침대다. 그러나 자신의 발을 다시 발견할 때라야 그런 사실을 알게 된다. 그리스도교는 똑바로 서려고 하는 인간 본래의 본능을 갑작스럽고도 완벽하게 만족시킨다. 무엇보다도, 그리스도교 신앙에 의해 기쁨은 거대한 것이 되고 슬픔은 특별하고 작은 것이 된다. 온 우주가 바보 같아서 우리 머리 위의 창공이 귀먹은 것은 아니다. 창공의 침묵은 끝도 없고 목적도 없는 세계의 무심한 침묵이 아니다. 오히려 우리를 둘러싼 그 침묵은 병실의 기민한 고요함과 같은 작고 측은한 고요함이다. 아마도 우리에겐 일종의 자비로운 희극 같은 비극이 허락된 듯하다. 신성한 것들의 광적인 기운은 취중 농담처럼 우리를 쓰러뜨릴 것이기 때문이다. 우리는 우리 자신의 눈물을 엄청나게 가벼운 천사들의 언행보다 더 가볍게 대할 수 있다. 그러기에 우리는 별이 빛나는 침묵의 방에 앉아 있다. 하늘의 웃음소리는 너무나 커서 우리 귀에는 들리지 않는다.

이교도의 작은 홍보물이었던 기쁨은 그리스도인에겐 거대한 비밀이다. 나는 이 혼란스러운 책을 마무리하면서 작고 낯선 책 하나를 다시 펼친다. 이 작은 책으로부터 그리스도교 전체가 나왔다. 나는 다시금 일종의 확증에 사로잡힌다. 복음서를 가득 채운 그 엄청난 인물이 다른 모든 측면에서와 마찬가지로 이런 면에서도, 스스로 높이 솟았다고 생각했던 모든 사상가들 위로 더 높이 솟아오른다. 그의 연민은 자연스럽고, 거의 무심결에 나오는 듯하다. 고대와 현대의 스토아 철학자들은 눈물을 감추면서 자부심을 느꼈다. 하지만 그는 결코 눈물을 감추지 않았다. 그는 고향 도시를 멀리 바라보았을 때처럼 얼굴에 흐르는 눈물을 있는 그대로 내보였다. 그러나 그도 무언가를 숨겼다. 엄숙한 초인들과 황제의 외교관들은 분노를 억누르면서 자부심을 느꼈다. 그는 결코 화를 억누르지 않았다. 그는 성전 앞 계단에서 가구를 뒤엎고 사람들에게 어찌 지옥의 저주를 피하기를 바라느냐고 물었다. 하지만 그도 무언가를 억눌렀다. 나는 경외심을 품고 이 말을 전한다. 그 우렁찬 인격 속에 수줍음이라 해야 할 한 가닥의 실이 있었다. 그가 기도하러 산에 올랐을 때는 모두에게 감추어 둔 무언가가 있었다. 그가 갑작스러운 침묵이나 격렬한 고립을 통해 부단히 가려둔 무언가가 있었다. 하나님이 우리의 땅 위를 걸었을 때는 너무나 커서 우리에게 보여 줄 수 없는 한 가지가 있었다. 때때로 나는 그것이 그분의 즐거운 웃음이 아니었을까 상상한다.

G. K. 체스터턴(Gilbert Keith Chesterton, 1874-1936) 연보

1874년 5월 29일   영국 런던 켄싱턴에서 부동산 중개업자 에드워드 체스터턴과 스위스계 프랑스인 마리 루이스 그로스장의 아들로 태어나다.

1887년   세인트폴 스쿨에 입학하다.

1892년   런던 유니버시티 칼리지 슬레이드 예술 학교에서 미술과 문학을 공부하다.

1893년   회의주의에 빠져 심리적 위기를 겪다. 심령술과 오컬트에 심취하다.

1895-1902년   대학을 그만두고 런던의 출판사 조지 레드웨이와 T. 피셔 언윈에서 일하다. 이 기간 동안 프리랜서 저널리스트이자 미술 및 문학 평론가로 명성을 떨치기 시작하다.

1900년   첫 시집 『놀이하는 회색 수염』Greybeards At Play을 출간하다. 보어 전쟁에서 보어인(네덜란드계 남아프리카 원주민)을 옹호하는 입장을 취해 주목을 받다.

1901년   프랜시스 블록과 결혼하다. 주간 발행물 『더 스피커』The Speaker에 실렸던 사회 비평 에세이집 『피고』The Defendant를 출간하다. 에세이집 『난센스에 대한 옹호』A Defence of Nonsense를 출간하다.

1902년   『데일리 뉴스』The Daily News에 주간 오피니언 칼럼을 쓰기 시작하다.

1903년   문학 평론서 『로버트 브라우닝』Robert Browning을 출간하다.

1904년   첫 소설 『노팅 힐의 나폴레옹』The Napoleon Of Notting Hill을 출간하다.

1905년   『이단』Heretics을 출간하다. 조지 버나드 쇼, H. G. 웰스, 러디어드 키플링 등 당대 지성계를 대표하는 인물들을 소환한 이 책에서, 현실적 이익만 생각하는 세태를 비롯한 실증주의, 진보주의, 상대주의, 회의주의, 제국주의, 세계주의를 비판하다. 소설 『괴짜 상인 클럽』The Club of Queer Trades을 출간하다. 『일러스트레이티드 런던 뉴스』The Illustrated

London News에 주간 칼럼을 쓰기 시작하다.

1906년　　문학 평론서『찰스 디킨스』Charles Dickens를 출간하다.

1908년　　『정통』Orthodoxy을 출간하다.『이단』을 비판하는 이들에 대한 응답으로
　　　　　쓴 이 책에서, 그리스도교 신앙에 대한 독창적인 견해를 제시하고 자
　　　　　신이 어떻게 그리스도교 신앙을 갖게 되었는지 밝히다. 소설『목요일
　　　　　이었던 남자』The Man Who Was Thursday, 에세이집『모자 뒤따라 달리기』
　　　　　On Running After One's Hat를 출간하다.

1909년　　런던에서 서쪽으로 약 40킬로미터 떨어진 비콘스필드로 이주하여 활
　　　　　발한 저술 및 강연 활동을 하다. 문학 평론서『조지 버나드 쇼』George
　　　　　Bernard Shaw를 출간하다.

1911년　　브라운 신부라는 탐정 캐릭터를 바탕으로 한 단편 소설집『브라운 신
　　　　　부의 결백』The Innocence of Father Brown을 출간하다. 20세기 대소설가인
　　　　　호르헤 루이스 보르헤스로부터 "에드거 앨런 포를 능가하는 추리 소
　　　　　설가"라는 찬사를 받다. 대중적인 성공을 거둔 이후 1935년까지『브
　　　　　라운 신부의 지혜』The Wisdom of Father Brown, 1914,『브라운 신부의 의심』
　　　　　The Incredulity of Father Brown, 1926,『브라운 신부의 비밀』The Secret of Father
　　　　　Brown, 1927,『브라운 신부의 추문』The Scandal of Father Brown, 1935을 출간
　　　　　하다.

1913년　　『데일리 헤럴드』Daily Herald지에 글을 쓰기 시작하여 1914년까지 고정
　　　　　적으로 기고하다.

1914년　　제1차 세계대전이 발발하다. 신체적·정신적 쇠약 증세에 시달리다.

1919-1920년　팔레스타인, 이탈리아, 미국 등지로 강연 여행을 떠나다.

1922년　　영국 국교회에서 로마가톨릭으로 개종하다. 논설『우생학과 그 밖의
　　　　　악』Eugenics and Other Evils에서는 당대에 가장 진보적인 것으로 여겨지던
　　　　　우생학을 강력히 비판하다.

1923년　　『아시시의 성 프란치스코』Saint Francis of Assisi를 출간하다.

1925년　　『영원한 인간』The Everlasting Man을 출간하다. 서구 문명의 틀 안에서 인
　　　　　류의 영적 연대기를 다룬 이 책을 읽고 무신론자 작가 C. S. 루이스가
　　　　　회심하다. 주간지『지 케이스 위클리』G. K.'s Weekly를 창간하다. 여기 실
　　　　　린 글을 통해 자본주의와 사회주의를 모두 배격하고 보다 공정한 부의
　　　　　재분배와 민주주의를 옹호하다.

1926년	종교적인 논쟁을 담은 책 『가톨릭교회와 개종』The Catholic Church and Conversion을 출간하다.
1927년	흠모하던 유럽 국가인 폴란드에서 한 달간 지내다.
1929년	단편들이 인정받으면서 영국의 추리 클럽The Detection Club 회원이 되고 이후 회장으로 추대되다.
1932년	문학 주제에 관한 BBC 방송을 시작하다.
1933년	『성 토마스 아퀴나스』Saint Thomas Aquinas를 출간하다.
1936년	『자서전』The Autobiography을 출간하다.
1936년 6월 14일	62세의 나이로 버킹엄셔 비콘스필드 자택에서 울혈성 심부전으로 사망하다. 6월 27일 런던 웨스트민스터 대성당에서 진행된 장례식에서 로널드 녹스는 "이 세대는 모두 체스터턴의 영향 아래 성장해서 우리가 그를 언제 생각하고 있는지조차 모른다"라고 평하다.

—

흔히 '역설의 왕자'라 불리는 체스터턴을 가리켜 『타임』은 "체스터턴이 명언, 속담, 풍자를 이용해 어떤 주장을 펼칠 때는 항상 먼저 그 안과 밖을 뒤집었다"고 평한다. 평생에 걸쳐 200여 편의 단편 소설 및 4,000여 편의 기고문을 쓴 그는 생애를 마칠 때까지 조지 버나드 쇼, H. G. 웰스, 버트런드 러셀 등 당대의 지성들과 긴밀한 문학적 교류를 나누었는데, T. S. 엘리엇과 버나드 쇼, 도로시 L. 세이어즈는 각각 "체스터턴은 영원토록 후대의 존경을 받아야 마땅한 사람이다", "세상이 체스터턴에 대한 감사의 말에 인색하다", "체스터턴의 책은 이름을 거론할 수 있는 그 어떤 작가의 책보다 내 정신을 형성했다"는 말로 그를 칭송한다. 후대에도 그는 문학적·종교적으로 매우 중요한 인물 가운데 하나로 추앙받는데, C. S. 루이스를 비롯한 대표적인 작가 및 사상가인 어니스트 헤밍웨이, 그레이엄 그린, 호르헤 루이스 보르헤스, 가브리엘 가르시아 마르케스, 마셜 맥루언, 애거서 크리스티 등은 체스터턴의 작품에 큰 영향을 받았음을 고백한다.

G. K. 체스터턴 탄생 150주년을 맞이해 그의 대표 저서 세 권을 독자들 앞에 내어놓을 수 있게 되어 무척 기쁘고 뿌듯하다. 학부 시절 블레즈 파스칼을 만난 이래로 차가운 이성으로 뜨거운 신앙을 옹호하는 그리스도교 변증가들에게 흥미를 느꼈고, 그 덕분에 그리스 철학으로 신학의 토대를 마련한 교부들로부터 종교개혁 시대에 깊고 넓은 인문학적 소양으로 신앙과 세계를 사유한 에라스뮈스나 토머스 모어를 거쳐, 현대의 존 헨리 뉴먼과 C. S. 루이스, 그리고 그 둘 사이의 체스터턴을 알게 되었다. 체스터턴의 작품들을 읽으며 언젠가는 우리나라에서도 그가 많이 알려지고 널리 읽힐 날이 올 것이고 와야 한다고 확신했다. 복 있는 사람에서 심혈을 기울여 출간하는 『이단』, 『정통』, 『영원한 인간』이 그러한 계기를 마련해 주리라 기대한다.

길버트 키스 체스터턴Gilbert Keith Chesterton, 1874-1936이란 작가를 간명하게 소개하기란 쉬운 일이 아니다. 우선 백과사전에서 하듯 간단한 소개로 시작하자면, 체스터턴은 20세기 초반에 영국에서 활동한 가장 영향력 있는 지식인 가운데 하나다. 뛰어난 소설가이자 평론가였고, 언론인이자 논객이었으며, 당대에 가장 특출한 그리스도교 변증가였다. 체스터턴에 대한 소개글을 여러 곳에서 찾아 읽다 보면 "다른 누구하고도 같지 않은"like no other이라는 표현을 종종 마주치는데, 그의 생애를 알고 작품을 읽다 보면 이것이 무엇을 의미하는지 알게 된다. 그리고 그 때문에 그를 간명하게 소개하기가 무척 어렵다는 사실과 더불어, 그의 탁월한 사유와 문장이 오늘날 독자들에게 비교적 잘 알려지지 않은 원인과 그러함에도 더욱 알려져야 하는 이유를 이해하게 된다.

오늘날 체스터턴은 소설가로 가장 많이 알려져 있다. 그는 다섯 권의 단행본 소설을 출간했고, 200여 편의 단편 소설을 발표했다. 특히 1910년부터 1936년까지 53편을 발표한 추리 소설 브라운 신부 시리즈가 유명하다. 2013년 BBC에서 각색하여 제작한 TV 시리즈가 세계적인 성공을 거두었고, 우리나라 평화방송에서도 방영되면서 다섯 권으로 묶인 원작 소설 전부가 번역되어 나왔다. 체스터턴을 처음 접하는 독자들이라면 브라운 신부 시리즈를 통해 비교적 쉽게 그의 세계에 입문할 수 있다. 체스터턴의 분신과도 같은 브라운 신부는 여느 추리 소설의 탐정들처럼 합리적인 사고를 통해 사건을 해결하지만, 그가 강조하는 합리성이란 과학적이고 객관적인 도구적 이성만을 말하지 않는다. 실제로 체스터턴은 냉철한 '과학자'의 시선으로 인물과 현장을 관찰하고 자신만의 '실험실' 같은 공간에서 사건을 객관적으로 분석하여 결론 내리는 셜록 홈즈를 염두에 두고 그에 대별되는 인물로서 브라운 신부를 창조했다. 브라운 신부는 가톨릭교회의 사제라는 신분과 엉성해 보이는 외양 덕분에 인물들에게 쉽게 섞여들어, 인간의 심리와 행동에 대한 깊고 넓은 이해를 바탕으로 진실을 밝히고 문제를 해소한다. 이러한 과정을 통해 체스터턴은 인간의 본성과 죄에 대한 통찰을 보여 주며, 범죄를 사법적 관점(판결과 처벌)이 아니라 종교적 관점(회개와 용서)에서 다룰 것을 요청한다.

체스터턴이 남다른 작가가 된 연유는 미술과 문학 평론가로 작가 경력을 시작하여, 이후 40년 동안 무려 4,000여 편의 에세이를 언론에 기고할 만큼 다양한 주제들을 논하는 작가이자 언론인으로 활동한 데서 찾아볼 수 있겠다. 체스터턴은 본래 미술 대학에 진학했으나 학업을 중단하고 출판사에서 일을 하면서 글을 쓰기 시작했다. 스물두 살1896에 T. 피셔 언윈 출판사로 옮기고부터 주간지에 평론을 기고했는데, 이 출판사는 체스터턴이 자주 언급하는 H. G. 웰스, W. B. 예이츠, 프리드리히 니체, 헨리크 입센, 지그문트 프로이트 등의 저서를 출간하며 성장했다. 스물여덟 살1902에 주간지 『데일리 뉴스』*The Daily News*에 고정 칼럼을 쓰게 되면서 출판사 일을 그만두고 전업 작가가 될 수 있었다. 찰스 디킨스가 창간하고 초콜릿 제조업자이자 평화주의자 퀘이커 교도인 캐드버리가 인수한 것으로 유명한 이 주간지에는 이미 조지 버나드 쇼와 H. G. 웰스 등이 기고하고 있었다. 서른한 살1905부터는 세계 최초의 삽화 신문으로 큰 성공을 거둔 『일러스트레이티드 런던 뉴스』*The Illustrated London News*에도 매주 고정 칼럼을 실었다. 이 칼럼은 그의 말년까지 30년이나 이어지면서 체스터턴의 필력과 인기를 입증해 보였다. 마흔두 살1916부터는 평생의 동지였던 힐레어 벨록¹이 창간하고 저널리스트였던 동생 세실 체스터턴과 공동 운영했던 주간지의 편집장을 맡았고, 쉰한 살1925부터는 이를 전면 개편하여 자신의 이름을 딴『지 케이스 위클리』*G. K.'s Weekly*를 발행했다. 이 주간지에는 에즈라 파운드, 조지 버나드 쇼 같은 당대의 유명 작가들은 물론이고 젊은 시절의 조지 오웰도 기고했다. 체스터턴은 이들 주간지를 무대로 하여 당대 주요 작가들과 논쟁을 벌였고, '역설의 왕자'prince of paradox라는 명성에 걸맞은 재기 넘치는 문장으로 독자들을 사로잡았다.

체스터턴의 독특한 점은 그가 당대 주요 작가들의 글을 읽고 비판적으로 사고하는 과정에서 그들의 모순을 발견하고 자신의 생각을 키워 나갔다는 것이다. 그는 처음부터 어떤 자기만의 이상이나 사상을 바탕으로 해서 자신의 체계를 견고하게 쌓아 올리고 상대방을 비판한 것이 아니다. 그와 반대로, 19세기 말에서 20세기 초에 서구 세계를 지배하고 있던 과학적이고 진보적인 사상들을 근본적으로 회의하고 재고하는 과정에서 오히려 자신이 본

정통 Orthodoxy

---

1   힐레어 벨록Hilaire Belloc, 1870-1953은 프랑스 태생의 영국 작가, 정치인이다. 옥스퍼드 대학에서 역사학을 전공했으며 이른바 '대체 역사'alternative history 문학의 선구자로 평가받는다. 독실한 가톨릭 신자로서 가톨릭 신앙의 색채가 짙은 작품들을 집필했다. 체스터턴과는 1900년부터 알게 되어 평생 절친한 친구로 남았다. 공동의 논적이자 친구였던 조지 버나드 쇼는 두 사람을 한데 묶어 '체스터벨록'Chesterbelloc이라 부르기를 즐겼다. 체스터턴이 『이단』과 『정통』을 발표하던 시기에 벨록은 가톨릭교회에 비우호적인 영국의 풍토를 변화시키고자 정치에 참여하여 하원 의원으로 활동하기도 했다.

래 가지고 있던 신앙을 다시 발견하고 그리스도교의 진리를 다시 확인하게 되었다. 이러한 체스터턴의 태도와 방식은 두 가지 관용구를 통해 분명하게 드러난다. 하나는 '레둑티오 아드 압수르둠'reductio ad absurdum이라는 라틴어 관용구다. 이는 귀류법이라고도 하는 증명법을 가리키는데, 어떤 명제가 참이라는 것을 증명하는 대신 그 부정 명제가 거짓임을 밝힘으로써 본래의 명제가 참임을 간접적으로 증명하는 방식이다. 다른 하나는 '체스터턴의 울타리'Chesterton's fence라는 관용구다. 이는 원래 있던 것을 없애려고 할 때 처음에 그것이 있게 된 이유를 근본적으로 생각해 보아야 한다는 원칙을 말한다. 체스터턴은 그리스도교를 반대하는 현대 사상가들의 주장을 검토하고 그들의 모순을 드러냄으로써 참 진리인 그리스도교를 옹호하는 한편, 그리스도교 신앙의 본질을 밝혀 그 의미를 역설한다.

이번에 함께 번역하여 내놓는 세 권의 책은 이러한 체스터턴의 특징을 잘 드러내고, 그러한 맥락에서 상호 연결되어 있다. 그 가운데 가장 먼저 쓰인 『이단』Heretics, 1905은 19세기 말부터 20세기 초까지 영국 지성계를 대표하는 인물들을 비판하는 스무 편의 글을 모은 책이다. 체스터턴이 보기에 그들은 사물과 현상, 인간과 세계의 본질은 탐구하지 않은 채 현실과 실제만을 강조하고 효능과 능률만을 목표로 삼는 이단들이다. 무엇보다도 체스터턴은 현실적 이익만 생각하는 세태를 비판하고 정작 중요한 것은 철학과 사상임을 강조한다. 그리고 당대 지성계를 주도하는 조지 버나드 쇼, H. G. 웰스, 러디어드 키플링 등을 소환하여 실증주의, 진보주의, 상대주의, 회의주의, 제국주의, 세계주의를 비판한다. 흥미로운 것은 앞서 말했듯이 체스터턴이 이들을 비판할 때 외부의 다른 논리를 대입하는 것이 아니라, 그들의 논리를 따라가면서 그 안에 자리한 모순을 예리하고 재치 있게 드러낸다는 사실이다. 체스터턴의 사고가 전개되는 과정을 따라가다 보면, 상대 선수의 품 안으로 깊이 파고들었다가 가볍게 업어치기 한판으로 경기에서 승리하는 유도 선수를 보는 듯 통쾌하다. 그러나 체스터턴이 상대의 비판에만 머무르는 것은 아니다. 그는 무엇보다도 대상의 본질을 규명하려는 노력에서 모든 논의가 시작되어야 한다고 주장한다. 사람들이 모두 다 같이 가로등을 없애고자 하더라도 그렇게 하기를 원하는 이유와 목적은 저마다 다르기 마련이므로, 혼란을 방지하려면 빛이란 무엇인가를 가장 먼저 논해야 한다는 것이다. 그것은 바로 이단적인 현대 사상가들이 그토록 싫어하는 스콜라 철학의 방식이며, 그러한 방식을 가장 잘 구현하는 정통이란 그리스도교다. 체스터턴의 주장은 결국, 오늘날의 사회에서 그리스도교라는 정통이 오히려 더욱 중요해졌으며, 그 정통은 도리어 가장 혁신적이며 매력적인 '이단'이 되었다는 것이다.

『이단』에 대한 반응은 매우 즉각적이었고 뜨거웠다. 체스터턴이 직접 언급한 작가들은 물론이고 일반 독자들도 다양한 의견을 개진했으며 한편으로 여러 가지 의문을 제기하기도 했다. 특히 사람들은 그리스도교에 비판적인 당대 지성계의 대세를 거슬러 그가 어떻게 그리스도교를 정통으로 받아들이게 되었는지를 알고 싶어 했다. 체스터턴은 이러한 요구에 대한 응답으로『정통』Orthodoxy, 1908을 내놓았고, 이 책은 오늘날까지도 그리스도교에 관한 독특한 이해를 보여 주는 20세기 그리스도교 변증학의 대표적인 저서 가운데 하나로 남아 있다.

체스터턴은 본래 그리 독실하지 않은 유니테리언 집안에서 태어나 영국 국교회에서 유아세례를 받았다. 청소년 시절에는 오컬트에 심취하기도 했으나 청년기에 들어 그리스도교 신앙을 회복했다. 이 과정에는 스물여섯1900에 처음 알게 되어 평생 친구로 지낸 프랑스 출신의 열렬한 가톨릭 신자 힐레어 벨록의 영향이 적지 않았다. 체스터턴이 공식적으로 가톨릭교회로 옮긴 것은 1922년의 일이지만, 『이단』과 『정통』을 쓸 무렵에 이미 가톨릭 교의를 받아들였던 것으로 보인다. 다만 『정통』에서 체스터턴은 이러한 개인사를 기술하는 것이 아니라, 자신이 그리스도교를 정통으로 받아들이게 된 과정을 논리적이고 철학적으로 설명한다. 그 과정은 새로운 땅을 발견하려고 영국을 떠난 탐험가가 결국 영국으로 돌아와 영국을 발견하게 되는 것과 같았다. 체스터턴은 현대 사상 전반에 깔린 이성주의와 회의주의가 갖는 오류와 한계를 지적하면서 지나친 이성의 강조는 오히려 광기에 가깝고, 무한히 자유로운 의심은 오히려 사유의 자살을 초래한다고 비판한다. 그리고 이러한 현대 사상의 오류와 한계를 극복하는 정통의 진리로서 그리스도교를 제시한다. 그리스도교는 현대의 이성주의와 회의주의가 억압하는 동화의 세계와 낭만의 모험을 되살린다. 어찌 보면 죄와 구원, 정의와 자비, 싸움과 평화, 죽음과 부활을 이야기하는 그리스도교는 가장 모순적이고 역설적인 종교이지만, 그리스도교의 역설과 모순이야말로 인간과 세계의 진리이며, 인간과 세계를 근본적으로 개혁하는 영원한 혁명이다.

『정통』 또한 당시 영국의 평단과 일반 독자들 사이에서 열렬한 반응을 일으켰다. 그리스도교 신자들 사이에서 찬사가 이어진 반면, 무신론자들이나 자유주의 사상가들 사이에서는 체스터턴 특유의 논리 전개나 표현 방식을 비논리적이고 감성적이라고 비판하는 부정적 반응이 터져 나오기도 했다. 하지만 전반적으로 체스터턴이 이룩한 철학적이고 문학적인 성취는 높이 평가받았으며, 현대적 이성주의와 회의주의에 대해 비판하면서 신앙의 가치를 재조명했다는 점만큼은 긍정적으로 수용되었다. 특히 이후에 유명한 가톨릭 역사가가 되는 시어도어 메이너드가 이 책을 읽고 가톨릭으로 개종했으며, 그리스도교 강의와 저서로 유명해지는 미국 성공회 신부 버나드 이딩스 벨 또한 이 책의 영향으로 신학교에 대한 실망에서 벗어나 서품을 받기로 결심했다고 한다.

『이단』 이후 20년이 지나서 나온 『영원한 인간』The Everlasting Man, 1925은 흔히 '대작 없는 대가'로 불리는 체스터턴의 저서 중에서 대작이라 불릴 만한 작품이다. 『이단』에서 『영원한 인간』에 이르는 20년 동안에도 체스터턴은 소설, 평론, 평전 등 여러 저서를 출간했는데, 특별히 『영원한 인간』이 주목받는 것은 이 책이 그리스도를 중심으로 인류의 역사 전체를 다시 쓴 거대하고도 독특한 작품이기 때문이다. 『정통』이 체스터턴 자신의 영적 여정을 바탕으로 쓴 호교론이라면, 『영원한 인간』은 인류 전체의 영적 여정을 바탕으로 쓴 호교론이다.

체스터턴의 『영원한 인간』은 흥미롭게도 그의 또 다른 논적이자 친구였던 H. G. 웰스의 『세계사 대계』The Outline of History, 1920에 대한 반박으로 기획되었다. 체스터턴보다 열 살 많았던 웰스는 주로 『타임머신』The Time Machine, 1895이나 『우주 전쟁』The War of the Worlds, 1898 등을 쓴 공상 과학 소설 장르의 창시자로 알려졌으나, 당대에 가장 영향력 있는 작가로서 다양한 주제의 글을 발표했다. 특히 제1차 세계대전 이후로는 세계사를 통찰하면서 인류 문명의 진보를 주장하고 세계 평화를 위한 인류의 연대를 강조하는 역사서를 다수 출간했다. 그중에서도 『세계사 대계』는 지구의 역사와 인류의 역사를 거시적으로 통찰하는 대작으로 본문 분량이 1,300여 쪽에 달했다. 웰스는 이 저서에 애착이 많아서 계속해서 개정판을 냈을 뿐 아니라, 분량을 줄이고 다량의 지도와 삽화를 추가한 보급판으로 『세계의 짧은 역사』*A Short History of the World*, 1922[2]와, 인류의 역사만을 다룬 『인류의 짧은 역사』*A Short History of Mankind*, 1925를 출간하기도 했다. 이 책들은 웰스의 명성에 힘입어 일반 독자들 사이에서도 큰 인기를 끌었지만, 진화론적인 입장에서 인류의 역사를 바라보는 시각을 우려하는 이들도 많았다. 이 비판의 대열을 가장 적극적으로 이끌었던 사람이 바로 체스터턴의 친구 힐레어 벨록이었다. 웰스는 제목에서부터 벨록을 직접 언급하는 소책자를 통해 벨록의 비판을 재반박하고 자신의 입장을 변호했을 정도였다. 웰스의 역사서를 둘러싼 논쟁은 당시 영국의 공론장을 뜨겁게 달구었고, 체스터턴 또한 웰스의 역사서를 반박할 수 있는 역사서를 기획하고 집필했다. 그 결과물이 바로 『영원한 인간』이다.

　『영원한 인간』은 어떤 역사서와도 다른 역사서다. 목차를 보면 알 수 있듯이 체스터턴은 인류의 역사를 그리스도 탄생 이전과

---

[2]　우리나라에서는 본 번역자가 공역하여 『H. G. 웰스의 세계사 산책』2019이라는 제목으로 출간되었다. 『영원한 인간』과 한 쌍으로 읽으면 체스터턴에 대한 이해에 도움이 될 뿐 아니라 흥미로운 독서 경험을 즐길 수 있을 것이다.

이후로 구분하여 다루고 있다. '동굴 속 인간'으로 시작되는 1부에서는 원시 인류를 단순한 동물로 다루는 진화론적 시각에 반대하며, 원시 인류 역시 오늘날 우리와 같은 인간이었을 뿐 아니라, 이미 그들에게 신앙과 종교가 있었음을 강조한다. 고대 문명의 신화와 철학은 신성에 대한 인간의 인식과 갈망을 드러내며 그에 따라 깊어지는 정신적 탐구를 보여 주지만, 영원한 참 진리에는 이르지 못하고 본질적인 인간 구원을 이루지 못했다. 이에 체스터턴은 2부에서 그리스도의 탄생을 또 다른 '동굴 속 인간'의 출현으로 제시하며, 이것이야말로 신화나 전설이 아닌 실제로 일어난 역사적 사건일 뿐 아니라, 세계를 바꾸고 인류사를 뒤집는 유일무이한 사건이라 설명한다. 하나님이 인간이 되어 땅 아래 동굴에서 태어난 것이다. 따라서 그리스도는 존재 자체가 진리이며 구원이다. 그리스도는 도덕적 교훈을 가르치기도 했으나, 단순히 거기에서 그치지 않고 인간의 본질적 죄와 구원의 필요성에 대해 이야기했으며, 자신이 죽고 부활함으로써 구원을 가져다주었다. 또한 그리스도교는 초기부터 여러 이교도와 이단들의 공격을 받으며 위기에 처했지만, 오히려 이러한 과정을 거치면서 정통 신앙을 확립하여 진리를 드러냈으며, 내재한 모순과 역설을 통해 도리어 날로 새롭게 인간 존재의 근본 문제를 해결하는 구원의 길을 제시한다. 그리스도교는 단순히 하나의 종교가 아니라 완전한 진리다. 이는 역사를 통해 증명되는 바이다. 그렇다면 결국 체스터턴이 선택한 '영원한 인간'이란 진화론자들이 주장하듯 점진적으로 변하고 발전하며 완성되어 가는 인간이 아닌, 언제나 그 본질이 동일한 인간을 가리키는 동시에, 단 한 번 역사 속에서 인간이 되어 영원한 진리를 드러내고 구원의 길을 제시한 하나님이신 예수 그리스도를 명확히 가리키는 말이다.

『영원한 인간』은『정통』에서 보여 주었던 체스터턴의 그리스도교 변증론이 더욱 심화·발전된 것으로 그리스도인 독자들에게 호평을 받았다. 또한 웰스를 위시한 진화론적 역사관을 가진 사상가들에 대한 정당하고 고유한 비판으로서도 칭송을 받았다. 특히 우생학이 최신 학문으로 성장하고 있었고 독일에서는 아리아인의의 인종적 우월성을 강조하는 나치즘이 등장하던 상황이었으므로 이러한 비판은 시사적으로도 무척이나 타당한 것이었다. 물론 무신론자들이나 회의주의자들은 여전히 체스터턴을 비난했으나, C. S. 루이스는 무신론자였던 자신이 그리스도교 신앙을 받아들이게 된 몇 가지 계기 가운데 하나로 이 책을 꼽았다. 이후『영원한 인간』은 독특한 그리스도교 변증론의 고전으로 자리 잡았고, 그리스도교적 세계관과 인간관을 흥미롭게 보여 주는 작품으로 일반 독자들에게도 권장되어 왔다.

체스터턴의 대표 지서 세 권을 번역하여 함께 내놓는 번역자의 입장 또한 한마디로 말하기는 어렵다. 체스터턴이라는 작가를 누구보다 면밀하게 만날 수 있었다는 사실은 영광이었고 기쁨이었으나, 오랜 시간에 걸쳐 단어 하나, 문장 한 줄을 가볍게 넘길 수 없이 작업하며 느낀 고충은 이루 말할 수 없다. 100년도 더 된 작품을 번역한다는 것 자체가 쉬운 일이 아니었다. 오늘날에는 쓰이지 않거나 다르게 쓰이는 표현들이 곳곳에서 등장했고, 알기 어려운 동시대 인물이나 작품이 아무런 설명 없이 언급되고 인용되는 탓에, 사전을 찾고 인터넷 자료나 다른 책들을 뒤지는 동안 나 역시 20세기 초반 영국 런던의 시끄러운 토론 클럽이나 커피하우스에서 체스터턴과 같이 앉아 그들의 대화를 듣고 있는 느낌이 들 정도였다. 더구나 체스터턴은 언뜻 보기에 모순적이거나 부조리한 표현들을 곳곳에서 아주 효과적으로 사용하기 때문에, 한 문장씩 꼼꼼하게 우리말로 옮겨야 하는 번역자에게는 그 진의를 파악해야 하는 문제가 있었고, 그 표현의 묘미를 살려야 한다는 고민이 뒤따랐다. 또 체스터턴은 당시의 관습대로 타이피스트에게 문장을 불러 주어 받아 적게 하되 퇴고를 거치지 않았던 것으로도 유명해서, 문장이 대체로 발랄하되 입말에 가까웠고, 따라서 일차적으로 번역한 문장들을 정돈하는 데 상당한 노력과 시간이 필요했다. 190센티미터가 넘는 키에 몸무게가 130킬로그램에 달했다는 거구의 체스터턴이, 자기 작품을 번역하면서 끙끙거리고 있는 나를 안경 너머로 내려다보며 계속 역설적인 문장들을 읊어 대는 꿈을 꾸기도 했다. 출판사로부터 처음 제안을 받은 뒤로, 번역을 하고 교정을 거쳐 이제 마지막으로 옮긴이의 글을 쓰기까지 여러 해가 지났고 번역자 이외에도 여러 사람이 수고를 아끼지 않았다. 그러함에도 여전히 부족한 번역이고 그것은 온전히 번역자의 탓이겠지만, 책을 읽는 독자들에게 그간의 노고가 조금이나마 행간에서 읽힐 수 있으면 좋겠다.

번역자가 겪은 어려움과 같은 맥락에서 체스터턴을 처음 읽는 독자들 또한 어려움을 느낄 수 있다. 잘 알지 못하는 과거의 인물들이 자주 언급되고, 상식을 뒤엎는 문장이나 모순되는 표현이 등장하여 단번에 의미를 파악하기가 쉽지 않은데, 앞부분에서부터 천천히 읽어 가다 보면 뒷부분에 가서야 작가가 진짜 하려는 말이 무엇인지가 드러나는 경우가 대부분이다. 그러니 체스터턴의 방식에 익숙해지기 전까지는 약간의 인내심을 발휘해야 한다. 하지만 그 약간의 인내심만 발휘한다면, 곧 무릎을 치며 미소 짓게 되는 기쁨을 누릴 수 있을 것이다. 체스터턴이 유서 깊은 명문 대학교에서 신학이나 철학 혹은 문학이나 역사를 전공한 학자가 아니라는 사실이 오히려 독자들에게 희망을 준다. 사실 변증학이나 귀류법 같은 어려운 말로 그의 사유를 소개하지만, 그가 사고를 전개하는 방식은 지극히 상식적이고, 그가 사용하는 단어나 비유 또한 매우 일상적인 것이어서 일반 독자들에게 어려울 것이 없다. 낯선 인물과 인용에 대해서는 번역자의 필요와 출판사의 요청으로 가능한 옮긴이 주를 자세하게 달았으니 걱정할 필요가 없다. 다만 열린 태도와 유연한 사고로 체스터턴의 문장들을 따라가다 보면 일상적인 단어와 비유를 뒤집어 사용하는 그의 특기를 한껏 즐길 수 있을 것이다.

몇몇 주요 어휘는 통일된 번역어를 찾느라 끝까지 고민했는데, 하나를 꼽자면 'creed'라는 단어를 언급하지 않을 수 없다. 번역을 하다 보면 우리말에 꼭 맞는 표현이 없어서 망설이게 되는 경우보다, 하나의 단어가 원서에서는 일관된 의미로 사용되지만 우리말에서는 맥락과 대상에 따라 완전히 다른 단어를 써야 할 때가 더 고민스러운데, 바로 'creed'의 경우가 그러했다. 라틴어의 '믿는다'라는 동사 'credo'에서 온 이 단어는 '믿음'이나 '신앙고백'을 뜻하는데, 단순하게 개인적이고 자의적인 자기 신앙의 고백이 아니라 공식화된 공동체의 신앙고백문 곧 '신경'信經을 가리키는 경우가 많다. 하지만 체스터턴은 이 단어를 종교에 한정하

305

여 사용하지 않고, 개인의 사고나 행위의 원칙 같은 의미로도 두루 사용하고 있다. 여러 차례 고치고 다시 고치기를 반복하면서 고민한 끝에 번역어로 선택한 단어는 신조信條였다. 종교에서 사용할 때 신앙의 조목이나 교의를 뜻하고, 일반적으로는 '굳게 믿어 지키고 있는 생각'을 뜻하는 이 단어가 체스터턴이 사용하는 'creed'의 의미를 두루 담아낼 수 있다고 생각했다. 세 책을 모두 번역한 뒤 생각해 보니 체스터턴이 그리스도교를 변증하면서 사용하는 대표적인 어휘 중에 정통 다음으로 중요한 말이 이 신조라는 생각이 들었다. 체스터턴에게 종교와 신앙이란 이 신조로 대표되는 것인데, 우리가 흔히 아는 사도신경의 경우처럼, 신조는 신앙의 고백이되 단순히 개인적이고 주관적인 믿음의 표현이 아니라 수많은 논쟁과 분별과 합의의 과정을 거쳐 신앙 공동체가 확정한 교의의 표현인 동시에, 그것을 믿고 고백하는 이가 사고하고 행동하는 준칙이기도 하다. 또한 신조는 논쟁으로 벼려져 확고하게 정립된 사고와 행위의 원칙으로서 종교가 있는 신자만이 아니라 일반인도 갖추어야 한다. 신조가 없는 현대인은 광기나 다름없는 무조건적 이성주의나 지나치게 자유로워 사유의 자살에 이르게 되는 회의주의에 빠지기 십상이다. 그리스도교는 이러한 신조를 정립하는 데 가장 심혈을 기울여 온 종교로서도 정통이라 할 수 있겠다.

번역하는 과정에서 체스터턴 특유의 재치 있고 발랄한 문장들을 어떻게 살려야 할지 고민도 많았지만, 밑줄을 긋고 마음에 새기고 싶은 문장들 앞에서 마음이 설렌 경우도 많았다. 다소 신기하게도 그 많은 명문장 가운데 "천사들이 날 수 있는 것은 스스로 가벼이 여기기 때문이다"라는 문장이 저절로 외워졌고, 다른 일을 할 때도 종종 머릿속에 떠올랐다. 이 문장은 『정통』의 7장 '영원한 혁명'에 등장하는데, 해당 단락에서 체스터턴은 가벼움이야말로 그리스도교의 천분天分이며, 사탄은 무거움으로 타락했다고 말한다. 이는 체스터턴이 변증하는 그리스도교가 결코 무겁고 어둡지 않은, 가볍고 밝은 그리스도교임을 단적으로 드러낸다. 체스터턴이 말하는 그리스도교는 엄숙한 권위로 절대적 교의를 가르치며 사람들을 짓누르는 무거운 종교가 아니라, 희망과 기쁨으로 가득 차 사람들을 진정으로 자유로이 해방하며 높이 올려 주는 가벼운 종교다. 이는 『영원한 인간』에서 체스터턴이 그리스도의 탄생을 인류 역사에 가장 큰 사건으로 제시하면서 '크리스마스'를 강조하는 데서도 드러난다. 캐럴을 부르고 트리를 장식하는 등 온갖 이교적이고 동화적인 의례까지 합세하여 하나님이 인간이 되심으로써 인간 구원의 길이 열린 이날을 경축하는 것이야말로 그리스도교의 본령이라는 것이다. 체스터턴을 읽다 보면, 희망과 기쁨으로 가득 차 밝고 가벼우며, 그리하여 '영원한 혁명'이라 불릴 수 있을 만큼 역동적인 그리스도교를 다시 발견하게 되는 즐거움을 맛볼 수 있다. 이것이 그리스도교 변증가로서 체스터턴이 갖는 가장 큰 특징이자 미덕 가운데 하나가 아닐까 싶다.

이 모든 이야기를 종합했을 때, 체스터턴 탄생 150주년을 맞아 내어놓는 이 세 권의 책은 단지 과거의 그리스도교 변증론을 탐구하거나 체스터턴이란 작가의 문학적 성취를 감상하는 데 그치지 않고, 오늘날의 사고와 생활을 비판적으로 바라보고 반성하는 계기로서 큰 의미가 있다. 체스터턴이 비판했던 현대 사상과 풍조는 오늘날에 더욱 강화되었고 그리스도교는 더 큰 위기를 맞고 있기 때문이다. 비그리스도인 독자들은 체스터턴의 역설을 통해 현대 세계의 인간관과 세계관을 다시 돌아보며 그리스도교를 통해 대안을 모색하는 과정을 경험할 것이고, 그리스도인 독자들은 전혀 새로운 방식의 그리스도교 변증론을 통해 자신의 신앙을 새로이 발견할 수 있을 것이다.

체스터턴의 주요 저서를 번역할 수 있는 기회를 허락한 복 있는 사람 출판사에 큰 감사를 전한다. 가톨릭 신자로 유명한 작가의 저서들을 번역·출간할 것을 적극적으로 기획하고 가톨릭 신자인 번역자에게 작업을 맡겨 준 용기를 특별히 언급하고 싶다. 또한 계속 늦어지는 번역 원고를 불평 없이 기다려 준 인내에도 다시 한번 미안함과 고마움을 표하고 싶다. 특별히 오랜 시간 함께 번역의 오류를 짚어 주고 문장을 다듬어 준 편집자에게 더할 나위 없이 고마운 마음을 전한다. 그리고 무엇보다도 탄생 150주년을 맞아 우리나라에 본격적으로 소개되는 체스터턴이 많은 독자들을 만나 사랑받기를 바란다. 책을 읽지 않는 시대라지만 계속 쏟아져 나오는 수많은 책들 중에서도 기꺼이 체스터턴을 선택하여 읽어 주실 독자분들께도 미리 감사의 인사를 전한다.

2024년 11월
전경훈